한국 교회 돌봄사례집
찾아가는 교회, 부흥하는 교회

한국 교회 돌봄사례집
찾아가는 교회, 부흥하는 교회

초판 1쇄 인쇄 2025년 8월 28일
초판 1쇄 발행 2025년 9월 13일

지은이 | (사)행복한출생 든든한미래
편집인 | 김현정

발행인 | 감경철
발행처 | (주)기독교텔레비전
주　소 | 서울특별시 동작구 노량진로 100 (노량진동)
홈페이지 | www.happyfuture.kr

ISBN 979-11-85765-39-6　03230

값 35,000원

* 이 책은 신저작권법에 의하여 국내에서 보호를 받는 저작물입니다.
출판사와 협의 없는 무단 전재와 무단 복제를 엄격히 금합니다.
* 잘못된 책은 서점에서 교환하여 드립니다.
* 책값은 뒤표지에 있습니다.

한국 교회 돌봄사례집

찾아오는 부흥하는 교회

서울·경기권 교회의
돌봄사역현장 보고서

(사)행복한출생 든든한미래

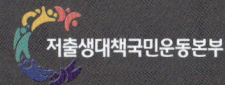

프롤로그

지금 우리나라는 그 어떤 경제적, 사회적 위기보다 심각한 저출생이라는 거대한 위기 앞에 서 있습니다. 자녀 양육의 부담은 많은 가정에게 출산을 고민하게 만드는 가장 큰 이유라는 통계 조사가 있습니다. '자녀 돌봄 문제가 해결된다면 둘째 아이를 낳겠다'는 조사 결과를 본 적이 있습니다. 실제로 돌봄 시설이 잘 갖춰진 지역일수록 다자녀 가정이 많다는 사실은 돌봄 시설이 출산율과 상당히 높은 상관관계를 가진다는 것을 증명합니다.

이러한 한국의 저출산 상황 속에서, 한국 교회가 국가의 어려움과 미래를 함께 짊어져야 한다고 믿습니다. 감사하게도 지난 1월 건축법 시행규칙 개정으로 전국 10만 여 개의 종교시설이 노유자 시설로 활용될 수 있는 법적 기반이 마련되었습니다. 덕분에 교회는 유휴 공간을 돌봄 시설로 활용할 수 있는 문이 열렸습니다. 이는 교회의 부흥만 아니라, 부족한 지역의 돌봄 시설 공백을 채워 대한민국 인구 위기를 극복하는 확실하고 빠른 해법이 될 것입니다.

한국 교회의 다음세대 돌봄 사례집인 〈찾아오는 교회, 부흥하는 교회〉는 바로 그 희망의 씨앗을 품고 있습니다. 교회가 지역의 다음세대를 섬기기 위한 돌봄 사역을 소망하지만 어떻게 시작해야할지 구체적인 방법을 묻는 문의를 자주 받았습니다. 이러한 문의에 도움을 드리고자 이번 사례집을 제작했습니다.

먼저 서울과 경기권의 30개의 대형교회부터 중소형 교회, 개척교회들이 영유아에서 초·중·고·청소년을 어떻게 돌보고 교육했는지 현장의 목소리를 생생하게 들려줍니다. 본 사례집에서는 한국 교회의 다음세대 돌봄 사례들을 네 가지 주제로 나누어 제시합니다.

제1장은 '정부 지원형 돌봄'으로 정부 및 지자체와 교회가 협력하여 돌봄 사각지대를 해소하는 사례들을 소개합니다. 서울형키즈카페, 다함께돌봄센터, 우리동네키움센터, 상상누리터 등 정부 지원 사업을 적극적으로 활용하여 지역사회에 실질적인 돌봄 서비

스를 제공하는 교회들의 이야기입니다.

제2장은 '지역 맞춤형 돌봄'으로 교회가 위치한 지역 사회의 특징과 필요에 따라 맞춤형 돌봄을 제공하는 교회의 돌봄 사례를 담고 있습니다. 다문화 가정과 아동들을 위한 사역, 주말의 돌봄 틈새를 채우는 사역, 영유아 교육을 위한 사역 등 지역의 필요에 귀를 기울이는 교회의 돌봄 이야기가 담겨 있습니다.

제3장은 '청소년 대안 교육'으로 미래의 주역인 청소년들에게 새로운 꿈을 심어주는 대안 교육의 현장을 보여줍니다. 교회가 초·중·고 대안학교를 운영하며 공교육의 한계를 보완하거나, 학교 밖 청소년들의 든든한 둥지가 되어주는 사역, 학폭 위기 청소년을 돕는 특별 교육기관이 된 교회의 이야기를 소개합니다.

제4장은 '교회 공간공유 돌봄'에서는 교회의 공간을 지역 영유아, 청소년, 부모들과 나누며 돌봄을 실현하는 사역을 소개합니다. 교회의 작은도서관을 돌봄 사역의 플랫폼으로 활용하거나, 교회의 아트홀, 키즈카페, 실내체육시설 등을 개방하여 지역 사회에 놀이와 문화 공간을 제공하는 교회들의 이야기를 담았습니다.

〈찾아오는 교회, 부흥하는 교회〉의 사례를 통해 교회가 다음세대 돌봄 사역을 함으로써 새신자가 유입되고, 3040세대 성도들의 정착률이 높아지는 현상을 확인할 수 있었습니다. 뿐만 아니라 교회가 공공성을 회복하고, 지역 사회에 변화를 일으키며 교회에 대한 신뢰도를 높이는 계기가 되었습니다.

이번 사례집이 돌봄 사역을 소망하는 교회에게는 지역과 교회의 개별적인 상황에 맞는 방법을 발견하고, 다음세대의 돌봄 사역을 하고 있는 교회에게는 사역이 더욱 활성화되는 기회가 되었으면 합니다. 한국 교회의 다음세대 돌봄 사역이 활성화되어, 대한민국의 미래가 다시 희망으로 가득 차기를 소망합니다.

감경철
CTS 회장, 사단법인 행복한 출생 든든한 미래 이사장

목차

프롤로그 • 5

제1장 정부 지원형 돌봄

언덕 위에 세워진 돌봄의 세 날개 _ 가좌제일교회 ... 11
초등 돌봄으로, 갈등이 화목으로 바뀐 교회 _ 가나안교회 ... 22
빽빽한 도심 속, 아이들과 부모를 위한 놀이터 _ 벧엘교회 ... 33
학습과 진로 교육에서 전인적 돌봄까지 _ 진접소망교회 ... 44
동네 아이들의 놀이와 교육을 채워주는 교회 _ 신월동성결교회 ... 55
작은도서관에서 시작된 지역 초등 돌봄 _ 효창그리스도의교회 ... 65
지역 초등 돌봄으로, 활짝 열린 교회 사역 _ 물댄동산교회 ... 75
동네 영유아부터 위기의 청소년까지 _ 안양일심교회 ... 86

제2장 지역 맞춤형 돌봄

한 아이를 돕기 위해, 교회가 다함께 _ 수원성교회 ... 101
청년들이 시작한 돌봄 카페, 은혜라면 _ 길튼교회 ... 110
문화예술과 돌봄의 허브, 아트홀 _ 고촌감리교회 ... 119
지역의 다문화 아이들이 교회 품으로 _ 안산동산교회 ... 129
돌봄 틈새를 채우는, 교회의 주말 돌봄 _ 행복한교회 ... 139
주일학교의 모판을 만드는 '영유아 사역' _ 두란노교회 ... 150
학부모-교사-원장 세 겹줄로 지키는 말씀 교육 _ 부평하얀선교원 ... 160
아기와 엄마의 신앙이 자라는 육아놀이터 _ 안양감리교회 ... 169
건강한 아이, 건강한 가정을 세우는 센터 _ 주안장로교회 ... 180

제3장 청소년 대안 교육

- 지역아동센터의 경험이 대안학교로 _ 배곧큰나무교회 ... 191
- 교회와 가정이 교육 공동체로 _ 포도나무교회 ... 203
- 중학교에서 열리는 진로 교육 _ 한국중앙교회 ... 213
- 주일에는 예배당, 주중에는 대안학교 _ 주평강교회 ... 224
- 학교 밖 청소년들의 둥지가 된 센터 _ 안산제일교회 ... 234
- 학폭의 실수를 성장의 기회로 이끄는 교회 _ 성남동부교회 ... 245
- 1등부터 꼴등까지 함께 성장하는 청소년센터 _ 광현교회 ... 255

제4장 교회 공간공유 돌봄

- 작은도서관, 돌봄을 위한 플랫폼으로 _ 이천은광교회 ... 269
- 교회가 자녀를 키우는 마을이 되어 _ 더불어숲동산교회 ... 278
- 이웃의 요청에 귀를 기울이고, 응답하는 교회 _ 성암교회 ... 289
- 100년이 넘은 시골 교회의 다음세대 사역 _ 송전교회 ... 300
- 아이들이 전도하는 놀이터 교회 _ 더행복한교회 ... 310
- 건강한 즐거움을 발견하고 나누는 교회 _ 용인제일교회 ... 320

제1장
정부 지원형 돌봄

#서울형키즈카페 #우리동네키움센터 #상상누리터
#다함께돌봄센터 #지역아동센터 #지역청소년센터
#방과후교실 #청소년쉼터

언덕 위에 세워진 돌봄의 세 날개

#서울형키즈카페 #어린이집 #상담센터

> **가좌제일교회 지역 영유아·초등 돌봄 Tip**
> - 어린이집, 서울형키즈카페, 어린이 상담센터가 함께할 때 시너지 효과
> - 교회의 사역 방향성을 고려한 서울형키즈카페를 만들려면 설계 단계부터 참여
> - 교회와 어린이집의 관계 중요. 지역의 젊은 부모들에게 교회 이미지에 영향
> - 서울형키즈카페 학부모 참여 프로그램에 목회자가 프로그램 강사로 참여 가능

서대문구 북가좌동의 가파른 언덕 끝, 가좌제일교회 교육관 3층에 들어선 아이들의 눈이 휘둥그레집니다. 150평의 넓은 공간에 정글짐 놀이터, 챌린지 놀이터, 상상 놀이터, 창작 놀이터, 유니버설 놀이터가 놀이동산처럼 펼쳐집니다. 가좌제일교회가 2024년 9월에 개관한 서울형키즈카페 다정다감놀이터입니다.

언덕 위에서 60여 년의 세월이 쌓인 가좌제일교회의 변화는 이렇게 시작되었습니다. 다가구 연립 주택이 가득했던 마을의 언덕 위, 세월이 지나면서 교회에는 어느새 젊은 세대보다 부모님 세대의 성도들이 더 많아졌습니다. 2019년 가좌제일교회에 부임한 이재명 담임목사는 교회의 미래에 대해 기도했습니다. 가파른 언덕에 자리잡은 지리적 한계를 넘는 교회가 될 수 있기를 기도했습니다.

"이웃들이 교회에 오려면 가파른 언덕길을 올라와야 하는데 걱정이 되더군요.

하나님께 돌파구를 열어달라고 기도하던 중에
서울형키즈카페 공고를 접하게 되었습니다. '이거다!' 싶었습니다."

교회의 다음세대를 염려하던 이재명 목사는 서울형키즈카페에 대해 듣게 되었습니다. 그리고 교회의 어린이집과 상담센터 사역이 키즈카페와 연결되면서 변화의 물살이 일어나기 시작했습니다.

그림 1 안양일심교회 지역 아동 돌봄 시설 안내판

▶ **서울형키즈카페와 다중지능의 만남**

교회의 교육관 한층 전체를 사용하는 다정다감 놀이터는 일곱 개의 놀이 영역으로 구성되어 있습니다. 서울형키즈카페에는 어느 정도 정해진 유형의 놀이 시설이 설치되고는 합니다. 그러나 이재명 목사는 그동안 연구했던 다중지능을 접목한 서울형 키즈카페를 만들어보기로 했습니다. 서대문구청에서도 이전에 없던 유형의 시설이었지만 도전해 보기로 했습니다. 구청과 교회, 인테리어 업체가 다중지능 놀이 시설을 만들기 위해 설계 과정부터 머리를 맞대고 함께 준비 작업에 들어갔습니다. 일반적으로 서울형 키즈카페를 설계하고 인테리어 공사하는데 8~9개월이 소요되었지만 다정다감놀이터는 1년 6개월 만에 완성되었습니다.

신체운동지능을 키우는 정글짐 놀이터, 종합지능을 위한 챌린지 놀이터와 유니버설 놀이터, 역할 놀이를 할 수 있는 상상 놀이터가 있습니다. 또한 음악지능을 발달시키는 오케스트라 놀이터, 언어지능을 키우는 이야기 놀이터와 논리수학 지능을 위한 숫자 놀이터가 있습니다. 숫자 놀이터에서 아이들은 생활에서 봤던 물건의 무게를 측정하며 숫자를 배웁니다. 아이들은 머릿속에서 만들었던 상상의 이야기를 인형과 무대를 이용해 언어로 말하며 이야기 놀이터에서 언어와 스토리텔링 능력도 함께 배웁니다.

그림 2 가좌제일교회의 서울형키즈카페 다정다감 놀이터

"놀이하는 모습을 관찰해 보면 아이의 잠재력과 강점을 발견할 수 있어요.
다정다감 놀이터는 아이들의 잠재력을 발견하고, 성장시켜 주는 곳입니다."

다정다감놀이터는 아이들이 뛰어노는 공간을 넘어, 이재명 목사가 그동안 연구한 다중지능 이론이 접목된 서울형키즈카페입니다. 하나님의 형상으로 만들어진 아이들이 놀이를 통해 자신의 잠재력을 발견하고, 성장시키는 최고의 교육 장소가 되었습니다.

키즈카페 프로그램실에 12명의 아이와 부모가 모였습니다. 이날은 이재명 목사가 아닌 다중지능을 연구한 이재명 박사 명찰을 붙이고 프로그램을 진행합니다. 놀이를 통해 부모님들은 아이와 소통하는 법을 배우고, 아이들은 부모님들의 격려와 칭찬 속에서 자신의 강점을 발견합니다.

> "프로그램을 진행할 때 박사라고 하지만 제가 목사인 걸 다 알지요.
> 말로는 표현하지 않지만 몸으로 복음을 전한다고 생각합니다.
> 키즈카페 선생님들도 그렇고요."

이재명 목사는 다정다감놀이터에서 부모님이 아이와 함께 놀면서 아이의 영재성을 발견하고, 성장시켜 주는 방법을 배우는 '영재 프로그램'도 진행합니다. 다중지능을 연구한 이재명 목사와 상담을 공부한 사모가 한팀이 되어서 교육을 제공합니다. 6월 다중지능 영재 프로그램에서는 '젠가로 하는 놀이'에서 아이와 부모가 함께 집을 짓고, 숫자 놀이를 했습니다. 이러한 놀이 과정에서 사고력과 창의력, 문제 해결 능력을 향상시키는 방법을 아이와 부모가 함께 배웁니다.

목사와 사모의 다중지능 이론을 접목한 영재 프로그램은 키즈카페에 오는 학부모들에게 인기 프로그램이 되었습니다. 다정다감놀이터 선생님들도 아이들의 잠재력과 강점을 발견하고, 성장을 돕기 위해 다중지능 자격증을 준비하고 있습니다.

▶ 교회의 품에서, 장애통합 어린이집

가좌제일교회에는 서울형키즈카페 외에도 가좌제일 어린이집이 자리잡고 있습니다. 가파른 언덕 위에 위치한 어린이집이지만 만1세부터 5세까지 66명의 아이들이 함께 하는 규모가 제법 큰 구립어린이집입니다. 19명의 선생님 중에는 장애 학생들을 위한 치료사 선생님들이 있습니다. 현재 5살, 6살, 7살에 3명씩 장애 아이들이 이곳에서 교육을 받고 있습니다. 지역에서 인정받은 장애통합 어린이집이어서 먼 거리에서 오는 통합 교육 학생들이 있습니다. 장애인 친구들과 함께 지내다 보니, 아이들은 자연스레 '나랑 조금 다른 친구'들을 이해하고, 생활 속에서 다른 이들을 돕고 배려하는 행동을 배웁니다.

그림 3 가좌제일교회 안에 위치한 가좌제일 어린이집

어린이집에서는 성품교육을 진행하고 있습니다. 매월 정해진 성품을 주제로 성품 동화도 읽고, 활동을 합니다. 계단 한쪽에는 4세 이상의 학생들이 서로의 장점을 적은 포스트잇이 정성스레 붙여져 있습니다. 이날은 체리 농장에 다녀온 아이들이 낮잠을 자기 위해 방에 누워서 뒹굴뒹굴 쉬고 있었습니다.

어린이집에서 하루의 일정을 마친 아이들은 부모님과 교회 교육관의 서울형 키즈카페로 달려가기도 합니다. 어떤 부모님들은 아이들과 바람이 시원하게 부는 교회 마당에 돗자리를 깔고 음식을 나누며 피크닉을 즐깁니다.

"부모님들이 교회 앞마당에서 놀다 가세요.
부모 교육이나 어린이집 행사를 할 때도 교회 시설들을 편하게 사용하시죠.

부모님들도 이런 부분에 대해 교회에 고마워하세요."

박현정 원장의 설명처럼, 교회는 어린이집과 공간만 함께 하는 것이 아닌 사랑도 함께 흘려보내고 있습니다. 어린이집 원장이 교육부서 전도사로 섬기며 교회와 어린이집의 관계는 더욱 끈끈해졌습니다. 교회에 다니지 않는 부모님들도 어려운 일이 있으면 "원장님, 저희 집에 이런 어려운 일이 있어요. 기도해 주세요." 하면서 마음을 나누고는 합니다.

가좌제일 어린이집은 1984년 새마을 유아원으로 시작했습니다. 당시 원로 목사님이 낙후된 지역의 어린이들을 안타까워하시며 열게 된 교육의 장이었습니다. 교회가 적극적으로 개입하던 어린이 주중 교육이 국가의 교육법이 바뀌고 구청에서 건물을 짓고, 위탁 운영하는 형태로 바뀌면서 교회가 어린이 교육에 잠시 멀어진 듯했습니다. 그러나 서울형키즈카페가 개관하고, 교회와 어린이집이 지역 아이들을 돌보는 데 힘을 모으면서 더욱 가까워지고 연결되었습니다.

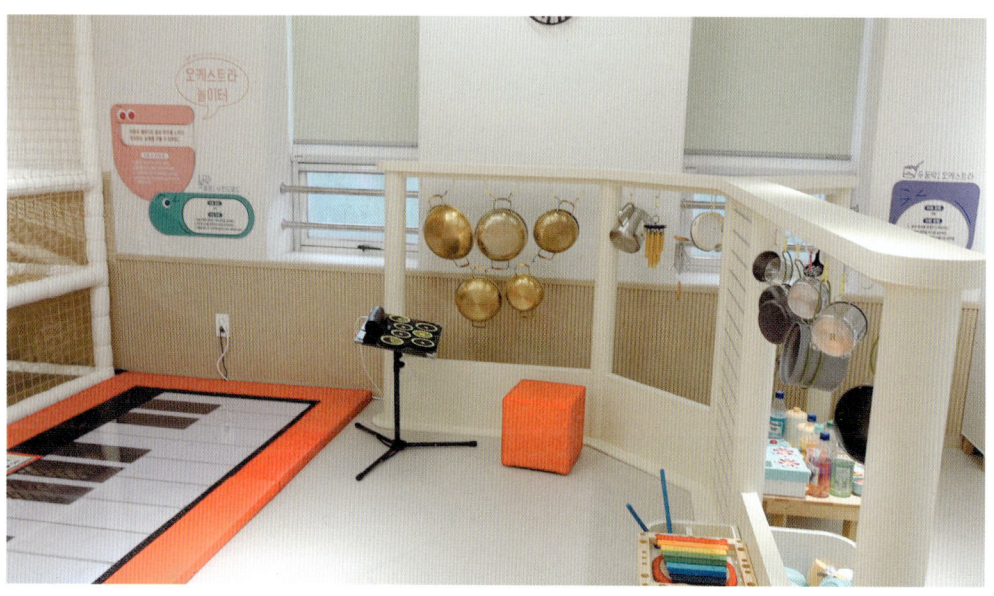

그림 4 다중지능 이론을 접목한 서울형키즈카페

> "어린이집 아이들과 서울형키즈카페의 다중지능
> 교육 프로그램을 하면서 아이들의 강점을 찾고,
> 자기이해와 타인이해를 할 수 있는 활동을 하고 있어요."

박현정 원장의 설명처럼 어린이집이 서울형키즈카페와 함께 하니 교육 효과가 배로 늘어났습니다. 주중에 텅 비어있던 교회 앞마당도 젊은 부모들과 아이들로 채워지면서 다음세대에 대한 성도들의 관심과 사랑도 더욱 커져갔습니다.

▶ **아이들의 마음을 돌보는 상담센터**

서울형키즈카페 전에 가좌제일교회에는 1010상담센터가 있었습니다. 이재명 목사가 언덕 위의 교회라는 지리적 한계를 넘기 위한 방법 중 하나로 세운 상담센터였습니다. 지역 주민들에게 더 가까이 다가가기 위해 처음에는 언덕 아래의 도로 근처에 청년 상담센터를 열었습니다. 그러나 예상과는 다르게 청년들보다는 부모와 아이들이 더 많이 방문해 상담센터는 교회 교육관으로 자리를 옮겨졌습니다. 그리고 얼마 후 코로나 팬데믹으로 심리적인 어려움과 사회성 문제를 가진 아이들이 상담소에 찾아오기 시작했습니다.

교회의 1010상담센터는 아이들의 마음 건강을 위한 심리 상담과 사회성 발달, 진로 코칭 상담을 돕고 있습니다. 교회 안에 서울형키즈카페와 어린이집이 있다보니 이곳에 온 어린이들과 부모님들이 자연스럽게 이용자가 되거나, 홍보하는 데 도움을 주는 서포터가 되기도 합니다.

> "1010상담센터와 어린이집, 다정다감 놀이터는
> '이마고데이(Imago Dei)', 즉 아이들은 하나님의 형상으로 지음을 받았다는
> 신앙적 확신으로 연결된 사역입니다."

이재명 목사는 어린이집, 키즈카페(다정다감 놀이터), 그리고 1010상담센터 세 사역을 날

개 삼아 교회 안팎의 아이들과 젊은 부부를 돌보는 사역을 확장해 가고 있습니다. 교회 60주년을 기점으로 언덕이라는 지리적 한계를 극복하고자 기도했고, 그 기도의 응답으로 서울형키즈카페를 만나 다음세대 사역의 틀이 만들어졌습니다.

"남들이 볼 때는 우연처럼 일어나는 일도 기도했기 때문에 우연이 아니라 하나님이 주시는 선물"이라고 이재명 목사는 고백합니다. 기도의 응답 위에 세워진 가좌제일교회의 다음세대 사역이 기대됩니다.

그림 5 가좌제일교회의 1010상담센터

인터뷰 이재명 목사 _ 가좌제일교회 담임목사

어떤 교회가 서울형키즈카페를 운영하면 좋을까요?

목사: 교회가 공간을 가지고 있잖아요. 그럼 어떤 교회든 키즈카페를 하실 수 있습니다. 저희 교회처럼 다중지능을 접목하시지 않으셔도 됩니다. 교육관과 키즈카페 이렇게 공간을 따로 생각하지 않는 '사고의 전환'이 필요해요. 저희 교회 성도분들도 "교회의 큰 공간을 지역사회에 내어준다"라는 생각도 있으셨지만, 주일에 우리 아이들이 키즈카페의 혜택을 누린다고 생각하셨어요. 저는 서울형키즈카페가 서울시만 한다는 게 안타까워요. 각 지방의 도시들도 다 운영해서 많은 교회들이 함께 했으면 좋겠습니다.

서울형키즈카페를 만들고, 운영하는데 자치기관이 지원하는 예산은 어느 정도일까요?

목사: 놀이 시설물 설치비나 리모델링비 등 공사와 관련된 부대 경비를 포함해서 시설비로 예산이 자치기관에서 지원됩니다. 전기세 같은 공공요금이나 프로그램 비용 등 시설 운영에 필요한 각종 경비가 운영비로 나오고요. 인건비에 대해서도 교회가 부담이 없어요. 여기서 일하시는 직원분들 인건비 100퍼센트가 다 구청에서 나옵니다. 교회가 예산에 대한 부담 없이 키즈카페를 하실 수 있습니다.

(서울형 키즈카페는 시설비, 기자재비, 운영비, 인건비가 지원되며 규모 및 운영 방식에

라 시립, 구립, 전환형 차등 지원 됨. 출처: 2024년 서울형키즈카페운영 매뉴얼)

가좌제일교회가 키즈카페를 위해 사용하는 예산은 얼마인가요?

목사: 저희 교회는 키즈카페를 위해 1년에 최소한 천만원 정도는 예산을 잡아놓습니다. 주로 아이들 장난감을 구매하는데 사용해요. 6~7개월 안에도 장난감을 계속 바꿨습니다. 그래야 자주 오는 아이들도 재미있게 놀이를 즐길 수 있거든요. 자치기관에서도 장난감을 구매할 수 있는 비용이 나오긴해요. 충분하지는 않지만 그 비용만으로도 장난감 구매가 가능합니다.

교회가 서울형키즈카페를 결정하고, 어떤 놀이 시설을 들여놓을지 결정하는 데 팁을 주신다면요?

목사: 미디어 놀이터 프로그램 선정 과정에서 아이들에게 어떤 놀이가 필요한지를 생각해보게 되더군요. 아이들이 공룡을 그려서 스캔해서 디지털로 움직이게 하는 프로그램이 있었는데, 저희가 운영 전에 방문했던 키즈카페에 여쭤보니 그런 놀이 시설은 아이들이 금방 식상해 한다고 합니다.

놀이 시설은 아이들이 그것을 통해 끊임없이 새로운 무언가를 하도록 도와야 합니다. 했던 것을 계속 반복하는 미디어 놀이 시설은 아이들이 금방 흥미를 잃어요. 그래서 키즈카페에 어떤 놀이 시설을 설치할지 무작정 구청에 맡기기보다는, 직접 놀이 박람회를 찾아가셔서 리서치하시고, 다른 키즈카페도 찾아가서 물어보시면 교회에 가장 적합한 놀이 시설을 선택하는 데 도움이 되실 것입니다.

※ **가좌제일교회**는 서울 서대문구 북가좌동에 위치한 대한예수교장로회 백석대신 소속 교회로 이재명 담임목사가 섬기고 있습니다.

주소: (03714) 서울특별시 서대문구 수색로8길 48-4

전화번호: 02-375-5592~3

초등 돌봄으로, 갈등이 화목으로 바뀐 교회
#다함께돌봄센터

가나안교회의 지역 초등 돌봄 Tip
- 다함께돌봄센터는 놀이공간(활동실), 사무공간, 조리공간, 화장실을 갖추어야 함
- 재단이나 법인이 없는 교회는 교단의 복지재단을 통해 위탁 협약 가능
- 초등 저학년에게 성품 교육은 언어와 행동 교육에 유용
- 센터 안에 칭찬 쿠폰을 만들어 간식 구매하는 매점 형태의 간식 공간 운영

가나안교회는 소음 문제로 지역 주민들과 갈등을 겪었습니다. 남양주 진전읍 내각리 주변이 논이었던 시절, 가나안교회가 이곳에 세워진 후 아파트와 주택이 들어서면서 문제가 불거졌습니다.

특히 교회와 너무 가까이 지어진 다세대 주택들로 인해 주일 예배나 금요 예배 때 울리는 찬양과 기도 소리가 주민들에게 고스란히 전달되었기 때문입니다. 주민들에게 찬양 소리는 소음이 되었고, 지역 주민들의 민원으로 교회에 경찰까지 출동하는 일도 있었습니다.

▶ **소음 문제로 인한 갈등**

이러한 소음 문제로 주민들 사이에서는 교회를 불편하게 여기는 반감과 거부감이 커졌

고, 좋지 않은 소문까지 돌았습니다. 교회는 성탄절이나 부활절 같은 절기마다 지역 주민들에게 선물을 돌렸지만 소용이 없었습니다. 돌아오는 답변은 "이런 것 주지 말고 좀 조용히 해달라."는 얘기였습니다. 이은과 담임목사는 이러한 상황을 해결할 방법을 기도하며 찾았습니다.

> "소음 문제로 갈등을 겪으면서
> 어떻게 하면 지역 주민들과 소통할 수 있을까?'를 고민하며,
> 지역에 필요한 부분이 무엇인지를 더욱 살펴보았습니다."

교회가 위치한 남양주 진전읍에는 아이들이 안전하게 뛰어놀 수 있는 장소가 마땅히 없었습니다. 아파트 내 놀이터나 개방된 노지, 아니면 학원을 다니는 것이 전부였습니다. 교회는 지역 아이들이 함께 이용할 수 있도록 옥상에 인조 잔디를 깔고 풋살을 만들고, 배드민턴장을 마련했습니다. 더 나아가 지역 부모들의 공통 관심사인 자녀 교육과 돌봄을 해결할 방법을 찾아보았습니다.

가나안교회는 동네 아이들이 안전하게 돌봄받을 수 있는 공간을 구상하기 시작했습니다. 처음에는 교회 자체적으로 지역 아이들을 돌볼 수 있는 프로그램을 운영하려 했습니다. 이은과 목사는 교회가 직접 돌봄 사역을 한다면, 발생할 수 있는 문제점이 예상되었습니다.

> "교회에 다니지 않는 가정의 아이들,
> 교회를 불편하게 여기는 가정의 자녀들이 교회의 돌봄 시설에 올까요?
> 이러한 고민 끝에 남양주시가 지원하는 방과 후 사업을 알아보게 되었습니다"

법안이 개정되기 전이었기에, 종교 시설 안에 돌봄 시설을 만들 수 없었습니다. 교회의 용도 변경이 필요했고, 이와 관련된 법적인 문제, 성도들의 염려 등 넘어야 할 산이 많았습니다. 이은과 목사의 노력과 기다림으로 어려웠던 문제들이 해결되고, 다함께돌봄센

터를 여는 일만 남은 줄 알았습니다.

하지만 다함께돌봄센터를 위한 교회 공간이 시가 요청한 크기(최소 66제곱미터 이상의 전용 면적)보다 작다는 연락을 받았습니다. 교회가 시의 요청에 맞게 공간을 넓히려면 교회 식당을 줄여야 하는 상황이었습니다. 마지막으로 넘어야 할 산이 하나 더 남아있었던 것입니다. 성도들은 기꺼이 식당 공간을 줄여가며 센터 아이들을 위한 공간을 넓힐 수 있게 배려해 주었습니다. 성도들의 결단과 헌신은 다함께돌봄센터를 여는 데 중요한 역할을 했습니다. 지역 사회와 아이들을 위해 불편을 감수하는 과정에서 이웃에 대한 교회의 사랑은 커졌습니다.

▶ **교회 바자회에 참여하는 학생들**

평일 오후, 학교를 마친 학생들이 교회 문을 활짝 열고 들어옵니다. 조용했던 교회 1층이 시끌벅적 해졌습니다. 활기찬 인사로 맞이주는 센터 선생님들의 환대에 아이들의 얼굴도 환해집니다.

센터에 들어서면 제일 먼저 보이는 벽에 성품 스티커가 한가득 붙어 있습니다. 경청, 배려, 순종과 같은 여러 성품 중 하나의 주제를 정합니다. 한 달 동안 주제 성품을 실천할 수 있는 항목들을 정해 실천하는 학생에게 스티커를 붙여줍니다. 그렇게 차곡차곡 쌓인 스티커는 쿠폰이 됩니다.

아이들이 센터에 오는 즐거움이 많았으면 좋겠다는 선생님들의 사랑에서 시작된 쿠폰제입니다. 센터 한쪽에는 매점처럼 라면, 과자, 음료 등이 마련되어 있습니다. 열심히 활동해서 쿠폰을 받은 학생들은 쿠폰으로 원하는 간식을 사서 먹을 수 있게 마련해 놓았습니다.

다함께돌봄센터에는 초등학교 1학년부터 6학년 학생들이 돌봄을 받는 곳입니다. 초등학교 고학년으로 갈수록 학원을 많이 다니다 보니 주로 1학년부터 4학년 학생들의 참여가 높습니다. 김현진 센터장은 다른 센터에 비해서 가나안교회의 다함께돌봄센터에는 4학년 학생들이 있다고 설명합니다.

> "다함께돌봄센터는 초등학생들이 돌봄을 받는 곳이에요.
> 고학년은 학교도 늦게 끝나고 학원을 다니다 보니
> 주로 저학년 학생들이 많아요."

그림 6 가나안교회의 다함께돌봄센터

정원이 꽉 찬 20명의 아이 중에는 한부모 가정도 있고, 조부모와 사는 아이들도 있습니다. 맞벌이로 인해 돌봄 공백이 생기는 아이들도 찾아옵니다. 사회성 발달이나 타인과의 관계 형성을 위해 센터를 찾는 아이들도 있습니다. 센터에 오는 이유는 다양하지만, 이곳에 온 학생들은 동생, 형, 누나처럼 한 가족입니다.

요즘은 가정마다 자녀가 한 명, 두 명인 경우가 많습니다. 아이들은 센터에서 함께 지내며 형제, 남매가 되어줍니다. 또한 다함께돌봄센터에서는 학생 자치회를 열어 학생들이 책임감을 가지고 센터의 일원으로 활동하도록 돕습니다.

센터는 교회 행사에도 적극적으로 참여합니다. 교회 바자회나 아나바다 활동, 어려운 이웃을 돕는 프로그램에 참여하도록 돕습니다. 김현진 센터장은 이러한 활동이 아이들에게 재미와 함께 좋은 교육 효과를 준다고 설명합니다.

> "지난주 교회에서 바자회를 열었는데, 센터 아이들이 만든 팔찌나 목걸이를 내놓고 판매했어요. 아이들이 '매주 하면 안 돼요?'라고 물어볼 정도로 재미있어했어요."

교회 바자회를 경험해 본 적 없는 아이들에게는 새롭고 즐거운 경험이었습니다. 바자회에서 남은 물건은 학생들이 센터에서 쿠폰으로 살 수 있도록 해서 바자회의 즐거움이 이어졌습니다. 아이들은 교회 안의 돌봄센터에서 행복한 추억을 차곡차곡 쌓아가고 있었습니다.

그림 7 다함께돌봄 학생들이 교회 바자회에서 판매한 목걸이와 팔찌

센터에서는 자체적으로 1년에 한 번 초등학생 자녀를 키우는 가정을 초대하는 프로그램을 진행합니다. 이외에도 '남양주의 오래된 가게' 프로젝트를 하며 지역 사회의 가게들을 찾아보고 그림으로 표현하면서 '내가 사는 마을'에 대해 공부하기도 합니다.

> "다함께돌봄이라는 이름처럼, 센터의 가장 중요한 역할은
> 아이들을 안전하게 돌보는 것입니다. 물론 그것만으로는 부족하기에
> 독서, 성품 훈련, 카혼 음악 수업, 체육 활동 등
> 부모님이 신경 쓰기 어려운 부분의 교육도 담당하려고 노력합니다."

김현진 센터장의 설명처럼 교회의 돌봄센터에서 아이들은 안전하게 돌봄을 받고, 즐겁게 성장하고 있습니다. 돌봄센터의 준비부터 교회 공사까지 성도들이 기도로 동참하며 헌신하는 시간이 있었기에 가능한 일입니다.

▶ 지역 주민과 변화된 관계

교회가 다함께돌봄센터를 마련한 지 1년 6개월이 지난 지금, 소음 문제로 갈등을 빚었던 지역 주민들의 관계는 달라졌습니다. 주민들에게 이제 가나안교회는 불편함을 주는 곳이 아닌 동네 아이들이 매일 찾아가는 좋은 곳이 되었습니다.

지역에 돌봄센터를 이용하는 아동들이 늘면서 교회에 대한 좋은 소문도 났습니다. 센터 아이들이 교회 바자회와 같은 행사에 참여할 때는 부모에게도 알리고, 부모들을 초청하기도 합니다. 이러한 경험이 쌓여 교회를 다니지 않던 부모들도 센터를 방문하면서 자연스럽게 교회에 대한 친숙함을 느끼게 됩니다.

교회 성도들 또한 "교회가 좋은 일을 한다"는 이웃들의 소문을 듣습니다. 우리 교회가 지역 사회를 돕고 있다는 사실은 신앙인으로서의 보람이 되었습니다. 교회가 복음 전하기 위해 이러한 방법으로도 지역 주민들에게 다가갈 수 있다는 새로운 시각 또한 갖게 되었

습니다. 또한 주일학교는 눈에 보이는 변화가 나타났습니다.

다함께돌봄센터가 열리고, 교회 아동부 학생 수가 30퍼센트 증가했습니다. 센터 선생님들의 마음이 전해지면서 아이들의 발걸음은 주일학교로 이어졌습니다. 다함께돌봄센터에 다니는 아이들에게 이제 교회는 낯선 곳이 아닌 일주일 내내 오는 가까운 곳이 되었습니다. 김현진 센터장은 돌봄센터의 장점을 이렇게 설명합니다.

> "주일학교에서는 일주일에 한번, 길어야 한두 시간 정도
> 아이들을 만날 수 있잖아요.
> 하지만 다함께돌봄센터에서는 매일 2~3시간에서 길게는
> 4~5시간 아이들과 함께해요. 방학 때는 온종일 함께 지내죠."

그림 8 '남양주의 오래된 가게'에 대해 살펴보는 다함께돌봄 교육 프로젝트

센터 선생님들은 아이들과 함께 지내는 시간이 긴 만큼 아이들의 상황과 특성을 잘 파악하고 이해할 수 있습니다. 각 아이에게 필요한 도움이 무엇인지 좀 더 명확하게 알 수 있습니다.

센터에서 만난 아이들에 대한 깊은 이해는 주일학교 아이들을 섬기는 사역에도 도움이 되었습니다. 주일학교에서 만나는 초등학생 아이들에 대한 이해의 폭이 넓어지고, 교회 아동부의 아이들을 섬겼던 경험은 센터 아이들에게 다시 흘러 들어갔습니다.

아이들을 전도하기 어려운 시대, 가나안교회는 다함께돌봄센터를 열고, 전도의 대상자인 아이들이 교회에 찾아오는 모습을 보았습니다. 물론 교회에 온다고 해서 바로 믿음 생활로 연결되는 건 아니지만, 교회에 대한 오해와 편견을 벗는 기회가 될 수 있습니다.

> "교회 입구에 부착된 '다함께돌봄 남양주시 11호점' 현판이
> 공적인 신뢰를 높여주더군요. 교회에 대한 신뢰도도 높아 졌습니다."

이은과 목사의 설명처럼 가나안교회는 지역 아이들을 돌보며 교회의 공적 신뢰도를 회복했습니다. 지역 주민들과 소음 문제로 인해 높게 쌓여있던 오해와 불신의 벽도 허물어졌습니다. 교회가 지역의 아이들을 두팔 벌려 안아준 덕분에 소음이라고 여겨졌던 찬양 소리는 이제 주민들에게 화평의 소리가 되었습니다.

인터뷰 이은과 목사 _ 가나안교회 담임목사

남양주시의 초등 돌봄으로 다함께돌봄센터와 상상누리터가 있다고 들었습니다. 두 곳의 차이점에 대해 설명해주실 수 있을까요?

목사: 다함께돌봄과 상상누리터의 가장 큰 차이점은 전체적인 예산 지원이 어디서 나오느냐 하는 부분입니다. 다함께돌봄은 전적으로 시에서 예산을 지원받아서 만들어집니다. 반면 상상누리터는 교회와 시가 예산을 나눠서 지출합니다.

시의 예산을 받아서 만든 다함께돌봄센터는 공간을 무상으로 시에 임대를 했기 때문에 교회가 센터 공간을 임의로 사용하기가 어렵습니다. 법적으로 시의 허락을 받고 사용하도록 되어 있어요. 따라서 주일에 다함께돌봄센터를 사용할 수가 없다는 부분이 있지요. 반면에 상상누리터 같은 경우에는 남양주시와 교회가 예산을 반씩 부담해서 만들었기에 주일에도 교회가 공간을 사용할 수 있습니다. 공간 사용에 대한 차이점이 크다고 볼 수 있습니다.

법안이 개정되기 전이어서 교회 안에 다함께돌봄센터를 만들면서 어려움이 있으셨다고 들었습니다. 어떤 어려움이었나요?

목사: 다함께돌봄센터를 준비하던 2023년에는 교회 안에 다함께돌봄센터를 개소하는 일

이 불가능해 보였습니다. 건축법이 바뀌기 전이라 교회가 아닌 독립된 건물에 돌봄 기관을 열거나, 교회 안에서 돌봄 사역을 하려면 '노유자 시설로 용도 변경'을 해야 했습니다. 종교 시설로 등록된 교회를 노유자 시설로 용도 변경을 하는 부분에 대해 성도들의 우려가 컸습니다. 용도 변경 절차 자체는 어렵지 않았지만, 종교 시설이 노유자 시설로 용도 변경하고 난 후 발생할 수 있는 법적 문제나 재산권 문제에 대해 걱정하는 목소리가 있었지요.

(2025년 1월 14일 건축법 시행 규칙 개정으로 인해 종교 시설에서 노유자 시설을 포함한 복수용도 신청 후 교회 안에서 돌봄 시설 운영 가능. 출처: 〈교회시설내 아동 돌봄 활용 방안〉, (사)행복한 출생 든든한 미래 발행)

남양주시와 다함께돌봄센터 위탁 협약을 하려면 재단이나 법인 단체이어야 한다고 들었습니다. 가나안교회는 이 부분을 어떻게 해결하셨나요?

목사: 교회 자체적으로 정부의 지원을 받으려면 재단이거나 법인의 요건을 갖추어야 합니다. 그러나 교회 대부분은 법인 설립을 하고 있지 않지요. 그런 경우에 교회가 속해있는 교단의 복지재단을 활용하시면 됩니다.

저희 교회는 대한예수교장로회 통합 측 전체의 복지재단을 통해서 남양주시와 위탁 협약을 체결했습니다. 센터장이나 교사를 채용할 때도 한국장로교 복지재단에서 공고해서 모집을 합니다.

※ **가나안교회**는 남양주 진접읍에 위치한 대한예수교장로회 통합 소속 교회로 이은과 담임 목사가 섬기고 있습니다.
주소: (12071) 경기도 남양주시 진접읍 내각1로73번안길 23
전화번호: 031-574-9090~1

빽빽한 도심 속, 아이들과 부모를 위한 놀이터
#서울형키즈카페 #장애아동 방과후교실

벧엘교회의 지역 아동 돌봄 Tip

- 놀이 시설이 부족한 빌라촌 지역은 서울형키즈카페 선호
- 주중에는 서울형키즈카페 공간으로, 주일에는 주일학교 공간으로 사용 가능
- 주일학교의 교육 노하우를 활용해 서울형키즈카페 교육 프로그램 운영
- 인스타그램이나 네이버를 이용한 서울형키즈카페 프로그램 공유로 홍보 효과

북한산 자락 아래 정릉3동, 빌라와 상가가 빼곡히 늘어선 길을 지나 마을이 한눈에 내려다보이는 언덕에 놀이터가 생겼습니다. 맘껏 뛰어놀 공간이 부족했던 동네 엄마와 아이들의 발길이 끊이지 않는 서울형키즈카페입니다.

벧엘교회 1층에 자리 잡은 서울형키즈카페 정릉3동점은 2024년 10월에 개관했습니다. 교회는 지역 주민들이 자녀와 함께 놀 수 있는 공간이 부족하다는 점에 주목했습니다. CTS의 다음세대운동본부의 소개로 알게 된 서울형키즈카페를 준비해 보기로 했습니다. 카페와 사무실로 사용되었던 교회 1층 공간을 동네 아이들을 위한 바꾸기로 결정했습니다. 서울형키즈카페를 만들기 위해서는 교회의 카페 공간을 축소해야 했기에 공사 진행과 교회 예산 확보가 필요했습니다.

성도들의 사랑방이었던 교회 카페가 사라지는 건 아닌지 걱정의 목소리도 있었습니다.

하지만 이전보다 훨씬 멋진 교회 카페와 동네 아이들이 몰려오는 서울형키즈카페가 완성된 후 변화는 성도들에게 큰 기쁨이 되었습니다. 그리고 서울형키즈카페 정릉3동점은 불과 8개월 만에 지역 사회에서 명성이 자자한 놀이터로 자리매김했습니다. "서울형키즈카페가 벧엘교회 안에 있나요?"하며 키즈카페의 위치를 문의하는 이들이 많다 보니, 자연스레 교회를 알리는 공간이 되었습니다.

그림 9 벧엘교회의 박태남 담임목사

"빌라촌이 많고, 인구 밀집 지역인데도 작은 놀이터 하나밖에 없었거든요. 서울형키즈카페가 생겼다고 다들 너무 좋아하시죠. 교회를 다니시지 않는 어떤 어머님은 '교회에서 큰일하셨다.'고 감사하세요."

민혜경 센터장의 설명처럼 벧엘교회의 서울형키즈카페는 동네에 행복한 변화를 만들어 냈습니다. 벧엘교회는 키즈카페에 찾아오는 보호자와 아이들을 위해 교회 카페와 주차장 모두 문을 활짝 열었습니다.

▶ 주일학교의 노하우가 서울형키즈카페로

벧엘교회의 서울형키즈카페는 8개월 만에 단골 어린이들이 많아졌습니다. 매주 열리는 다채로운 프로그램이 인기 요인 중 하나입니다. 화요일은 영어 미술, 수요일은 Hi 코닝, 금요일은 다꾸, 요리, 썰매 보드 만들기 등 신체 놀이, 만들기 활동, 과학 실험 등을 운영합니다. 프로그램 참여를 희망하는 아이들이 많아, 우리동네키움포털 예약창이 열리기가 무섭게 5분 만에 마감될 정도입니다.

그림 10 벧엘교회의 서울형키즈카페 정릉3동점

> "키즈카페에 몇 번 온 아이들은 식상할 수 있거든요.
> 그래서 선생님들과 의견을 모아서 새로운 프로그램을 많이 기획해요.
> 프로그램이 좋다고 소문이 나서 예약이 금방 마감돼요."

벧엘교회의 서울형키즈카페는 계절이나 특정 기념일에 맞춰 콘셉트를 정하고 그에 맞는 인테리어와 프로그램을 기획하기도 합니다. 봄이 오면 봄을 느낄 수 있는 봄꽃 만들기, 5월 가정의 달에는 가족 인형 만들기 프로그램 또한 진행합니다. 정기적으로 계절의 변화나 콘셉트를 정해서 공주방, 캠핑 놀이 등의 공간으로 변화를 줍니다. 덕분에 키즈카페를 찾는 부모님들은 "이곳에 오면 늘 새로운 게 있어서 좋다"며 만족스러워합니다. 토요일에는 키즈카페를 찾는 어린이들과 보호자가 많아 운영 시간까지 연장했지만 연장 시간까지 예약 신청 바로 마감되고는 합니다.

서울형키즈카페 정릉3동점의 인기 비결과 운영 노하우는 센터장과 선생님들의 주일학교 경험과 깊이 연관되어 있습니다. 이곳에는 세 분의 정규 선생님과 세 분의 기간제 선생님이 함께 아이들을 돌보고 있습니다.

센터장은 유아교육과 대학생 시절부터 어린이집, 유치원 교사 시절까지 계속 벧엘교회 주일학교를 섬긴 베테랑 교사입니다. 키즈카페에서 근무하는 선생님들 대부분은 벧엘교회 주일학교를 섬기고 있습니다. 물론 키즈카페의 돌봄 교사로서 필요한 자격을 갖춘 선생님들입니다. 키즈카페의 돌봄 교사 자격 조건은 사회복지사 자격증이나, 보육교사 자격증 등을 갖춘 분들입니다. 주일학교를 섬기는 선생님들 덕분에 서울형키즈카페의 분위기는 벧엘교회 주일학교 유치부의 돌봄을 닮아있습니다.

> "오랜 시간 주일학교 교사로 함께 하는 선생님들과
> 서울형키즈카페를 하다보니 자연스럽게
> 주일학교에서 아이들을 섬겼던 모습이 나와요."

센터장은 주일학교에서 오랫동안 호흡을 맞춘 선생님들이 있어 다양한 프로그램을 수월하게 운영할 수 있다고 말합니다. "여름에는 우리 이런 거 해볼까요?", "이번 달에 이렇게 콘셉트를 바꿔볼까요?"라고 선생님들이 먼저 제안합니다. 주일학교에서 선생님들과 함께 머리를 맞대고 회의하고, 기획하고, 만들고, 꾸미던 모든 과정이 자연스럽게 키즈카페 운영 방식에 녹아들었습니다. 키즈카페 직원 대부분이 주일학교 교사인지라, 아이들을 향한 진심 어린 사랑과 헌신이 자연스레 묻어납니다.

실제로 키즈카페를 방문한 어머니들의 만족도 조사에서 청결, 친절, 안전, 재미의 네 요소 중 '친절함'에 특히나 높은 평가를 받습니다. "여기는 분위기가 따뜻해요. 친정 같고 편해요."라는 부모님들의 후기는 교회의 돌봄 문화가 키즈카페에도 흘러가고 있음을 알 수 있습니다.

그림 11 서울형키즈카페 정릉3동점의 프로그램 포스터

"아이들을 돌보는 따뜻한 말과 행동이 주일학교에서는 당연하게 누리는 문화잖아요.
교회 주일학교를 한 번도 경험해 본 적 없는 분들에게는 이런 문화가 되게 신선하고 좋으셨나 봐요."

서울형키즈카페에 있는 선생님들 덕분에 "교회는 이런 곳이구나.", "교회는 아이들에게 따뜻하고 친절한 곳이구나."하는 좋은 이미지로 자리 잡게 되었습니다. 박태남 담임목사의 설명처럼 "키즈카페에 방문한 부모들이 교회를 둘러보고 자연스레 교회에도 관심을 갖게 된다"고 합니다. 부모와 함께 키즈카페에 왔던 아이 중에는 교회 유치부 등록까지 이어진 경우가 많아지고 있습니다. 서울형키즈카페가 벧엘교회에 가져온 긍정적인 변화입니다.

▶ **성도와 지역 주민, 모두를 위한 공간으로**

그림 12 지역 사회와 공유하는 벧엘교회 예배당

서울형키즈카페는 주일에는 유치부 예배실로 사용됩니다. 한편에서는 우려하는 목소리가 있었습니다. 유치부 아이들이 키즈카페 놀이 시설에 시선을 빼앗겨 예배에 집중하지 못할까 하는 염려도 있었습니다. 하지만 이는 기우에 불과했습니다. 놀이 시설에서 즐겁게 뛰어놀던 아이들이 예배 시간에는 놀랍게도 집중하는 모습을 보여 선생님들은 안도

했습니다.

> "예전 유치부실에서는 새벽예배도 드리고, 주일학교가 끝나고
> 다른 공동체도 사용해서 유치부만을 위한 공간이 아니었거든요.
> 그런데 서울형키즈카페를 유치부실을 위한 공간만으로 사용하니
> 아이들이 2시까지 신나게 놀다 갈 수 있어요."

민혜경 센터장의 설명처럼 서울형키즈카페는 주일학교의 아이들에게도 좋은 선물이 되었습니다. 유치부 아이들이 예배 후에 놀이 시설을 이용할 수 있다 보니 교회에서 재미있게 놀았던 추억을 선사하게 되었습니다. 물론 키즈카페 선생님들의 수고가 뒤따릅니다. 월요일부터 다시 키즈카페로 운영되기 위한 정리정돈이 필요합니다. 주일학교에서 키즈카페까지 이어지는 선생님들의 헌신 덕분에 주일학교 아이들과 동네 아이들 모두 교회에서 행복한 추억을 만들 수 있게 되었습니다.

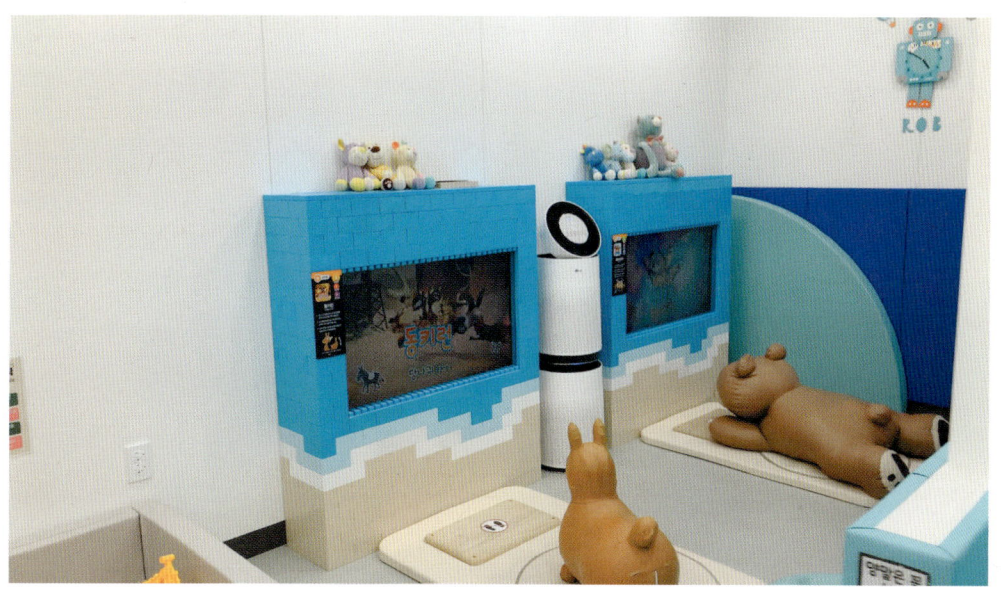

그림 13 서울형키즈카페 정릉3동점의 놀이 시설

벧엘교회는 정릉으로 이전하기 전, 돈암동의 100개가 넘는 계단을 올라야만 도착할 수

있는 높은 언덕에 있었습니다. 2008년 정릉3동으로 이전하면서 그 모습은 완전히 달라졌습니다. 지하에는 농구장과 탁구, 당구 등 다양한 스포츠를 즐길 수 있는 공간이 마련되어 있습니다. 음향설비를 갖춘 공연장과 층고가 높은 로비에 미술작품이 설치되어 있다 보니 문화센터처럼 보인다는 얘기를 듣습니다.

이는 지역 주민들이 편한 마음으로 교회에 들어올 수 있도록 문턱을 낮춘 배려였습니다. 덕분에 운동을 즐기는 지역 청소년들과 문화예술을 즐기는 지역 주민들에게 벧엘교회는 자주 찾는 공간이 되었습니다.

> "교회 건물을 지을 때 돈이 많이 드는데, 이렇게 지어놓고
> 우리 예배드리는 데만 쓰고 문을 잠가버리면
> 하나님이 기뻐하시지 않잖아요. 그래서
> 지역 사회에 늘 문을 열어놓는 교회가 되었습니다."

교회 건축을 오랫동안 기도하며 계획했던 박태남 목사의 바람처럼 벧엘교회는 다양한 용도로 사용되고 있습니다. 지하의 예배 공간은 주중에 공연장으로 활용되어 재즈 공연이나 청년 학생들의 집회가 열리기도 합니다. 또한 필리핀 교회, 중국인 교회, 뉴질랜드 교회 등 여러 나라의 신앙 공동체가 벧엘교회에서 예배를 드리고 성장해 자립했습니다.

▶ 장애 아동 위한 방과 후 교실

벧엘교회는 서울형키즈카페로 동네 아이들을 돌보는 사역 이전에 지역의 장애 아동들을 먼저 섬겼습니다. 교회 1층에는 서울형키즈카페 외에도 장애 아동과 장애 청소년들을 위한 꿈빛마을이 있습니다.

정릉에 교회 건축을 계획하며 벧엘교회는 유치원 운영을 준비하며 체육관 등의 시설을 갖췄습니다. 하지만 교회 주변의 작은 교회들이 이미 선교원을 운영하고 있었습니다. 벧

엘교회는 작은 교회에게 피해를 줄 수 있다는 판단을 내리고, 과감히 유치원 운영을 포기했습니다. 대신, 장애가 있는 아이들을 위한 방과 후 통합 교실을 열었습니다.

2009년에 시작된 꿈빛마을 사역이 벌써 16년이 되었습니다. 보건복지부의 지원을 받아 운영되는 방과 후 교실에서는 초등학생부터 고등학생까지 약 80명의 장애 아동과 청소년들이 언어, 인지, 체육 교육 등의 교육을 받고 있습니다.

벧엘교회는 장애아동과 청소년들이 성인이 되었을 때의 어려움이 더 크다는 현실을 마주하며, 이들을 위한 시설을 준비했습니다. 꿈빛마을에는 성인 장애인들을 위한 주간 보호 센터 꿈빛세상을 열었습니다. 중증 장애를 가진 아이들이 많아서 교사들이 1대1로 케어해야만 하는 희생과 헌신이 필수적인 사역입니다. 감정과 힘이 잘 제어되지 않는 아이들로 인해 선생님들이 다치는 사고가 발생하기도 했습니다.

> "장애 아이들을 위한 방과 후 교실을 한다고 할 때
> '그러면 비장애인 아이들이 교회에 안 온다.
> 전도에 방해된다.'는 우려도 있었습니다."

박태남 담임목사의 나와 다른 이들을 품는 마음이 예수님의 마음이라는 확고한 믿음으로 장애우들을 위한 사역은 계속 이어지고 있습니다. 엘리베이터 설치 등 장애인 시설에 대한 까다로운 건축 규정까지 충족하며, 벧엘교회는 지역 사회의 가장 낮은 곳에서 빛을 비추고 있습니다.

벧엘교회가 돈암동에서 정릉동으로 이전하면서, 단순히 교회 건물만 바뀐 것이 아니었습니다. 서울형키즈카페와 장애 아동들을 위한 방과 후 교실, 다양한 교회 공간 나눔 등 지역사회의 필요를 깊이 공감하고, 적극적으로 채워주며 마을에 없어서는 안 될 중요한 이웃이 되었습니다.

인터뷰 민혜경 센터장 _ 서울형키즈카페 정릉3동점

개관 8개월 만에 젊은 부모들 사이에서 인기있는 서울형키즈카페가 되었다고 들었습니다. 운영 노하우는 무엇인가요?

센터장: 센터장을 맡고 나서 제일 먼저 들었던 생각이 놀이 시설로는 좀 한계가 있겠다 싶었어요. 다양한 프로그램을 기획해서 아이들이 놀고 가는 거 외에도 새로운 경험을 많이 시켜주자 생각을 했죠.

처음에는 만들기 활동 위주로 했다가 시간이 지나면서 4월, 5월처럼 봄소풍을 많이 가는 계절에는 피크닉을 주제로 요리 활동을 해봤어요. 아이들이 요리해서 만든 도시락을 가지고 가면 도시락을 들고 가는 그런 기분으로 참여하더라고요. 한 달에 한 번씩 신체 놀이하면서 마음껏 뛰어놀기도 하고요. 만들기 활동에서 자기가 만든 작품을 하나씩 가지고 가면 만족감이 높고, 아이들이 즐거워해요.

서울형 키즈카페를 개관하고 홍보는 어떻게 하셨나요?

센터장: 놀이 프로그램이나 계절이나 시즌에 맞게 꾸민 실내를 사진 찍어서 네이버며 인스타에 공유해요. 그럼 보호자분들도 이곳에서 아이들이 어떻게 놀고, 어떻게 재미있게 지내는지를 한번 보시고 오시죠. 그렇게 꾸준히 온라인에 공유하면 반응이 좋아요.

서울형키즈카페에 놀이 교구도 다양하게 준비되어 있네요. 교구 구매 예산도 서울시에서 나오나요?

센터장: 서울시에서 놀이 교구를 구매할 수 있는 예산이 나와요. 저희가 원목이나 좋은 교구들을 알아봐서 하나씩 사다 두면 어머님들이 딱 알아봐 주세요. 요즘 어머님들은 그런 거 되게 빠르시잖아요. 그런 교구 하나에도 선생님들이 아이들을 위해 신경을 써 주신다고 말씀하시면서 좋아하세요. 키즈카페에 자주 오는 보호자나 어린이들을 위해서라도 이렇게 새로운 교구로 변화를 주는 것이 필요해요.

※ **벧엘교회**는 서울시 성북구 정릉동에 위치한 독립교단 교회으로 박태남 담임목사가 섬기고 있습니다.
주소: (02705) 서울특별시 성북구 솔샘로17길 8 (정릉3동, 정릉 벧엘교회)
전화번호: 02-923-6400

학습과 진로 교육에서 전인적 돌봄까지
#상상누리터 #중고등 방과후교실

> **진접소망교회의 지역 아동 돌봄 Tip**
> - 초등 돌봄 시설 운영이 초등부 주일학교로 연결
> - 초등 돌봄 시설의 야외, 체육 활동에 교회 성도들이 자원봉사로 참여
> - 중고등학생의 돌봄 시설은 자기 주도 학습 돕는 코칭이 필요
> - 중고등학생의 돌봄은 공부 고민 상담으로 신뢰가 쌓이면, 신앙상담까지 이어짐

시작은 교회의 작은 청년부실에서였습니다. 교육에 관심이 많았던 최형길 목사는 주중에 성도들의 자녀들과 함께 책을 읽었습니다. 교육에 대한 관심만으로 시작한 일은 아니었습니다. 남양주시 진접읍에 위치한 진접소망교회는 아이들이 점점 줄어들고 있었습니다. "교육부서 학생들이 사라지면, 교회의 미래가 없다"는 위기의식이 있었습니다. 최형길 목사는 아이들이 교회에 오기만을 기다릴 수 없는 상황임을 깨달았습니다.

아이들에게 독서 교육을 하던 그는 청년부실 한쪽에 있던 컴퓨터를 활용해 본격적으로 공부를 가르치기 시작했습니다. 10여 년 전, 그렇게 공부방이 시작되었습니다. 학생들에게 확실한 효과를 주지 못한다면 공부방을 운영할 필요가 없다는 생각으로 최 목사는 여러 교육 자료와 방법을 연구했습니다. 온라인 교육 프로그램을 이용해 자기 주도 학습으로 공부방을 운영하면서 여러 시행착오를 겪기도 했습니다.

> "제가 교육 분야에 종사해 본 적이 없으니 이상만 가지고 있었습니다.
> '이것이 올바른 교육관이다. 교육은 이래야 된다.'고 생각했어요.
> 하지만 현실은 달랐습니다."

최형길 목사는 현실의 모습을 깨닫게 된 한 학생의 사례를 설명해주었습니다. 한 학생이 수학 문제를 너무 잘 풀기에 자기 주도 학습이 잘 된 학생이라고 생각하고 그다음 학습 단계로 넘어갔습니다. 한참 뒤, 그 학생은 컨닝을 해서 문제를 풀고 있었던 것입니다. 요즘은 태블릿을 사용해 수업을 하다 보니 학습 이외의 것을 설치할 수 없도록 설정해 놓습니다. 그렇지만 그것을 뚫고 앱을 설치하여 컨닝을 하는 학생들이 나타납니다. 요즘은 챗GPT를 사용해 과제를 해결하기도 합니다.

'아이들의 본성을 간과했었다.'라는 뼈아픈 교훈을 얻은 이후 최 목사는 교육의 방향을 다시 설정했습니다. 그런 아이들을 붙잡고 늦은 밤까지 가르치느라 목사도, 아이들도 고생했던 시간을 통해 단순한 학습 지도를 넘어 아이들의 내면과 인성을 함께 돌보는 것이 중요함을 깨달았습니다.

교육에 대한 시행착오가 쌓여 열매가 맺기 시작했습니다. 교육열이 낮은 지역이다 보니 학원들이 하나둘 문을 닫고 떠난 자리에, '솔로몬에듀'라고 불리는 최형길 목사의 공부방이 자리를 잡았습니다. 중고등학생을 대상으로 하는 방과 후 교실, 솔로몬에듀에서는 내신반과 독서 능력을 훈련하는 속독반, 미국 교과서로 학습하는 솔로몬 영어 프로그램을 진행하고 있습니다.

이곳에서 공부하면 성적이 오른다는 소문이 나면서 이제는 교회에서 먼 지역에서도 학생들이 찾아오는 공부방이 되었습니다. 이러한 경험은 상상누리터를 개설하는 데 귀중한 자산이 되었습니다.

▶ 상상누리터 돌봄에 교육을 더해

진접소망교회가 위치한 주변에는 초등학교와 중학교가 있습니다. 교육열이 높지 않은 지역이다 보니 학원을 찾는 학생 수가 줄었고, 학원들은 다른 지역으로 옮기는 추세였습니다. 특히 초등학교 학생들이 학교가 끝난 후 갈 곳이 마땅치 않아, 방과 후 초등 돌봄과 교육 시설이 필요한 지역이었습니다.

진접소망교회의 담임목사가 된 최형길 목사는 지역의 초등학교 학생들을 돌볼 수 있는 방법을 찾았습니다. 지역아동센터를 염두에 두고 남양주시에 문의 전화를 걸었고, 남양주시에서 준비하고 있는 초등 돌봄 시설인 상상누리터에 대해 듣게 되었습니다.

상상누리터는 남양주시가 자체적으로 지역 내 유휴 공간을 찾아 돌봄 서비스 수요가 높은 지역에 만드는 초등 공유 돌봄 센터입니다. 진접소망교회는 2024년 3월에 신청하여 4월에 개소식을 가졌습니다. 교회는 공간, 전기세, 수도세를 부담했고, 남양주시는 인건비, 운영비, 그리고 인테리어 비용으로 5천만 원을 지원했습니다.

상상누리터 인테리어에 남양주시가 지원한 5천만 원은 부족한 금액이었습니다. 교회의 예산이 필요했고, 진접소망교회 같은 중소형 교회에게는 부담이 되는 부분이기도 했습니다. 하지만 교육부서의 초등학생이 사라지면 중고등학생, 청년들도 사라진다는 위기감은 성도들도 함께 공유하는 부분이었습니다.

> "성도님들도 교육부서에 아이들이 줄어드는 것에 대해 걱정하세요.
> 다만 해결 방법을 모르실 수 있어요.
> 담임목사가 해결 방법을 제시하면 동의하실 거라고 생각합니다.
> 문제는 담임목사가 결단을 해야 해요. 그런데 그 결단이 쉽지는 않습니다."

그림 14 진접소망교회 상상누리터의 미술 활동 시간

추가로 필요한 예산은 교회의 지원을 받아 상상누리터를 개소했습니다. 최형길 목사는 초기 6개월 동안 설교 준비와 행정 처리를 병행하느라 새벽까지 잠을 못 자는 강행군을 이어갔습니다. 지금은 상상누리터도 자리를 잡고, 센터장이 전반적인 일을 맡아 운영하게 되어서 최 목사는 목회에 집중하면서 지역 아이들을 섬길 수 있게 되었습니다.

상상누리 진접소망센터에는 선생님 두 명과 초등학생 스무 명이 돌봄을 받고 있습니다. 학기 중에는 오후 1시부터 7시까지, 방학 중에는 오전 9시부터 오후 7시까지 운영됩니다. 센터에서는 기본적으로 학교 숙제를 돕고, 간식(방학 중 급식)을 제공합니다.

교회 1층에 위치한 진접소망센터에는 '레스팅룸(휴게실)' '플레잉룸(놀이실)' '스터디룸(공부방)' 등의 시설이 마련되어 있습니다. 플레잉룸에는 학생들이 좋아하는 닌텐도 스위치와 플레이스테이션 등 최신형 게임기와 컴퓨터 10여 대도 구비되어 있습니다.

진접소망센터는 남양주시의 다른 상상누리터 센터들과 차별성을 두기 위해 '교육'에 초점을 맞췄습니다. 또한 피아노, 탁구, 미술 활동과 같은 예체능 교육과 체육 활동, 야외 활동도 함께 진행하며 아이들의 전인적 성장을 돕습니다.

▶ **상상누리터에서 주일학교로**

상상누리터 안에서 맺어진 관계는 주일학교의 활성화로도 이어졌습니다. 교회가 상상누리터를 운영하면서 주일학교에 새로운 친구들이 찾아오며 생동감이 생겼습니다. 교회의 다음세대 사역에 활력이 일어나는 중요한 계기가 되었습니다.

그림 15 진접소망교회 상상누리터의 체육 활동 모습

목회자들이 초등학교 고학년 학생들은 만나거나 심방할 수 있는 기회를 만들 수 있습니다. 그러나 아직 어린 초등학교 저학년 학생들은 만나거나 전도할 기회를 얻기가 어렵습니다. 상상누리터를 시작한 후, 진접소망교회는 저학년 초등학생들을 교회의 센터 안에서 자연스럽게 만날 기회를 얻게 되었습니다.

진접소망센터에서 야외 활동이 있는 날이면 교회 유초등부 교사 선생님들이 모입니다. 평일이면 회사 휴가를 내기도 하고, 토요일이면 개인적인 휴식을 반납하고 상상누리터로 모입니다. 이렇게 모인 교회 성도들은 상상누리터 아이들을 위한 일일 자원봉사 선생님이 됩니다.

> "센터 안에서 아이들끼리 친해지면서 토요일과 주일에도
> 친구들과 놀려고 오는 거죠. 주일에는 예배가 있으니
> 아이들이 자연스럽게 예배에 참석하기도 합니다."

금요일, 진접소망센터에서 상상누리터 아이들이 그토록 기다리던 파자마 파티가 열렸습니다. 센터 직원들이 퇴근하면 그 이후 시간은 교회 초등부 교사 선생님들로 구성된 일일 자원봉사 선생님들이 아이들과 함께 합니다. 교회를 다니지 않던 학생들도 이러한 특별한 시간을 통해 교회 선생님들과의 만남은 주일학교까지 이어집니다.

그림 16 진접소망교회의 학생부 예배실

▶ 공부에 대한 고민이 신앙으로

진접소망교회의 상상누리터에서 돌봄과 교육을 받아온 초등학생들은 중학생이 되면 솔로몬에듀의 중고등학교 학습으로 이어집니다. 이러한 과정을 염두해 두고 시작한 것은 아니었지만, 이전의 중고등학생을 위한 공부방 사역이 자연스럽게 연결되었습니다. 공부방을 시작한 지 10여 년이란 세월이 흐르며 최형길 목사는 중고등학생들에게 단순히 교과 지식만을 전달하지 않습니다. 학습 과정에 공부의 기초가 되는 품성과 비전에 대한 교육을 진행합니다. 이러한 시간은 학생들에게 '공부하는 이유'에 대해 진지하게 생각해 보는 시간을 갖도록 합니다.

그림 17 진접소망교회 상상누리터의 학습 공간

"아이들이 진지하게 공부를 하기 시작하면 삶에 대해서도

진지하게 생각을 하게 됩니다.

어떻게 살아야할지 고민하다 신앙에 관심을 갖게 되더군요.

삶의 방향이 생기면서 아이들 눈빛부터가 바뀝니다."

최형길 목사는 중고등학교 학생들의 공부를 가르치며 삶의 태도와 영적인 변화까지 경험했습니다. 신앙이 자란 학생들에게는 "성적을 위해서라기보다 하나님이 보내신 자리이기에 최선을 다하기 위해서다"라며 독려합니다. 학생들은 신앙 안에서 열심히 노력한 결과로 좋은 성적이라는 열매를 경험하며 신앙과 지성이 함께 성장했습니다.

진접소망교회의 상상누리터는 지역 아동 돌봄 시설을 넘어, 지역 주민들에게 변화를 가져다주고 있습니다. 성도들에게는 보이지 않지만 지역 주민에게는 보이는 높은 장벽이 교회를 둘러싸고 있었습니다. 상상누리터에 아이를 맡긴 부모님들이 처음에는 교회 밖에서 아이를 기다리거나, 교회 카페에도 쉽게 들어오지 않았습니다.

> "아이들이 매일 상상누리터에서 시간을 보내다 보니까
> 교회를 경계하던 부모님들에게 이제 교회는 '믿을 만한 공간'이 되었어요."

상상누리터 덕분에 교회를 둘러싼 보이지 않는 높은 벽을 무너뜨리는 효과를 가져왔습니다. 상상누리터는 교회의 문턱을 낮추고, 침체된 주일학교에 새 생명을 불어넣는 동시에, 자녀 돌봄을 염려하던 지역 주민들의 마음을 돌보는 실질적인 공간이 되었습니다.

아이들은 주일 교육부서에서 잠시 만나는 것이 아니라, 평일에 함께 공부하며 시간을 보내는 과정에서 깊은 관계가 쌓이면, 아이들은 관계 속에서 자연스럽게 신앙의 영향을 받았습니다.

진접소망교회의 상상누리터는 돌봄과 교육을 제공하는 것을 넘어, 지역 이웃과 교회가 관계를 맺는 통로가 되었습니다. "교회가 교육을 담당해야 하는 시기가 왔다"는 흐름 속에서, 상상누리터의 돌봄 사역은 교회의 다음세대를 키우고, 지역 사회와 연결해 주는 부드러운 연결 고리가 되었습니다.

인터뷰 최형길 목사 _ 진접소망교회 담임목사

남양주시에 상상누리터를 신청 접수하고 그 다음은 어떻게 진행이 되었나요?

목사: 남양주시에 가서 "우리 교회는 이렇게 상상누리터를 운영할 것입니다."라는 PPT 발표를 하고 승인이 떨어지고 계약서를 작성했어요. 실제 상상누리터를 시작한 건 3월이었는데 개소식은 4월 11일에 했네요.

교회 성도분께서 교회 1층에 카페를 잠깐 운영하셔서 인테리어가 그대로 남아있었어요. 학습방이 원래 주일에 소모임 하는 공간이었는데, 일반 가정집처럼 노란 장판 이 깔려 있었어요. 상상누리터를 만들면서 카페 공간은 그대로 살리고 학습하는 방만 인테리어를 했습니다.

교회가 상상누리터를 준비하는데 남양주시에서 얼마를 지원해주셨나요?

목사: 남양주시에서 인테리어 비용으로 5천만 원을 받았습니다. 그런데 5천만 원의 비용으로 교회 공간을 인테리어를 하기는 어려웠어요. 일반 의자는 5만 원 정도면 구매할 수 있지만, 아이들이 공부할 때 쓰는 좋은 의자를 사려면 30만 원 정도는 줘야합니다. 10개만 사도 300만 원이거든요.

저희 교회에 공부 의자가 20개가 있는데 의자 비용만 600만원이고, 책상도 여러개 사다 보면 인테리어 비용으로는 5천만원이 부족하지요. 상상누리터를 준비하는 데는 초기 비용이 들다 보니 교회 예산도 들어가야 했습니다. 성도님들에게 다음세대를 위한 비전을 전하며 모금을 해서 진행할 수 있었어요.

교회 공간이 작거나 예산이 없는 교회는 상상누리터를 하기가 어렵겠네요?

목사: 돌봄 시설을 크지 않게 할 수도 있어요. 선생님 두 분을 위한 책상 2개 있고, 그냥 푹신푹신한 바닥에서 아이들이 뛰어노는 걸 지켜보는 공간으로만 만들어서도 운영할 수 있습니다.

제가 상상누리터를 운영해보니 학생 정원은 스무 명이어도 아이들이 한 번에 스무 명이 다 오지는 않거든요. 학생들이 돌봄이 필요할 때만 와요. 그래서 그렇게 넓은 공간이 필요하지 않을 수도 있어요. 저희 센터는 교육을 특화해서 하다 보니 학생들이 정해진 시간에 와서 교육을 받아야 하는 상황이어서 넓은 공간이 필요했습니다.

남양주시가 상상누리터를 할 수 있도록 승인하는 조건이 있을까요?

목사: 남양주시 입장을 들어보지는 않았지만 제가 본 경험으로는 상상누리터로 선정된 업체나 교회들을 보니 건물이 따로 있는 편을 선호하는 것 같아요. 처음에 승인되었던 교회들은 대부분 교회 건물이 따로 있었어요. 2차, 3차로 승인하는 걸 보니 상가 교회라 하더라도 공간이 협소하지 않은 그런 교회를 원하는 것 같습니다. 학생들을 위해서라도 공간이 너무 적지 않으면 좋겠지요.

※ **진접소망교회**는 경기도 남양주시 진전읍에 위치한 대한예수교장로회 대신 소속 교회로, 최형길 담임목사가 섬기고 있습니다.

주소: (12051) 경기도 남양주시 진접읍 주곡로119번길 3

전화번호: 031-529-8091

동네 아이들의 놀이와 교육을 채워주는 교회
#서울형키즈카페 #지역아동센터 #지역청소년센터

신월동성결교회의 지역 영유아·초등·청소년 돌봄 Tip
- 서울형키즈카페가 평일에는 지역 영유아, 주일에는 교회 영유아 돌봄 공간
- 서울형키즈카페의 부모 참여 프로그램으로 교육과 홍보 효과
- 지역아동센터에서 초등 돌봄의 경험 쌓은 후 중고등학생 돌봄으로 사역 확대
- 고등학생은 인터넷 강의와 학습 공간을 제공해 자기 주도 학습으로 교육

서울 양천구 신월3동, 철거민촌이라 불렸던 이 지역에 신월동성결교회(이하 신월동교회)가 위치해 있습니다. 천막 교회로 시작해 52년이 지난 지금, 신월동은 재개발 사업 지연과 주변 신도시 개발로 많은 이들이 떠나고 고령자, 한부모 가정 등 취약계층이 다른 지역보다 높은 동네가 되었습니다. 신월동교회도 이 지역을 떠나 신도시로의 이전을 잠시 고민했습니다. 하지만, 교회는 신월동에 '남는 것'을 선택했습니다.

이러한 선택에는 고신원 담임목사의 고통 속에 담긴 하나님의 부르심이 있었습니다. 아내가 갑작스럽게 세상을 떠나고, 홀로 네 명의 자녀를 돌보며 고신원 목사는 한부모 가정의 어려움을 깨닫게 되었습니다.

이후 신월동교회는 지역의 아이들을 함께 키우겠다는 소망으로 영유아를 돌보는 서울형키즈카페와 초등학생을 위한 사무엘지역아동센터, 중·고등학생을 위한 다니엘지역청소

년센터를 운영하고 있습니다.

그림 18 신월동성결교회의 고신원 담임목사

▶ 어린이집에서 서울형키즈카페로

45년 전, 철거민촌 시절부터 어린이집을 운영했던 신월동교회는 시대 변화에 발맞춰 새로운 걸음을 시작했습니다. 어린이집 문을 닫고 2025년 3월에 서울형 키즈카페를 열었습니다.

신월동교회의 '신나다 비전센터' 4층에 위치한 양천구 신월3동점 서울형 키즈카페는 100여 평의 넓은 크기를 자랑합니다. 교회가 5년 동안 무상 임대로 공간을 제공한 이곳은 단순히 아이들이 노는 공간을 넘어, 3세에서 8세 자녀들과 부모님과 "함께 놀고 배우는 경험"을 제공합니다.

> "어린이집이 끝나고 어머니들끼리 팀을 짜서
> 키즈카페에 와서 함께 노세요. 혼자 아이와 놀아주는 게

　　　　　힘든 어머니들에게는 육아 피로도를 낮춰주는 공간이에요."

이진이 센터장의 설명처럼, 센터 교사들은 아이와 어떻게 놀아줘야 할지 어려워하는 부모에게는 놀이 시설 이용 방법을 알려주며, 자연스레 아이와 상호 작용하는 방법을 가르쳐줍니다. 소꿉놀이 영역에서 아이들은 커피 머신에서 커피를 내려 부모에게 커피를 가져다주며 놀이로 상호 작용을 배웁니다. 놀이가 다 끝나고 나면 그릇들을 정리해서 그릇장에 정리해 놓는 것도 놀이이자 배움의 과정입니다.

　　　　"서울형 키즈카페는 아이들이 오감 놀이를 통해서
　　　　신체와 정서까지 함께 성장하는 돌봄과 교육까지 함께
　　　　　　이루어지는 키즈카페라고 볼 수 있어요."

그림 19 신나다 비전센터에 위치한 서울형키즈카페 신월3동점

신월동교회에서 운영하는 서울형 키즈카페는 2025년 3월에 시작해 몇 달 만에 동네 핫플레이스가 되었습니다. 그 이유는 센터 선생님들의 돌봄과 따뜻한 친절이었습니다. 키즈카페 사용 후기에는 센터 선생님들의 친절함에 대한 글이 많습니다. 센터 교사로 자격

을 갖춘 교회 성도분들이 이곳에서 근무하다 보니 주일학교 아이들을 돌보던 선생님들의 마음이 키즈카페까지 흘러들어옵니다.

그림 20 아이들에게 놀이를 가르쳐주는 서울형키즈카페 선생님

▶ **초등학생을 위한 지역아동센터**

신월동에서 어린 시절을 보낸 고신원 목사의 경험은 지역 아이들을 돕는 사역의 깊은 뿌리가 되었습니다. 고 목사가 초등학생 시절이었던 80년대, 신월동 아이들은 그야말로 문제아들이었습니다. 놀거리가 없고, 공부할 공간이 없던 아이들은 길거리에서 문제를 일으켰습니다.

"지금도 엄마 아빠가 돈을 벌러 나가면 밥을 잘 챙겨 먹지 못하고,
길거리에서 배회하는 아이들이 있습니다. 요즘에는 학교 공부도 학원을 가지
않으면 따라갈 수가 없잖아요. 아이들을 학원에 보내야 하는데,
신월동에는 학원비가 부담이 되는 가정들도 있습니다."

고신원 목사는 세월이 지나도 반복되는 신월동의 '가난의 대물림' 현상에 주목했습니다. '가난의 대물림'을 끊기 위해 지역 아이들을 돌보고, 교육하는 사역에 집중했습니다.

2005년 IMF 외환 위기 당시, 신월동교회는 지역 초등학생들을 돌볼 필요성을 느끼고 사무엘지역아동센터를 열었습니다. 그런데 센터를 졸업한 아이들이 중학생이 되니 다시 길거리에서 방황하는 아이들이 되었습니다. 안타까움을 느낀 신월동교회는 2011년에 중학생과 고등학생을 위한 다니엘지역청소년센터를 설립하게 되었습니다.

사무엘지역아동센터는 교회 안에 위치해 있습니다. 아동센터에 공간을 무상으로 제공할 뿐 아니라 다양한 방식으로 센터를 돕고 있습니다. 교회 본당에서 학생들의 가야금 공연이나 창작 뮤지컬 행사를 열었고, 여러 지역아동센터와 학교가 연합한 대규모 행사를 개최하기도 했습니다. 얼마 전에는 교회는 센터 아이들의 키 높이에 맞춘 화장실과 세면대로 리모델링을 해주었습니다.

> "센터가 교회 안에 있으니 우선 안전하고요. 오고 가는 성도님들이며
> 목사님들이 항상 센터 아이들을 반겨주시고 예뻐해 주세요."

10년차 사회복지사 선생님의 설명처럼, 16명의 초등학생 아이들이 사무엘지역아동센터에서 배우고, 먹고, 놀며 성도들이 건네는 사랑과 축복의 환대 속에서 자라고 있습니다.

▶ **중고등학생을 위한 지역청소년센터**

중고등학생을 위한 다니엘지역청소년센터는 신나다 비전센터에 위치해 있습니다. 센터에는 19명의 중고등학생이 모여 함께 공부하며 지내고 있습니다. 현재 7명의 학생들이 대기하고 있을 정도로 청소년 돌봄이 필요한 지역입니다. 센터 교실에서는 영어, 수학, 국어 등의 수업이 진행됩니다. 고등학생들을 위해서는 인터넷 강의(이하 인강)로 자기주도 학습을 위한 다니엘 자습실이 마련되어 있습니다.

그림 21 중고등학생들의 인강을 위한 학습실

"고등학생 수업을 해주실 교사를 구하기가 어려웠어요. 그래서 인강으로 학습하고, 센터 선생님들이 모르는 부분을 지도해 주고 계세요. 아이들이 자기 주도로 공부를 잘하고 있어요."

강희경 센터장의 설명처럼, 과목을 가르쳐줄 교사가 없다면 인강도 하나의 대안입니다. 학생들에게는 스스로 공부할 수 있는 학습 환경과 학습 코칭을 도와줄 선생님이 계시면 가능합니다. 센터는 친구들과 함께 공부하고, 식사하며 쉼을 누리는 곳이기도 합니다. 신나다 비전센터의 옥상에는 농구장이 마련되어 있습니다. 여름에는 시원한 바람이 불고, 밤에는 라이트가 켜지니 늦은 밤에도 운동이 가능해 학생들이 애용하는 장소입니다. 신월3동에 마땅한 체육시설이 없다 보니 지역 청소년들에게도 소문난 인기 장소가 되었습니다.

강희경 센터장에게 한 아이를 돌보는 것이 한 가정을 돌보는 일임을 경험하게 해 준 학생이 있었습니다. ADHD를 가진 학생은 중학교에서 어려움이 많았습니다. 홀로 아이를 키우던 어머니는 학교 교사나 센터장에게 대화의 문을 쉽게 열지 않았습니다. 하지만,

어머니가 입원하고, 가정의 위기의 상황에서 강 센터장은 아이를 센터 이후의 시간에도 돌봐주었습니다. 이제 어머니는 센터장에게 가정사까지 다 털어놓을 정도로 신뢰하는 관계가 되었습니다.

그림 22 중고등학생들을 위한 지역청소년센터

"이제는 아이들이 한 영혼으로 보여요.
보는 아이들마다 교회에 다녔으면 좋겠다는 바람이 생기지요.
아이들 몇 명이 교회에 오게 되면서 전도의 기쁨도 갖게 되었네요."

강희경 센터장은 교회가 지역아동센터를 운영하는 것이 "쉽지 않은 사역이다."고 하면서도, "한 아이와 가정이 변화되는 사역"임을 강조합니다.

고신원 목사는 "목사가 되기 전에 주민이 되어야 한다."는 하나님의 말씀을 마음에 담고 나서 많은 것이 변화되었다고 합니다. 주민으로 함께 하며, 주민들의 어려움을 돌보다 보니 신월동교회의 사역은 노인분들을 위한 복지관과 데이케어 등 어르신 섬김으로도 확장되었습니다. 고신원 목사는 교회가 지역 사회를 어떻게 섬기는지 청소년들과 청년부들에게도 공유합니다.

> "교회가 지역 사회를 섬기는데 청소년과 청년들도 함께 준비하자고 격려합니다.
> 교회의 꿈과 청년들의 꿈이 함께 가면 얼마나 좋겠습니까."

사회복지나 교육을 공부하는 청년들은 진로를 교회의 비전과 연결하며 교회와 함께 꿈을 꿉니다. 지역사회와 아이들을 섬기는 일에 성도들이 동참하면서 재능과 은사가 발견되며, 성도들도 함께 성장하고 있었습니다.

인터뷰 이진이 센터장 _ 서울형키즈카페 신월3동점

서울형키즈카페의 운영 시간은 어떻게 되나요?

센터장: 서울형 키즈카페는 '우리동네키움 포털' 사이트를 통해 예약제로 운영되고 있어요. 평일에는 1, 2, 3회차로 나뉘어 진행되고요. 회차당 2시간을 운영하고, 1회차는 9시 반에 시작해서, 3회차가 끝나는 시간은 6시입니다. 주말에는 토요일만 운영하고, 1회차에서 4회차까지 개인 방문객을 받아요. 4회차가 끝나는 시간은 8시예요.

서울형키즈카페 사용 요금은 얼마이고, 주일에는 어떻게 사용되나요?

센터장: 이용 요금이 정말 싸요. 2인 이상 다자녀 가정이나 다둥이 행복 카드 소지자는 엄마도 아이도 무료예요. 다둥이를 제외한 아이는 2천 원, 엄마는 1천 원이에요. 이용 요금이 싸다 보니 키즈카페 예약 경쟁이 치열해요. 저희 키즈카페는 일요일에 문을 닫아요. 일요일은 교회에 온 아이들을 위한 놀이 공간으로 사용됩니다.

비용 외에도 일반 키즈카페와 다른 부분은 무엇일까요?

센터장: 일반 키즈카페처럼 아이들끼리 놀고, 부모님들은 차를 마시는 공간으로 분리되어 있지 않아요. 아이들의 놀이에 부모님이 동참할 수 있는 놀이 공간으로 꾸며져 있어

요. 아이와 함께 올 수 없는 부모님들을 위한 '놀이돌봄서비스'도 있어요. 미리 예약하시면 36개월 이상에서 미취학 아동들은 회차별로 2명이 신청 가능해요. 센터 교사들이 아이들을 돌봐주는 서비스예요.

서울형키즈카페를 운영하게 되면 어떤 부분에 신경을 써야 할까요?
센터장: 가장 중요한 부분은 안전이에요. 아이들이 놀면서 서로 부딪히거나 시설에 안에서 다치지 않도록 안전한 공간이 되어야 해요. 이를 위해서 서울시여성가족재단에서 서울형 키즈카페 직무교육을 월별로 열어요. 센터 교사가 안전 교육이나 교육 프로그램 개발을 배우고 올 수 있어요. 키즈카페에서 부모님과 아이들이 참여하는 프로그램을 진행하면 참여도가 높아요.

※ **신월동성결교회**는 서울시 양천구 신월3동에 위치한 예수교대한성결교회 소속으로 고신원 담임목사가 섬기고 있습니다.
주소: (07912) 서울특별시 양천구 남부순환로54길 9
전화번호: 02-2603-2427

작은도서관에서 시작된 지역 초등 돌봄

#우리동네키움센터

> **효창그리스도의교회 지역 초등 돌봄 Tip**
> - 작은도서관 운영하며 동네 어머니, 아이들과 관계 맺기
> - 적극적 돌봄 위해 작은도서관에서 우리동네키움센터로 변신
> - 학부모들의 요청은 행정 기관에 주민 민원으로 접수되어 빠른 해결
> - 행정 기관의 재정 지원으로 학생들의 교육, 스포츠 활동, 식사(간식) 가능

서울 용산구 효창동에 위치한 효창그리스도의교회는 한국전쟁 직후인 1954년 미국 선교사님에 의해 세워진 교회입니다. 큰 교회들이 주변을 둘러싼 환경 속에서, 효창그리스도의교회는 동네를 돌봤습니다. 70여 년 전, 효창동의 어려운 아이들을 섬겼던 선교사들의 사랑과 헌신의 유산을 이어받아 교회는 동네 아이들에게 주목했습니다.

▶ **작은도서관에서 열린 동요 수업**

효창그리스도의교회는 동네 언덕에 위치해 있어 가파른 계단을 올라야 도착할 수 있습니다. 윤봉주 목사가 담임목사로 부임했을 당시, 교회 1층에는 작은도서관이 있었습니다. 책은 많았지만, 관리가 잘되지 않은 상태였고, 오는 이들도 적은 도서관이었습니다. 윤봉주 목사와 전민재 사모는 작은도서관 내부를 리모델링하며 도서관을 활성화하기 위해 애를 썼습니다.

그림 23 효창그리스도의교회 윤봉주 담임목사

아무도 없는 빈 도서관 보다는 반갑게 맞아주는 한 사람이 있다면 좀 더 편하게 들어올 수 있지 않을까 해서 교회 사모가 도서관 지기가 되었습니다. 사모는 도서관에서 따뜻하게 반겨주는 한 사람이 되기 위해 하루에 8시간씩 도서관을 지켰습니다. 2년여 동안, 담임목사와 사모의 환대가 있는 쾌적하고 안락한 도서관 분위기를 만들기 위해 노력했습니다. 2015년이 되자 동네 아이들과 어머니들이 하나둘 도서관에 모였습니다. 방문 횟수가 늘면서 가까워진 동네 어머니들이 사모에게 이런 말을 들려주었습니다.

> "사모님이 우리 교회 오라고 강요하는 말씀을 하지 않으셔서
> 편하게 올 수 있었어요."

작은도서관은 어느새 동네 어머니들의 인생 상담, 신앙 상담을 들어주는 곳이 되었습니다. 사모와 가까워진 어머니들은 도서관에서 아이들을 위한 수업을 열었으면 좋겠다는 제안을 했습니다. 어떤 수업을 하면 좋을까 사모와 함께 고민하던 윤봉주 목사는 성악을 전공한 경험을 살려 아이들에게 발성 기초와 동요를 가르쳤습니다.

그림 24 교회의 작은도서관이 우리동네키움센터로

작은도서관에서 열리는 동요 수업은 동네 인기 수업이 되었습니다. 마을 공동체 사업으로도 선정되어서 동요를 배운 아이들은 멋진 단복을 맞춰 입고 교회 예배당에서 발표회를 열기도 했습니다. 평일에는 썰렁했던 교회 작은도서관이 지역 아이들과 함께하는 문화 공간으로 자리 잡게 되었습니다.

▶ **사랑과 관계를 배우는 우리동네키움센터**

작은도서관을 지키던 사모는 여름방학 동안 도서관에서 점심도 먹지 않고 책을 보는 아이들이 마음에 쓰였습니다. 점심을 거른 아이들이 안쓰러워 김밥을 사주고는 했습니다. 이런 일이 자주 벌어질수록 목사와 사모의 마음에는 '더 많은 동네 아이들을 이렇게 먹이고 돌볼 수 있으면 얼마나 좋을까'하는 소망이 생겼습니다. 그러던 중 지역 초등학생들의 틈새 돌봄을 위한 '우리동네키움센터'를 알게 되었습니다. 방학 동안 점심을 지원해 준다는 사실을 알고 도전해보기로 했습니다.

우리동네키움센터 용산4호점으로 선정되었습니다. 교회는 지자체의 예산을 받아 작은도서관을 우리동네키움센터로 리모델링했습니다. 그렇게 시작한 용산4호점 우리동네키움센터가 5년이 되었습니다. 센터에는 30명과 긴급 돌봄 6명을 포함하여 총 36명의 초등학생들이 매일 찾아오는 시끌벅적한 공간이 되었습니다.

용산구청 또한 임대료가 비싼 용산 지역에서 교회가 지역 아이들을 위한 공간을 무상임대하니 지속적인 협력 관계로 이어질 수 있었습니다. 센터장은 최근에 센터 공간을 임대 연장하며 좋은 일이 있었다고 합니다.

그림 25 교회 1층에 위치한 우리동네키움센터 용산4호점

> "최근 5년 무상 임대가 연장되면서 구청에서는 아이들의 요청을 수용해
> 야외 놀이 공간을 만들어 주었어요. 아이들은 센터의 앞마당에서
> 마음껏 뛰어놀 수 있게 되었습니다."

오후 3시 반이 넘자 아이들이 하나둘 센터로 들어와 출석 카드를 체크하고 간식을 먹습니다. 우리동네키움센터에서는 불 사용이 허용되지 않기에 과일이나 과자 등의 간식만이 제공됩니다. 삼삼오오 모여 보드게임을 하던 아이들은 숙제하거나, 센터의 다양한 프로그램에 참여합니다.

월요일은 원어민 영어 수업, 화요일은 클레이 아트, 수요일은 스포츠, 목요일은 아동 자치 회의, 금요일은 다양한 특강이 이루어집니다. 학원을 가야 하는 아이들은 학원 시간에 맞춰 움직입니다. 이처럼 우리동네키움센터는 맞벌이 가정의 아이들에게 쉼과 교육, 놀이를 제공하는 '제2의 가정'과 같습니다.

그림 26 방과 후 우리동네키움센터에서 간식을 먹는 학생 모습

"집에 혼자 있던 아이들도 센터에 와서 동생, 형, 누나들과
함께 놀 수 있어서 좋아해요. 선생님뿐만이 아니라 봉사하는
대학생 형, 누나들과도 함께 놀고, 공부하면서
즐거움과 정서적 안정감을 느끼는 듯 해요."

전민재 센터장의 설명처럼, 우리동네키움센터는 틈새 돌봄만이 아니라 다양한 관계 속에서 규칙과 질서, 상호작용의 즐거움을 경험하며 아이들이 성장하는 공간입니다. 특히 용산4호점 우리동네키움센터만의 차별점은 '교회 안에 센터가 있다'는 점입니다.

▶ **평일에는 우리동네키움센터가 사역지**

센터가 교회 안에 있다는 장소의 특성만이 아니라, 교회 선생님들의 사랑이 아이들에게 흘러가기를 노력합니다. 아이들을 위한 사역은 열 가지를 잘해도 단 한 가지 문제가 생기면 문을 닫을 수 있기에 전민재 센터장은 한 번 더 확인하며 최선을 다했습니다. 게다가 키움센터에 대한 평판은 복음 사역에도 영향을 줄 수 있기에 센터장의 부담은 컸습니다.

> "센터를 운영하며 예수님에게 누가 되면 안 되겠다는 생각을 매일 해요.
> '교회에 있는 키움센터인데….'라는 말끝에
> 부정적인 말을 듣지 않기 위해서 굉장히 노력했어요."

센터 선생님들도 신앙인의 마음으로 아이들을 대하고 기도로 함께 교육합니다. 5년 동안 큰 사고 없이 센터가 운영될 수 있었던 것에 대해 센터장은 "하나님이 아이들을 지켜주셨다"며 감사의 고백을 드립니다.

그림 27 우리동네키움센터 학생이 공모전에서 받은 상장

우리동네키움센터가 오픈했던 해부터 함께했던 학생이 얼마 전 초등학교 6학년이 되어서 센터를 졸업했습니다. 센터에서 자란 학생의 5년 동안의 성장 영상 앨범은 '2024년 마을돌봄 사업 공모전'에서 아동 분야 대상을 받았습니다. 영상에는 초등학교 2학년 때부터 6학년까지의 한 학생의 성장 스토리텔링과 함께 "마음의 고향인 키움센터를 떠나야 하는 아쉬움"이 가득 담겼습니다. 이외에도 센터에는 학생들이 악기로, UCC 영상으로, 그림으로 받은 상장들이 멋지게 전시되어 있습니다.

그림 28 학생들의 학습과 놀이를 위한 책과 보드게임

이러한 열매는 용산4호점 키움센터의 기쁨이면서 효창그리스도의교회의 보람이 되었습니다. 지역 아이들을 위해 교회는 1층의 중요한 공간과 성도들이 사용하던 작은도서관을 아이들에게 내어주었습니다. 이러한 헌신으로 교회는 다음세대라는 열매를 보았습니다.

효창그리스도의교회는 주일마다 교회에 오는 아이들을 돌보는 것을 넘어 평일에는 키움센터에서 동네 아이들을 돌보는 교회가 되었습니다. 우리동네키움센터의 경험은 '우리 아이들'이란 울타리를 훨씬 넓혀 주었습니다. 성도들이 동네에서 만나는 모든 아이가 '우리 아이들'이 되었습니다.

> "센터 아이들이 나중에 교회에서 지냈던 이 시간이
> 좋은 추억으로 남는다면 좋겠어요. 그러면 언젠가
> 교회로 들어오는 걸음이 쉽지 않을까요."

윤봉주 목사와 전민재 사모는 교회 안의 우리동네키움센터에서 경험했던 '좋은 기억, 좋은 시간'이 결국 교회로 가는 길로 만들어질 것이라고 믿습니다. 어린 시절, 교회의 사랑을 경험한 아이들의 걸음은 자연스레 교회로 향하게 될 것입니다.

인터뷰 전민재 센터장 _ 우리동네키움센터 용산4호점

우리동네키움센터에 대한 설명 부탁드려요.

센터장: 키움센터는 서울시에서 초등돌봄을 위해 만든 서비스로 방과 후 돌봄이 필요한 초등학생이라면 누구나 이용할 수 있는 시설이에요. 집·학교에서 10분 거리 내 위치해 있

우리동네키움센터에 대한 설명 부탁드려요.

센터장: 키움센터는 서울시에서 초등돌봄을 위해 만든 서비스로 방과 후 돌봄이 필요한 초등학생이라면 누구나 이용할 수 있는 시설이에요. 집·학교에서 10분 거리 내 위치해 있고, 학교 수업 이후에 자유롭게 이용 가능해요. 초등학생들에게 쉼·여가·놀이 공간을 마련해 방과 후 아이들의 돌봄 공백을 해소하는 목적으로 만들어졌어요.

키움센터가 교회 안에 있으면 어떤 장점이 있을까요?

센터장: 센터가 교회 안에 있다 보니 성도분들이 센터에 와서 들여다보시고, 관심을 가져 주세요. "센터에 뭐가 고장 났어요."하면 간단한 시설 보수는 성도님들이 해결해 주세요. 자원봉사로도 함께 해 주세요. 서울시 '50플러스' 일자리 사업을 통하면 성도분들이 시급을 받으면서 교회의 지역 아동 돌봄 사역에 함께 하실 수도 있어요.

교회 안에 키움센터를 만들 때 행정 기관과 잘 협력하는 방법은 무엇일까요?

센터장: 행정 기관과 협력할 때에는 교회에서 "이건 안돼요." 하고 벽을 쳐놓으면 구청 관계자들도 좀 어려워하세요. 그래서 "어떻게 하면 좋을까요?"하고 의논하면서 조율하겠다는 마음으로 대하시면 좋을 것 같아요.

간담회를 통해 서로의 상황을 이해하고, 법률적인 부분까지 고려해서 조율하는 것이 중요해요. 또한, 키움센터에 필요한 부분을 센터 학부모님들이 구청에 직접 요청하실 수도 있어요. 구청에서는 지역 주민들의 민원이 들어오면 해결하기 위해 빠르게 움직이거든요.

※ **효창그리스도의교회**는 서울 용산구 효창동에 위치해 있으며, 미국의 워싱턴 디케이터 그리스도의 교회에서 최초의 선교사로 파송된 데일 리치슨 선교사에 의해 1954년에 세워진 교회입니다. 효창중학교, 한국기독학원(그리스도대학교로 발전)을 세웠으며 현재는 윤봉주 담임목사가 시무하고 있습니다.

주소: (04312) 서울특별시 용산구 청파동3가 132-145, 효창원로 160
전화번호: 02-713-2309

지역 초등 돌봄으로, 활짝 열린 교회 사역
#상상누리터

물댄동산교회의 지역 초등 돌봄 Tip
- 상상누리터는 주일에는 주일학교 공간으로 사용 가능
- 지역 초등 돌봄 사역은 주일학교 부흥에 긍정적인 영향
- 교회가 센터 운영을 주도하기보다는 센터 운영에 도움을 주는 방식으로 참여
- 초등 돌봄에서는 학생 부모 참여 수업도 함께 운영

그림 29 물댄동산교회의 정종한 담임목사

남양주에서 64년간 지역을 지켜온 물댄동산교회에게 교회 건축은 오랫동안 품어온 소망이었습니다. 남양주 별내 지역이 재개발되고, 교회 건축을 준비하면서 교회는 새로운 꿈을 꿨습니다. 그중 하나는 지역사회와 함께하는 교회였습니다.

새 예배당이 세워지고, 교회 1층에는 지역 주민들도 편하게 쉬어갈 수 있는 카페를 열었습니다. 카페 옆으로는 작은 천이 흐르고, 산책로를 따라 봄이면 벚꽃이 가득한 아름다운 공간이었습니다. 코로나 팬데믹이 터지고, 교회는 어쩔 수 없이 문을 닫아야 했습니다. 코로나 팬데믹이 끝나고 교회 문도 다시 열렸지만, 지역 주민들과의 거리는 쉽게 좁혀지지 않았습니다. 교회는 지역사회를 위해 무엇을 할 수 있을지 찾던 중에, 상상누리터를 만나게 되었습니다.

그림 30 물댄동산교회 안에 위치한 상상누리터

▶ **상상누리터의 준비와 시작**

남양주형 상상누리터 공모가 진행되면서, 교회는 적극적으로 사업을 추진했습니다. 만약 국가에서 공간을 위탁받는 방식이었다면 주저했을지도 모릅니다. 상상누리터는 교회와 공간을 공유한다는 개념이었습니다. 즉, 교회 공간을 주일에는 주일학교 공간으로 사용할 수 있고, 주중에는 상상누리터 아이들을 위한 공간으로 사용할 수 있습니다.

남양주시는 물댄동산교회를 상상누리 센터 운영 기관으로 위탁했습니다. 교회는 사단법인을 설립하여 상상누리 별내물댄동산 센터를 위탁받아 운영하고 있습니다. 센터는 남양주시의 관리 감독을 받으면서도, 센터장과 교사들은 직접 채용할 수 있는 권한을 가질 수 있습니다. 정종한 담임목사는 교회가 상상누리터를 운영하는데 공간 공유 외에도 주요한 장점이 있다고 설명합니다.

> "상상누리터의 큰 장점 중 하나는 센터장과 돌봄 교사를 교회가 직접 채용할 수 있는 권한을 가진다는 것입니다. 운영을 교회에 맡긴 셈이지요. 저희 자체적으로 센터장님과 교사를 채용하고, 프로그램도 함께 만들며 진행합니다."

그림 31 상상누리터 별내물댄동산센터의 모습

교회는 1층 영아부와 유치부 아이들이 주일 예배를 드리던 공간을 상상누리터로 조성했습니다. 영아부와 유치부, 두 부서 사이에 있던 벽을 허물고 나니 70여 평의 넓은 별내물댄동산센터가 만들어졌습니다.

2024년 남양주시에는 여러 교회가 상상누리터를 오픈했습니다. 물댄동산교회도 그중 하나였습니다. 다른 상상누리터와 차별화된 '별내물댄동산센터만의 특화된 교육 프로그램을 하면 좋지 않을까?' 고민하던 목사님과 성도들의 생각 끝에 음악이 떠올랐습니다.

그림 32 물댄동산교회의 상상누리터는 피아노 특화 프로그램 운영

지역 초등학생 아이들이나 부모님에게 피아노 교육은 큰 도움이 될 수 있는 부분이었습니다. 게다가 교회에는 아동부 전도사님을 비롯해 피아노를 가르칠 수 있는 분들이 있었습니다. 그러나 피아노를 구매하는 일은 교회의 재정적인 헌신이 필요했습니다. 교회는 센터를 위해 재정을 마련해 피아노를 구매하고, 방음시설이 된 연습실 세 곳을 만들었습니다. 박은경 센터장은 교회의 지원 덕분에 센터의 피아노 교육이 가능했다고 합니다.

"센터 운영비로는 피아노 강사비를 지불 할 수 없거든요.
학생들도 학원에서 피아노를 배우려면 비용이 비싸지만,

이곳에서는 전혀 비용이 들지 않아요."

그림 33 돌봄과 학습이 함께 이루어지는 상상누리터

센터가 물댄동산교회의 여러 공간을 함께 사용할 수 있다는 점도 큰 장점입니다. 아이들이 가장 좋아하는 공간 중 하나는 교회 지하의 키즈카페 꾸며진 공간입니다. 센터 아이들은 이곳에서 체육 활동을 합니다. 프로그램이 없어도, 뛰어놀고 싶은 날이면, 아이들은 선생님과 함께 키즈카페 공간으로 달려갑니다.

교회는 1층 카페 역시 센터의 특별 행사를 위해 기꺼이 내어줍니다. 교회 카페는 부모님과 함께하는 참여 수업이나 발표회 행사에서 멋진 무대가 됩니다. 나무와 풀이 무성한 교회의 야외 공간은 센터 학생들의 텃밭 활동을 위해 장소입니다. 정종한 목사는 상상누리터는 교회가 다음세대를 양육하는 '선교적 공간'이라고 말합니다.

"교회는 별내물댄동산 센터를 '선교적 장소'로 생각합니다.
이곳에 오는 아이들은 교회가 품고 기도해야 할 다음세대입니다.
최선을 다해 아이들이 머무는 공간을 지원할 때,

지역 부모님들도 마음을 열고, 지역 선교에도

큰 도움이 될 것이라고 믿습니다."

▶ 피아노 교육으로 특화된 프로그램

상상누리터 이전에도 교회는 지역 사회와 가까워지기 위해 여러 방법을 고민했습니다. 지역사회가 공간을 필요로 할 때 교회는 기꺼이 공간을 내어주었습니다. 교회 교육관에서는 마을 회의가 열렸고, 선거 때는 본당에서 토론회가 진행되기도 했습니다. 처음에는 회의 공간 정도 제공했지만, 이후 지역에 소문이 나면서 장애인 체육 활동이나 오케스트라 연습실 등 사용 문의와 요청이 늘어났습니다.

지금은 2주에 한 번씩 지역 장애우들이 교회에서 태권도 수업을 진행하고 있습니다. 남양주시 아마추어 오케스트라단에게는 방음시설이 있는 교회 연습실을 열어주었습니다. 오케스트라단은 창단 연주회도 교회에서 열었습니다. 환대하는 교회와 관계가 쌓이자 오케스트라 단원 중 한 분은 교회에 새신자로 등록하였습니다. 그는 주일 예배에 연주 봉사로 섬기고 있습니다.

3년이란 코로나 팬데믹이 교회와 지역사회의 관계를 원점으로 되돌린 듯했지만 2024년, 교회가 상상누리터를 열면서 다시 지역 사회와 가까워졌습니다. 지역 아이들이 먼저 교회의 문을 열고 들어왔고, 지역의 부모들은 아이들을 통해 교회의 이야기를 듣게 되었습니다. 교회는 낯선 곳이 아닌 '괜찮은 곳'이 되었습니다.'

지역사회와 가까운 사이가 되자 교회 사역에 대한 지역 주민들의 반응이 달라졌습니다. 교회는 최근에 야외 주차장에서 지역 주민들을 위한 벚꽃 음악회를 개최했습니다. 비가 내리는 바람에 음악회는 본당에서 진행되었지만 많은 이웃이 함께 했습니다. 정종한 목사는 교회가 이웃들과 만난 의미 있는 행사였다고 합니다.

"상상누리터를 열고 더 많은 지역 주민들이
교회에 관심을 갖게 되었습니다.
성도들도 지역 주민들과 교회 공간을 나누는 일이
'자연스러운 일'이 되었지요."

그림 34 지역 사회와 공유하는 교회 카페

교회가 지역사회를 위한 '열린 공간'으로 인식되면서 물댄동산교회는 이웃들이 자주 찾는 교회가 되었습니다. 주중에도 적막한 공간이 아니라, 지역 주민들이 오고 가는 공간이 되었습니다.

▶ **교회와 성도에게 일어난 변화**

교회는 내년에도 벚꽃 음악회를 이어갈 계획입니다. 물댄동산교회 주변에 전철역이 있고, 교회 옆으로 천이 흐르는 산책로가 있습니다. 평상시에도 많은 사람이 오고 가는 교회 위치를 최대한 활용해 바자회나 다른 행사들을 마당에서 개최할 예정입니다. 교회는 이웃과 함께 할 수 있는 열린 마음으로 준비되었기 기대가 큽니다.

상상누리터를 운영한 지 1년이 지나고 주일학교에도 변화가 일어났습니다. 교회 학교 아동부(1~6학년)가 1년 반 만에 두 배 넘게 성장했습니다. 영유아와 유치부 아동수가 세 배 늘었습니다. 영유아 유치부와 아동부가 동반 성장하게 된 것입니다.

> "상상누리터를 한 명이 오든 두 명이 오든
> '섬기는 마음으로 하자'고 시작했습니다.
> 성도분들도 이를 통해 큰 것을 바라지 않으셨지요.
> 다만 우리가 할 수 있는 범위 내에서 섬기자는
> 마음이 더 컸는데 열매들이 나타나네요"

정종한 목사의 설명처럼 한 영혼에 대한 마음을 품으며 시작한 상상누리터기 주일학교에 활력을 불어넣었습니다. 교회의 젊은 부모 모임에도 변화가 있었습니다. 젊은 부모들이 교회에 머무는 시간이 길어졌습니다. 아이들이 상상누리터에서 노는 동안 부모들은 마음 놓고 성경 공부와 나눔을 가집니다. 탁구, 피아노 등 교회 소그룹 활동에 참여하는 젊은 부부들도 늘어났습니다.

주일에는 영아부, 유치부 예배 장소로 사용되는 상상누리터의 깔끔하고 쾌적한 환경을 보면서 '교회가 우리 아이들에게 관심이 있다'는 이미지는 자연스럽게 젊은 부모들의 교회 등록으로 이어졌습니다. 60년이 넘은 물댄동산교회에 젊은 부모와 아이들이 북적이니 오랜 시간 교회를 지킨 성도들도 흐뭇합니다. 교회가 공간을 나누고, 지역 아이들을 돌보니 교회와 지역 사회에 보이지 않던 담장이 허물어졌습니다.

인터뷰 박은경 센터장 _ 상상누리터 별내물댄동산센터

남양주시에서 상상누리터 운영을 위해 어떤 부분을 지원해 주었나요?

센터장: 남양주시에서 상상누리터 운영비와 교사들 월급을 지원해 줍니다. 청소를 담당하는 돌봄 선생님 인력도 지원받습니다. 교회는 전기세, 수도세 등 환경적인 지원을 담당하고 있어요.

어떤 아이들이 상상누리터에 오나요?

센터장: 센터 정원은 20명이고요. 물댄동산교회 아이들은 4명 정도 이용을 하고 있고 나머지는 지역 아이들이에요. 초등 저학년 아이들이 많아요. 아무래도 초등 저학년 학생들에게 돌봄이 더 필요하잖아요. 고학년도 2명이 있는데 이 친구들은 장애가 있는 학생들이에요.

저희가 의도하지는 않았지만, 이 친구들 같은 경우는 돌봄이 많이 필요해 보였어요. 부모님께서 저희 센터로 문의해 주셨고 저희가 기꺼이 입소 가능하다고 말씀드려서 그 친구들도 같이 있어요.

초등학교 안에도 돌봄이 있다고 들었습니다. 학교의 돌봄과 상상누리터의 돌봄의 차이는 무엇일까요?

센터장: 저희 센터만 비교해본다면 학교 안에서 할 수 없는 피아노 교육 같은 프로그램들을 하고 있어요. 학교 돌봄은 학교 밖으로 나가는 현장 체험 학습이 어렵잖아요. 저희 센터는 야외 체험 학습을 위해 밖으로 나가기도 해요. 이동할 때는 교회에서 무상으로 차량을 지원해 주시지요. 학교 돌봄은 규율이 엄격해서 하루 중에 한 번 나가면 다시 들어갈 수 없는데, 상상누리터는 아이들이 학원 갔다가도 다시 들어올 수도 있고, 학교보다는 집처럼 좀 더 편안하게 지낼 수 있어요.

지역아동센터와 상상누리터의 차이점은 무엇일까요?

센터장: 지역아동센터 같은 경우는 지역의 저소득층 아이들이 우선적으로 선발되는 반면, 상상누리터는 차등 계급을 두지는 않아요. 돌봄 공백을 해결하기 위한 공간이기 때문에 누구든지 신청해서 이용할 수 있어요.

교회 안에 센터가 있다 보니 "교회 다니는 친구들만 이용하지는 않나요?"라고 문의를 해주신 부모님들이 계시는데요. 절대 그렇지 않아요. 누구든지 돌봄이 필요한 아이는 다 와서 이용할 수 있어요.

교회 안에 상상누리터가 있어서 불편감을 갖는 부모님들도 계신가요?

센터장: "여기 종교 단체에서 운영하는 곳인가요?"라고 문의를 하시는 분들도 있기는 해요. 저희 센터는 남양주시에서 운영하고 있다고 설명해 드려요. 처음에는 종교적인 차원에서 '보내기 불편하시다' 이런 얘기를 하던 분들도 나중에 오히려 더 좋다고 하세요. 교회 안에 있다보니 더 안정적으로 운영도 되고, 교회 목사님이라든지 항상 계시는 어른들이 있다 보니 더 안전하다고 말씀하세요.

※ **물댄동산교회**는 경기도 남양주시 별내동에 위치한 대한예수교장로회 통합 소속 교회로 정종한 담임목사가 섬기고 있습니다.

주소: (17006) 경기도 용인시 기흥구 동백중앙로 175 (중동, 우함빌딩)

전화번호: 031-265-5998

동네 영유아부터 위기의 청소년까지
#유치원 #다함께돌봄센터 #청소년쉼터

안양일심교회의 지역 영유아·초등·청소년 돌봄 Tip
- 교회 부속 유치원 학생들이 교회 시설을 이용하며, 성경학교, 주일학교로 연결
- 다함께돌봄센터는 초등학교 저학년이 주된 돌봄 대상인 경우 많음
- 다함께돌봄센터는 안전한 돌봄이 우선, 그 다음에 정서 발달과 학습 지원
- 위기 청소년들을 위한 일시, 단기, 중장기 쉼터 운영으로 청소년 보호

오후 간식 시간, 교실마다 손을 씻고 간식을 기다리는 아이들의 재잘거림이 가득합니다. 1995년 교회 선교원으로 시작해 30년 가까이 역사를 이어온 안양일심교회 부속 유치원의 풍경입니다. 저출산으로 유치원 아이들의 수가 준다고 하지만, 일심유치원에는 만 3세부터 만 5세까지 99명의 어린이들이 꿈을 키우고 있습니다. 작은 선교원에서 출발한 일심유치원은 이제 호계동에 널리 알려진 교육 시설이 되었습니다.

▶ **교회 유치원 아이들이 주일학교로**

월요일 아침, 아이들은 온돌이 깔린 교회 소강당에 모입니다. 교회에는 아이들이 마음껏 뛰며 체육대회를 즐길 수 있는 대강당도 있습니다. 유치원 학생들과 부모님이 모여 발표회를 할 때는 본당 예배당을 사용합니다. 교회는 유치원이 건물 전체를 자유롭게 사용할 수 있도록 교회를 개방하여, 온전히 교육에만 집중할 수 있도록 지원합니다. 유치원을 졸

업하면서 비신앙인 학부모가 교회에 감사의 마음을 담은 헌금을 하기도 했습니다.

그림 35 안양일심교회 부속 일심유치원

"안양일심교회 부속이라는 이름이 굉장히 커요. 이런 부분을 보고 자녀를 보내는 학부모님들이 많으세요. 월요일 아침마다 예배를 드리고, 식사 기도를 하고, 교회 절기마다 행사를 하는데 이런 교육을 선호하시는 부모님들이 많죠."

박현희 원장의 설명처럼 유치원은 신앙을 경험하도록 기회를 제공하고, 교회는 유치원을 돕다 보니 믿지 않는 가정의 아이들의 발걸음이 자연스레 교회로 이어집니다. 성경학교가 열리는 여름 방학이 되면, 유치원 아이들은 선생님의 손을 잡고 성경학교에 참여합니다. 아이들은 유치원에서 즐거웠던 시간을 떠올리며 방학에는 성경학교가 열리는 교회로, 주일에도 주일학교로 열리는 교회로 찾아옵니다. 이렇게 일심유치원은 교회 주일학교의 씨앗이 되었습니다.

안양일심교회는 1980년부터 호계동을 지켜왔습니다. 과거 호계 시장 안에 자리했던 교회는 지역 상인들과 긴밀한 관계를 맺어왔습니다. 코로나 팬데믹 이전에도 성도들에게 지역 시장 상품권을 지급하여 지역 경제 활성화에 기여하기도 했습니다. 1989년 현재 위치로 이전한 교회는 재개발 이후 신도시가 완성되면서 새로운 변화를 맞이했습니다.

신축 아파트들이 들어서며 30대, 40대 젊은 세대들이 많이 입주해왔습니다. 한때 학생 수가 줄어 어려움을 겪던 지역 초등학교에도 학생 수가 늘어나고 동네는 활기를 되찾았습니다. 재개발과 코로나 펜데믹의 쉽지 않은 시간을 지나면서 안양일심교회는 포기하지 않고 지역 아이들을 품고 키우는 사역을 이어갔습니다. 이러한 교회의 사역은 신도시로 이사 온 3040의 젊은 세대들의 발걸음을 교회로 이끌었습니다.

그림 36 일심비전브리지 이사장 권석희 장로

"선교원(현재 유치원)을 개원한 지 30년이 지나가고 있거든요.
선교원에 다녔던 아이 중에 이 지역을 떠난 아이들도 있지만,
교회에서 자라 청년이 된 이들도 많습니다."

권석희 장로(일심유치원, 일심비전브리지 이사장)는 교회가 어린이들의 성장을 함께 보았기에 다음세대를 위한 기도와 헌신이 이어질 수 있었다고 말합니다. 다음세대에 대한 교회

의 열정이 지역 사회에 알려졌고, 안양시는 다함께돌봄센터 1호를 안양일심교회에 제안했습니다.

▶ **안양시가 제안한 다함께돌봄센터 1호**

안양시의 요청으로 안양일심교회의 사단법인 일심비전브리지는 2020년 5월에 다함께돌봄센터 1호를 개소했습니다. 코로나 펜더믹 기간인 2020년에 준공된 엘림홀 2층에는 안양시 1호 다함께돌봄센터가 자리하고 있습니다.

그림 37 안양일심교회의 다함께돌센터 외관

안양시는 82.5㎡규모의 엘림홀 2층의 일부 공간을 5천 8백만 원의 예산으로 리모델링했습니다. 2달 동안의 리모델링으로 돌봄센터에는 아이들이 학습하는 교실과 사무실 공간을 갖추게 되었습니다. 하지만, 건물 구조상 체육활동이나 뛰어놀 수 있는 공간을 만들 수 있는 상황이 아니었습니다. 다행히 일심교회 체육관을 사용할 수 있어 이곳에서 놀이체육 프로그램과 난타 음악 프로그램을 진행합니다.

8명의 선생님들이 밤낮으로 교대하며 10명의 청소년을 돌보며 함께 지내고 있습니다. 어린 나이에는 감당하기 어려운 상황에 놓였던 청소년들이기에 선생님들은 주의 깊게 이들을 돌봅니다. 마음에 상처가 있는 친구들이 있다 보니 소통 방법에 있어서도 조심스럽습니다. 신현미 소장은 청소년과의 소통에 대해 그냥 솔직하게 접근하는 것도 방법이라고 합니다.

> "아이들에게 '나도 너희한테 잘 보이고 싶어.
> 어떻게 하면 되겠니?'라고 물어봐요.
> 뭔가를 얘기할 때도 '지금 시간 괜찮아?'하고
> 묻고 눈치를 보며 다가가요."

다함께돌봄센터에는 1학년부터 6학년까지의 돌봄이 가능합니다. 센터 가까운 곳에 어린이교통공원(자유공원)이 있다 보니 '숲 체험'과 오감으로 자연을 느끼는 '마음 정원' 등 아이들의 정서 발달을 돕는 프로그램을 운영할 수 있습니다. 초등학교에서 센터까지 가까운 거리라 할지라도 초등학교 1학년 학생이 혼자 오고 가기에는 안전이 염려될 수 있습니다. 센터장은 저학년 학생들의 안전한 등하원을 돕는 사업을 신청했습니다. 안양시에서 지원하는 돌봄 선생님의 손을 잡고 저학년 학생들이 안전하게 센터로 올 수 있게 되었습니다.

> "교회에서 공간을 제공해주셨고, 시설 인테리어나 인건비,
> 운영비, 프로그램비는 행정기관에서 지원받고 있어 재정적인
> 어려움 없이 운영할 수 있어요."

김서란 센터장의 설명처럼, 시의 지원으로 다함께돌봄센터가 운영되고 있습니다. 다함께돌봄센터는 초등학교 대상의 돌봄이지만 초등학교 5,6학년이 되면 학교 수업과 학원 스케줄 등으로 센터를 그만두는 경우가 많습니다. 센터장은 센터를 그만 둔 아이 중 유독 기억나는 학생이 있다고 합니다. 스승의 날에 자신의 용돈을 모아 케이크를 사서 온

학생입니다. 선생님께 감사의 마음을 전했던 학생에게는 센터의 돌봄이 소중한 추억이었습니다.

그림 38 다함께돌봄센터에서 보드게임을 즐기는 학생들

다함께돌봄센터가 있는 엘림홀 2층에는 지역 아이들을 위한 책과 놀이 공간, 보호자들이 담소를 나눌 수 있는 또 다른 공간이 마련되어 있습니다. '키즈앤맘 프라자'입니다. 동네 주민들이 1층 엘림 카페에서 차 한잔을 들고, 2층에 올라와 아이들과 시간을 보내는 열린 공간입니다. 교회는 엘림홀 지하 1층에도 지역 주민을 위한 특별한 공간을 마련했습니다. 140석 규모의 공연장으로 연주회나 소규모 오케스트라 공연 등 다채로운 문화 행사가 열리는 곳입니다.

▶ 위기 청소년을 위한 쉼터

안양일심교회는 다함께돌봄센터 외에도 안양시 여자중장기 청소년쉼터를 운영하고 있습니다. 가정의 학대나 폭력, 방임, 학교 폭력 등 여러 이유로 가정 복귀가 어려운 여자 청소년들은 이곳에서 다시 일상을 되찾습니다.

그림 39 위기 청소년들을 위한 여사 중장기 청소년쉼터

신현미 소장은 청소년들에게 어떻게 다가가야 할지 모른다면 물어보는 게 좋은 방법이라고 조언합니다. 때론 아이들의 무례한 태도에 대해서는 "나도 존중받고 싶어. 너도 나한테 존중받고 싶잖아?"하면서 "이럴 때는 나에게 이렇게 해줬으면 좋겠어"라고 솔직하게 선생님의 감정을 표현하기도 합니다. 선생님들이 쉼터에 온 아이들에 대해 하나씩 배워나가듯이 아이들도 선생님에 대해 알아가며, 대화하고 존중하는 방법을 배워갑니다.

가장 안전해야 할 가정에서 안전감을 느끼지 못했던 청소년들이기에 이들에게 제일 필요한 것은, 안정감을 되찾는 일입니다. 쉼터 안에서 아이들은 선생님들의 도움을 받으며 잘 자고, 먹고, 쉬며 일상을 다시 경험하면서 안정감을 되찾습니다.

> "위기의 상황에서 불안한 마음으로 들어왔다가
> 쉼터가 편안하고 안전한 공간이라고만 생각해도 고맙죠."

소장의 설명처럼 쉼터 선생님들의 주된 관심사는 아이들의 정서적 안정감입니다. 다행히 안정을 되찾은 아이들에게는 진로를 찾고 자립을 위한 준비를 돕습니다. 학교를 다니며 학업을 이어가기를 권유해보지만, 강요는 할 수 없습니다. 쉼터는 아이들에게 미술 상담과 같은 심리 정서 프로그램, 성장 파티와 같은 진로, 자립 프로그램 등을 제공합니다. 청소년들이 이전의 아픔을 딛고 건강한 사회 구성원으로 성장할 수 있도록 지원합니다.

그림 40 중장기 쉼터로 3년 정도 머물 수 있는 쉼터의 숙소 모습

안양시에서 운영비를 지원받지만, 아이들에게 해줘야 할 것도, 해주고 싶은 것도 많기에 운영비는 늘 부족합니다. 청소년들이 진로를 찾기 위해서는 다양한 경험을 해보고, 진로를 찾은 아이들에게는 학원비가 필요합니다. 낮에 출근하는 쉼터 선생님들에게는 지원금을 받을 수 있는 사업을 알아보고, 예산을 받는 것 또한 중요한 업무입니다.

물론 일심비전브리지 교회 법인에서의 도움은 큰 힘이 됩니다. 건물 월세 뿐 아니라 안양시의 운영비로는 구매할 수 없었던 원목 침대와 에어컨 등을 마련할 수 있었습니다. 2층 침대가 설치되니 한 방에 두 명의 청소년들이 쾌적하게 지낼 수 있게 되었습니다.

"아이들은 쉼터에서 직접 요리도 해보고 빨래, 청소, 설거지도 해요.

> 이렇게 스스로 살아갈 힘을 키우고, 여름 캠프 등
> 다양한 외부 활동을 통해 경험의 폭을 넓히면서 진로를 탐색해요."

쉼터의 학생들은 자치 회의를 통해 공동체 생활에 필요한 사항을 나누고 규칙을 함께 정합니다. 외출 시간, 식사 시간, 타인의 방 출입 금지, 자기 먹은 것 치우기 등 기본적인 약속들을 정하고, 지키며 함께 살아갑니다. 이렇게 쉼터에서 지내며 자립을 준비하는 기간은 3년입니다. 연장 시 최대 4년까지만 보호할 수 있습니다.

선생님들은 학생들이 쉼터에 머무는 동안 자립의 기반을 다지고 퇴소할 수 있기를 소망합니다. 몸과 마음의 어려움이 있어 아르바이트조차 힘들었던 한 학생은 성인이 되고, 쉼터의 도움으로 임대주택에서 자립할 수 있게 되었습니다. 쉼터 선생님들에게는 무엇보다 기쁜 소식이었습니다.

쉼터 선생님들은 전국의 위기 여자 청소년들이 가정을 떠나 비행의 유혹과 유해 환경으로 떠밀려가지 않도록 홍보에도 열심을 냅니다. 실제로 인스타그램이나 블로그 등 쉼터 홍보를 보고 연락해 오는 친구들도 있습니다. 쉼터는 교회의 풍성한 인적, 물적 자원을 활용해 청소년들의 진로 탐색을 도울 수 있는 멘토링 프로그램을 만들기 위해 다양한 방법을 모색하고 있습니다.

안양일심교회는 유치원, 다함께돌봄센터, 여자중장기 청소년쉼터에 이르기까지, 다음세대를 위한 다양한 돌봄을 지속적으로 실천하고 있습니다. 안양일심교회의 돌봄 사역은 다음세대에게 든든한 울타리가 되었습니다.

인터뷰 신현미 소장 _ 안양시 여자중장기 청소년쉼터

여자중장기 청소년쉼터는 어떤 곳인가요?

소장: 위기의 가정이나 가정 밖의 청소년들이 가출해서 비행이나 유해 환경으로 빠지지 않도록 보호하면서 생활을 할 수 있도록 돕는 쉼터에요. 9세에서 24세 여성 중 보호가 필요한 이들이 이용 대상이고요. 이용 기간에 따라 일시, 단기, 중장기 쉼터로 나뉘는데 저희는 중장기로 3년 정도 머물 수 있어요.

쉼터에 있는 동안 정서적 안정을 되찾고, 학업을 원하는 친구들은 학교에 다니기도 해요. 쉼터에서는 아이들이 진로를 찾도록 돕고, 취업을 지원해서 자립하도록 돕고 있어요. 저희 쉼터에는 현재 10명의 학생이 있고, 낮에는 5명의 선생님이 야간에는 3명의 선생님이 아이들과 함께 지내고 있어요.

학생들이 어떠한 경로를 통해서 청소년쉼터를 알고 찾아오나요?

소장: 저희 쉼터는 안양에 있지만, 안양 이외의 먼 지역에서 온 학생들도 있어요. 가정이나 학교에서 큰 상처를 받은 친구들은 멀리 떨어진 곳으로 가서 최대한 피해 있고 싶어 해요. 자기가 살던 지역에서 멀리 떨어져 있고 싶다는 생각이 드는 것 같아요.

학생들이 어떠한 경로를 통해서 청소년쉼터를 알고 찾아오나요?

소장: 저희 쉼터는 안양에 있지만, 안양 이외의 먼 지역에서 온 학생들도 있어요. 가정이나 학교에서 큰 상처를 받은 친구들은 멀리 떨어진 곳으로 가서 최대한 피해 있고 싶어 해요. 자기가 살던 지역에서 멀리 떨어져 있고 싶다는 생각이 드는 것 같아요.

쉼터에는 경찰청에서 발견된 학생들이 올 수도 있어요. 아니면 다른 단기 돌봄 시설에서 올 수도 있어요. 요즘 아이들이 정보가 워낙 빨라서 홈페이지를 찾아서 스스로 연락해서 오기도 해요. 연락이 오면 인터뷰 약속을 잡아요. 학생들에게 "너도 여기 와서 보고 내가 있을 만한 곳인지 봐. 우리도 너랑 같이 있을 수 있는지 서로 만나서 이야기를 해보고 들어올 건지 결정을 해보자." 하면서 인터뷰를 하고 들어오고 있어요.

교회가 이러한 청소년 쉼터를 도울 수 있는 방법은 무엇일까요?

소장: 안양일심교회의 일심비전브리지처럼 청소년쉼터를 시에서 받아서 운영을 할 수도 있어요. 청소년쉼터가 여성가족부에 속해있는데 여가부 홈페이지 들어가면 청소년 사업 안내를 보면 자세한 내용을 알 수 있어요. 교회가 쉼터를 운영하려면 법인이 필요하고, 쉼터를 할 만한 예산이나 공간이 필요하겠네요.

시에서 인건비나 운영비는 나오지만, 아이들과 함께 지내다 보면 필요한 게 많거든요. 계절별로 옷도 필요하고, 취업을 준비하기 위해서 학원도 다녀야 하고요. 만약 교회가 직접 쉼터를 운영하기가 어렵다면, 후원이나 멘토링을 해주셔도 좋을 것 같아요. 쉼터에 있는 아이 중에는 웹툰 작가가 되고 싶고, 게임회사에 들어가고 싶어 하고, 방송국이 궁금한 친구들이 있어요. 그런 분야의 경험이 있는 멘토가 오셔서 아이들을 만나면 도움이 될 것 같아요.

※ **안양일심교회**는 경기도 안양시 호계동에 위치한 대한예수교장로회 고신 소속으로 김홍석 담임목사가 시무하고 있습니다.
주소: (14109) 경기도 안양시 동안구 갈산로 55 (호계동, 일심유치원)
전화번호: 031-429-5000

제2장
지역 맞춤형 돌봄

#다문화센터 #다문화 방과후교실 #늘봄공유학교 #관현악학교
#토요돌봄 #돌봄119 #육아사랑방 #공동육아나눔터 #아기학교
#초등 방과후돌봄 #초등 방과후교실 #청소년 방과후교실

한 아이를 돕기 위해, 교회가 다함께

#다문화센터 #자원봉사센터

수원성교회 지역 아동 돌봄 Tip
- 저소득층 아동 돌봄은 가정을 함께 돌봐야 진정한 회복과 성장 가능
- 아동과 그 가정을 돌보기 위해 교회 부서의 협력을 이끌 코디네이터 역할 필요
- 교회 다문화센터가 법무부 지정 이민자 사회통합 교육 거점 기관으로 가능
- 학교는 저소득층 학생들의 기초 학습과 돌봄을 도와줄 기관을 찾고 있음

수원성교회가 자리한 율전동은 오랜 거주민과 이주민이 조화를 이루며 살아가는 곳입니다. 특히 굴다리를 지나 만나는 상율전에는 성균관대학교 학생들뿐만 아니라 인근 화성으로 출퇴근하는 외국인 노동자와 다문화 가정이 함께 어우러져 살고 있습니다. 수원성교회는 주변의 다문화 가정과 아이들에게 주목했습니다.

▶ **다문화센터의 법무부 프로그램**

수원성교회 다문화센터가 있는 봉사관 앞에는 다채로운 꽃들이 한가득 피어있습니다. 지역 사회 돌봄의 허브 역할을 하는 교회 봉사관은 본당 증축 논의 중, 지역 주민들을 위한 공간을 마련하자는 성도들의 뜻이 모여 세워진 공간입니다.

그림 1 수원성교회 봉사관에 위치한 카페

평일 오전, 다양한 피부색과 머리카락 색을 가진 이들이 교회 정원을 지나 봉사관으로 향합니다. 다문화센터의 이민자 사회통합 프로그램에 참여하는 외국인들입니다. 수원성교회 다문화센터는 법무부 지정 이민자 사회통합 프로그램 거점 기관으로서, 국내 체류 외국인들의 국적 취득이나 영주권 비자 변경에 필요한 교육을 진행합니다. 교육 시간 동안 한국 사회 적응에 필수적인 한국어와 기본 소양을 배웁니다.

다문화센터를 찾는 이들 중에는 이슬람교도를 비롯해 교회가 어색하고 불편한 이들도 있습니다. 하지만 사회통합 프로그램 교육을 의무적으로 받기 위해서 교회 봉사관을 방문하게 되고, 수원성교회는 이들을 따뜻한 환대로 맞이했습니다. 부모가 교육을 받는 동안 갈 곳이 없는 아이들을 보살펴 주며 교회는 도움의 손길을 건넸습니다.

> "이민자 부모님들이 교육을 받는 동안 함께 온 아이들이 갈 곳이 없거든요.
> 부모님이 교육받는 동안 아이들은 1층 교회 도서관에서
> 쉬면서 놀 수 있도록 돕고 있어요."

그림 2 수원성교회 다문화센터에서 법무부 프로그램 교육 모습

이민자를 위한 다른 교육 거점 기관들이 생각하지 못했던 자녀 돌봄 부분을 수원성교회는 놓치지 않았습니다. 교회는 다문화 아이들을 위한 베트남, 필리핀 언어로 쓰여진 그림책을 준비하고, 아이들을 위한 한국어 수업도 운영합니다.

수원성교회는 주일에도 이민자 가정을 위한 무료 진료소를 운영합니다. 해외 선교지에서 봉사했던 누가 선교부는 교회 봉사관을 찾는 이민자들에게도 의료 서비스를 제공하며 국내 선교 활동을 이어가고 있습니다. 무료 진료소에서 치과, 약국, 간호, 한방 침술은 물론 이·미용 서비스까지 받을 수 있어, 이민자에게 인기입니다. 덕분에 주중에 다문화센터를 방문했던 다문화 부모와 아이들의 발걸음이 주일에도 수원성교회로 향합니다.

▶ 한 아이를 돕기 위한 사역 코디네이터

수원성교회에는 성미부, 이동 목욕 봉사부, 사랑나눔 반찬 봉사부 외에도 청소년 상담센터, 문화센터 등 교회 안팎으로 도움이 필요한 곳을 지원하는 다양한 부서가 있습니다. 자원봉사센터는 교회의 여러 부서가 봉사 활동을 더욱 체계적으로 운영하고 협력하도록 돕기 위해 설립되었습니다. 자원봉사센터는 교회의 사역을 안내하는 자료를 제작하고, 봉사 희망자와 부서를 연결하는 역할을 합니다. 나아가 지역 사회에서 도움이 필요한 가정이나 아이들을 수시로 살피며, 교회의 각 부서를 유기적으로 연결하는 코디네이터 역할도 수행합니다.

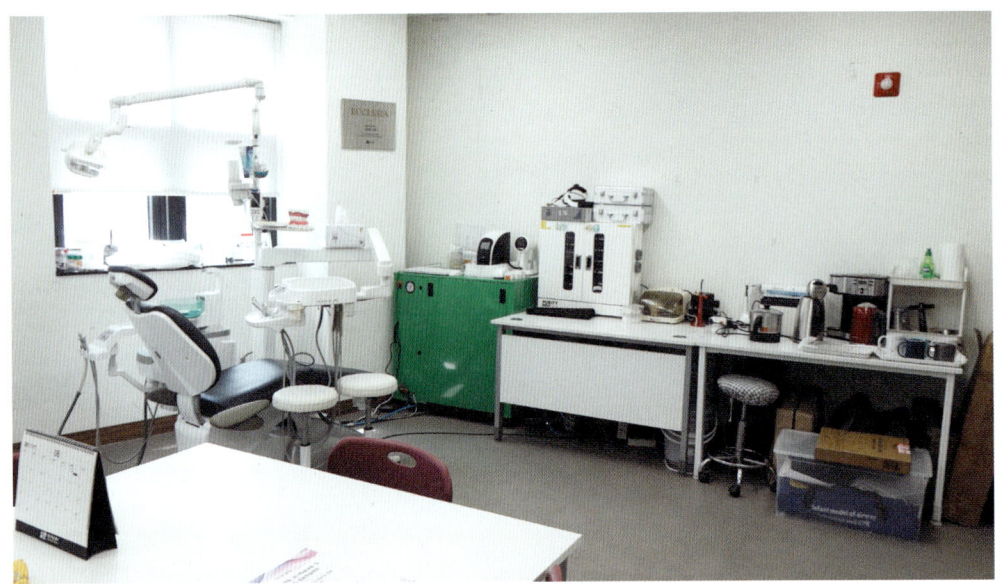

그림 3 수원성교회에서 열리는 주일 무료 진료소

"지역 주민들을 위해 사랑 나눔 반찬 팀, 성미부, 목욕 봉사팀 등
다양한 교회 부서 및 봉사 조직들이 자원봉사센터를 통해
유기적으로 연결되어 함께 활동하고 있어요."

자원봉사센터 부장인 조남운 권사는 학교 사회복지사로 근무하며 어려움을 겪는 학생들을 만났습니다. 그녀의 기억에 특별히 남은 학생이 한 명 있었는데, 할머니와 단둘이 사는 아이였습니다. 이 학생은 양쪽 부모가 외국인으로 분류되어 복지 사각지대에 놓여 있었습니다. 중국인 부모는 한국에 있는 할머니에게 아이를 맡기고 중국으로 돌아갔고, 할머니에게는 간헐적으로 생활비만 보내오는 상황이었습니다.

할머니가 학교에 도움을 요청했지만, 학교는 공식적으로 학생에게 도움을 줄 방법이 없었습니다. 학생의 어려운 사정을 외면할 수 없었던 조남운 권사는 교회의 여러 부서에 도움을 요청했습니다. 먼저 학생이 친구들도 만나고 공부를 할 수 있는 교육 기관이 필요하다고 판단했습니다. 자원봉사센터 조남운 부장은 다문화센터 부장과 상의하며 학생에게 교회가 어떤 지원을 할 수 있을지를 살펴보았습니다.

> "초등학교 3학년인 아이는 교회 다문화센터에서 수학을 배우게 되었어요. 그림책으로 한국어 공부도 하고 있고요. 후원을 받아 아이가 원하던 태권도 학원에도 다닐 수 있게 되었어요."

교회 자원봉사센터는 이랜드 기업과 학생을 연결하여 의류와 신발을 후원받았습니다. 또한, 교회 성미부에 요청하여 2주마다 10kg의 쌀을 지원하게 되었습니다. 학생의 주 보호자인 할머니가 삶의 활력을 얻으실 수 있도록 교회 실버대학에도 연결해 드렸습니다.

교회의 여러 부서가 협력하여 한국인 아버지와 베트남인 어머니 사이에서 자란 초등학생과 그 가정을 도운 사례도 있습니다. 아버지가 암 투병 끝에 돌아가시면서, 학생은 어머니와 단둘이 남겨졌습니다. 아버지가 돌아가시기 전 지하 주택을 구매했기 때문에, 자가 소유자로 분류되어 저소득층 대상에서 제외되는 안타까운 상황이었습니다. 국가 지원금을 받을 수 없는 상황과 열악한 주거 환경 속에서 언어까지 서툴렀던 베트남 어머니는 아이를 위해 해줄 수 있는 것이 많지 않았습니다.

교회 자원봉사센터가 방문했을 때, 집안 상황은 심각했습니다. 싱크대 수전, 욕실 설비, 낡은 전기 배선 등 아이가 안전하고 쾌적하게 생활하기 어려운 상태였습니다. 자원봉사센터는 교회 집수리 봉사단에 연락해 세 차례에 걸쳐 수전 교체, 전기 배선 수리, 욕실 정돈 작업을 진행했습니다.

수원성교회에 다양한 봉사 부서가 있고, 이 부서들을 유기적으로 연결해 적절한 도움을 제공하는 자원봉사센터가 있었기에 가능한 일이었습니다. 한 아이를 도울 때 그 아이가 속한 가정을 통합적으로 돌보아주어야 아이는 건강하게 성장할 수 있습니다. 지역 행정기관이 주로 아이 중심의 돌봄을 제공하는 것과 달리, 수원성교회는 교회 내 여러 부서와 함께 아이와 그 가정을 통합적으로 도울 수 있는 강점을 가집니다.

그림 4 지역 사회와 공유하는 교회 작은도서관

▶ 아동 돌봄에 있어서 교회의 강점

사회복지사로 일하는 조남운 권사는 교회가 국가 예산이 아닌 교회 예산으로 지역 아이들을 도울 때의 장점이 있다고 말합니다. 예산 항목이 아닌 아이의 필요에 따라 자원을 유연하게 활용할 수 있다는 점입니다.

교회 자원봉사센터가 행정 기관의 인증을 받아 국가 예산을 받는 복지센터가 될 경우에도 장점이 있습니다. 여러 복지 기관과 연계해 지역 아이들의 상황을 더욱 심층적으로 파악하고 효과적으로 도울 수 있습니다.

"국가에서 예산을 받아서 아이들을 도우면
교회도 재정적인 도움을 받을 수 있어 좋아요.
하지만, 국가 예산을 받으면, 정해진 부분에만 예산을 사용해야 되거든요.
아이들을 돕는 데 제한적일 수 있어요."

그림 5 수원성교회의 이경희 담임목사

수원성교회에는 오래전부터 사회환경선교부가 있었습니다. 교회는 환경, 인권, 여성, 아동 등 다양한 분야로 사회선교사들을 파송했습니다. 선교적 목회를 지향했던 안광수 원로목사는 2019년 봉사관 개관식에서 "하나님은 우리와 함께, 우리는 이웃과 함께"라는 말씀으로 교회가 나아갈 방향을 제시했습니다. 이러한 목회 철학은 이경희 담임목사로 이어져 교회는 지역 사회와 사회 문제 해결을 위해 힘쓰고 있습니다.

지역 주민들과 함께 나누기 위해 세워진 봉사관에서 많은 다문화 가정과 아이들이 한국어와 한국 문화를 배우며 지역 사회에 잘 안착하게 되었습니다. 문화센터에서 다양한 악기를 배운 지역 주민들과 아이들은 교회에서 즐거운 추억을 만들고 있습니다. 이처럼 수원성교회는 주중과 주일 모두 사랑과 섬김을 주고받는 이들로 가득한 공동체가 되었습니다.

인터뷰 조남운 사회복지사 _ 수원성교회 자원봉사센터 부장

다문화 가정 중에 복지의 사각지대에 놓인 아이들이 있다고 들었습니다. 어떤 아이들인가요?

사회복지사: 아버지나 어머니 한쪽이 한국 국적이면 다문화가정이지만, 그렇지 않고 부모 둘다 타국적이면 외국인으로 분류되어서 다문화 가정이 아니에요. 그럼 복지 지원을 받을 수가 없어요. 학교는 다닐 수 있지만 다문화 가정으로 미등록이 된 아이들은 지원이 어려워요.

학교에서 사회복지사로 근무하신다고 들었습니다. 교회가 학교의 어려운 아이들을 돕기 위해 무엇을 하면 좋을까요?

사회복지사: 요즘 많은 학교들이 저소득층 아이들의 기초 학습 지원이나 방과 후 돌봄을 할 수 있는 곳을 찾고 있어요. 교회 장소가 협소하더라도 평일 날 오픈할 수 있으면 아이들에게 그림책을 읽어주는 작은 수업부터 시작해 보면 어떨까 해요.

최근에 학교가 많이 열렸거든요. 교회 목회자가 교장 선생님께 일단 찾아가서 인사드리고 교회가 하고자 하는 것을 말씀을 드리거나 교회가 학교의 어떤 부분을 도울지 수 있는지 묻는 것도 좋은 방법이에요.

교회가 학교와 협력해서 단기적으로 아이들을 도울 수 있는 방법도 있을까요?

사회복지사: 저희 교회의 경우에는 어린이날 전에 학교에 공문을 보냈어요. 저소득이나 복지의 사각지대에 있는 아이들을 추천해 달라고요. 여섯 가정을 소개 받아서 교회가 아이들이 원하는 선물을 사서 가정으로 보내주었어요. 이런 사역도 가능해요.

행정 기관과 달리 교회가 지역 아이들을 도울 때 갖는 장점은 무엇일까요?

사회복지사: 학교에서는 아이들 중심으로 돌봄을 제공하거든요. 그런데 아이들을 바라볼 때는 반드시 가정을 바라봐야 돼요. 가정이 아이들의 베이스이잖아요. 아이만이 아니라 가정을 돌볼 수 있는 곳이 교회가 아닐까 싶어요.

※ **수원성교회**는 경기도 수원시 장안구에 위치한 대한예수교장로회 통합 소속 교회로 이경희 담임목사가 섬기고 있습니다.
주소: (16357) 경기도 수원시 장안구 덕영대로 439번길 18-10
전화번호: 031-207-8123

청년들이 시작한 돌봄 카페, 은혜라면
#초등 방과후돌봄

길튼교회의 지역 아동 돌봄 Tip
- 돌봄 사각 지대의 초등학생들이 방과 후 와서 놀고, 간식 먹는 돌봄 필요
- 초등학생이 청년들과 함께 보드게임하고 대화 나누는 방법으로도 돌봄 가능
- 청년들이 아동 돌봄 사역에 참여함으로 청년들에게 소통의 즐거움과 보람 제공
- 저소득층 아동 중에는 학습보다 소통이나, 정서적 돌봄이 시급한 학생 있음

인천 동구 화평동에 자리한 '은혜라면' 입구에는 맛있는 라면 한 그릇이 그려져 있습니다. 하지만 이곳은 분식집이 아닙니다. 길튼교회 청년들이 시작한 "초등학생을 위해 운영되는 무료 셀프 라면 카페"입니다. 초등학교를 마치고 대부분의 학생은 학원에 가지만 마땅히 갈 곳이 없는 학생들을 위해 길튼교회가 마련한 방과 후 돌봄 공간입니다.

오후 2시가 넘자 은혜라면에 초등학생들이 하나둘 모입니다. 아이들을 맞을 준비를 하고 있던 청년 선생님들이 반갑게 인사합니다. 배가 고픈 아이는 가방을 한쪽에 던져 놓고 라면 진열대로 달려갑니다. 스낵면, 진라면, 열라면, 너구리 등 편의점에 있을 법한 여러 종류의 라면들이 가득합니다. 취향에 맞는 라면을 선택한 아이는 선생님의 도움을 받아 라면을 요리합니다. 라면이 요리되는 시간 동안 청년 선생님은 아이의 안부를 묻고 이야기를 나눕니다.

그림 6 길튼교회 청년부가 운영하는 은혜라면

▶ **라면과 보드게임, 대화가 있는 공간**

라면 진열대보다는 보드게임판으로 달려가는 아이들도 있습니다. 청년 선생님들이 아이들이 오기 전에 테이블에 보드게임을 셋팅해 놓고 기다리고 있었습니다. 은혜라면은 어느새 아이들과 청년 선생님들의 왁자지껄한 소리와 갓 끓여낸 라면 냄새로 꽉 찼습니다. 이곳에 모인 아이들은 후루룩 라면을 먹거나 간식을 나눠 먹으며 청년 선생님들과 즐겁게 지냅니다.

> "교회 근처보다는 이곳에 취약계층의 아이들이 있다는 얘기를 듣고
> 오게 되었습니다. 원래는 노숙자분들을 섬기던 공간이었는데
> 아이들에게 맞게 리모델링을 해서 은혜라면을 시작했습니다."

은혜라면 사역을 이끄는 이호균 목사의 설명처럼 이곳은 교회가 노숙자들을 섬기던 공간이었습니다. 길튼교회에서 거리가 있는 곳이긴 하지만 도움이 필요한 아이들이 많은 곳입니다. 이곳에서 초등학생을 위한 돌봄 사역을 결정한 후 공간의 변화가 필요했습니

다. 길튼교회의 성도들과 청년들이 나섰습니다. 이곳에 들어오는 학생들의 마음도 밝아지도록 환한 색으로 벽을 페인트칠했습니다. 라면을 가득가득 채워 넣을 나무 진열장도 만들어 설치했습니다. 아이들이 집처럼 신발을 벗고서 편하게 놀 수 있도록 바닥도 새로 깔았습니다.

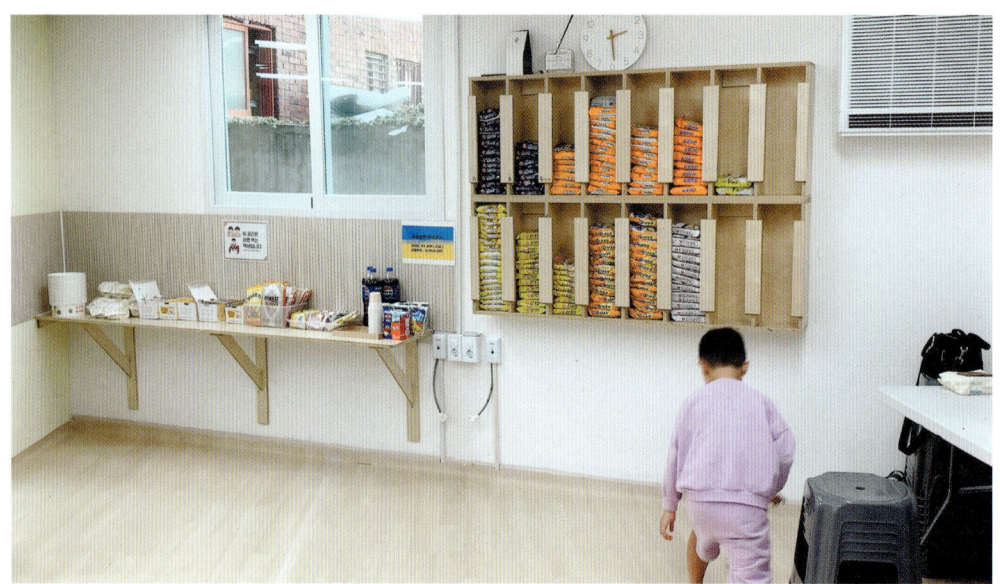

그림 7 방과 후 학생들을 위해 준비된 다양한 종류의 라면

아이들이 편안하게 라면을 먹을 수 있는 식탁, 청년 선생님들과 보드게임을 즐기는 테이블, 마음속 이야기를 나눌 수 있는 상담실, 그리고 자유롭게 간식을 먹을 수 있는 간식 창고까지, 아이들을 위한 아지트가 만들어졌습니다. 그리고 사역을 시작하기에 앞서 길튼교회 채성렬 담임목사와 성도들이 모여 예배를 드렸습니다.

▶ 청년 선생님과 놀기 위해 오는 아이들

은혜라면은 월요일부터 금요일 오후 1시에서 5시까지 열립니다. 사역을 위해 이호균 목사와 청년들은 매일 12시에 모입니다. 라면을 채워 넣고, 보드게임을 정리하며 아이들이 뛰어놀 공간과 화장실을 청소합니다. 그리고 찬양하고 기도하는 시간을 갖습니다.

그림 8 학교 앞에서 은혜라면 홍보지를 나누는 청년들과 교역자

"어둠 가운데서 신음하고 있는 아이들이 있습니다.
우리의 작은 손길과 작은 관심으로 아이들이 예수님께 나오는
거룩한 디딤돌이 되게 도와주세요.
아이들이 이곳에서 먹고 마시며 함께 시간을 보내는 가운데
영혼이 힘을 얻고 다시금 살아나게 하여 주옵소서."

이호균 목사의 간절한 기도처럼, 이곳에는 마음이 아픈 학생이나 소통이 잘 안 되는 학생들도 찾아옵니다. 이곳에 와서 라면을 먹은 후 계속 스마트폰만 보면서 소통이 잘 안 되는 학생도 있었습니다. 어머니가 아이를 찾으러 온 후에야 알게 되었습니다. 어머니의 설명에 따르면 아이는 일상적인 생활을 위해서 약이 필요한 상태였습니다.

뜻대로 되지 않으면 욕설을 하는 등 충동적인 행동을 하는 학생들도 있었습니다. 이외에도 할머니와 단둘이 사는 아이, 늘 똑같은 옷을 입고 추운 날에 양말도 신지 않고 온 아이 등 가정에서 돌봄을 받지 못한 아이들이 이곳에서 라면을 먹고, 선생님들과 함께 놀다 갑니다. 은혜라면에서 지낸 시간이 쌓이면서 아이들의 스마트폰 사용 시간도 점점 줄

었습니다.

> "한 아이가 '선생님, 저 스마트폰 안 한 지 열흘이 되었다'는 거예요.
> 어떤 아이는 '스마트폰 안 한 지 2주 되었다'고 얘기하면 칭찬해주죠."

이호균 목사의 설명처럼, 청년 선생님과 함께 보드게임을 하고, 이야기를 나누는 시간을 가지면서 아이들은 자연스럽게 스마트폰에서 멀어졌습니다. 어떤 아이들은 "그 키 큰 선생님 보고 싶다"며 "일요일에 교회 가면 만날 수 있냐?"고 물어보기도 합니다. 목회자나 청년 선생님들이 아이들에게 직접 전도하지 않아도 친밀감은 느낀 아이들이 먼저 교회에 관해 관심을 갖습니다.

사역 전 기도회를 마친 이호균 목사와 청년들은 은혜라면 홍보지를 들고 인근 초등학교로 향합니다. 초등학교 앞은 학원 차들과 하교하는 아이들로 북적입니다. 청년들은 아이들에게 다가가 은혜라면 홍보지를 건넵니다. 아이들은 마이쮸와 함께 건네는 홍보지를 반갑게 받습니다.

> "안녕하세요. 은혜라면이에요! 여기 와서 라면도 먹고
> 형, 누나들이랑 같이 놀아요!
> 오늘은 은혜데이 여서 게임도 하고 선물도 나눠줘요."

아이들은 호기심 가득한 눈으로 은혜라면 홍보지를 받고, 몇몇 아이들은 청년 선생님들을 반가워하며 "오늘 갈게요!"라고 약속합니다.

지역 아이들을 돌보기 위해 시작된 사역이었지만 오해를 받기도 했습니다. 일부 학부모와 주민들 사이에서 "아이들을 이상한 교회에 끌고 가려고 한다", "저기는 이단 교회다."라는 소문이 돌기도 했습니다.

그림 9 한달에 한번 열리는 은혜데이 중 뽑기게임 모습

나중에 그러한 소문을 알게 된 이호균 목사는 자녀를 키우는 같은 부모 입장에서 "그렇게 오해했을 수도 있겠다"고 생각했습니다. 하나님이 사역의 길을 열어주시길 기도하며 은혜라면을 계속 이어갔습니다. 아이들이 은혜라면에서 안전하게, 즐겁게 돌봄을 받는 시간이 쌓이면서 학부모들의 신뢰도 생기고, 잘못된 소문도 사라졌습니다.

▶ **아이들이 청년들에게 주는 사랑**

은혜라면에서는 매월 한 번, 아이들을 위한 특별 이벤트인 '은혜데이'를 엽니다. 아이들에게 인기 있는 놀이를 중심으로 게임대회를 열고 선물을 주는 날입니다. 이날은 넷플릭스 드라마 오징어 게임을 콘셉트로 한 게임대회가 열렸습니다. 공기놀이, 달고나 만들기, 탁구 대회, 보드게임에 참여하느라 시끌벅적합니다. 은혜데이에는 라면 외에도 아이들이 좋아하는 맘스터치 햄버거와 탕후루 같은 특별 간식이 준비됩니다.

아르바이트를 끝내고 온 청년 선생님이 라면을 한 그릇 해치우고 게임에 참여합니다. 은혜라면 사역은 청년 선생님들에게도 은혜와 보람을 안겨줍니다. 한 청년은 취업을 준비하느라 바쁘지만, 오전에는 자격증 공부를 하고 오후에는 아이들을 만나기 위해 은혜라면에 옵니다.

> "자격증 공부가 끝나면 굉장히 지치지만 또 아이들을 보고
> 같이 놀 생각을 하면 기분이 좋아져요.
> 그런 면에서 아이들과 만남이 제 삶에도 활력이 되는 것 같아요."

관심이 가득한 눈빛으로 바라보고, 반가워하는 아이들과 만남은 청년 선생님에게도 기쁨을 줍니다. 물론 말이나 행동이 거친 아이들이 있어 쉽지 않을 때도 있지만 청년들은 사역을 준비하며 함께 드렸던 기도를 떠올립니다.

은혜라면은 돌봄의 사각지대에 놓인 학생들이 편하게 와서 쉬고, 놀다 갈 수 있는 새로운 돌봄 형태입니다. 정해진 교육 프로그램이 없어도, 아이들이 와서 간식을 먹고, 선생님들과 또래 친구들과 함께 웃고 쉬는 일상의 행복을 만드는 곳입니다. 이곳은 학교에서는 잘 몰랐던 친구들과 친해지며 자연스럽게 사회성도 배울 수 있는 교육의 장이 되기도 합니다.

길튼교회의 '은혜라면'은 단순히 식사제공을 넘어, 아이들의 마음을 보듬고 건강한 성장을 돕고 있습니다. 동시에 청년들에게도 지역 아이들의 돌봄에 참여했을 때의 긍정적인 효과가 일어날 수 있음을 보여줍니다. 은혜라면은 청소년과 청년이 함께 하며 성장하는 사랑의 공동체입니다.

인터뷰 이호균 목사 _ 은혜라면, 길튼교회 청년부 담당

은혜라면 사역을 시작하면서 염려했던 부분은 무엇일까요?

목사: 은혜라면을 시작하면서 걱정했던 부분은 '과연 아이들이 올까?' 이런 고민이 많았습니다. '아이들이 라면을 준다고 하면 과연 와서 먹을까?' 걱정했는데 감사하게도 하나님께서 아이들을 보내주셨어요.

은혜라면에 자주 오는 아이들에게 왜 이곳에 오는지 물어본 적이 있었어요. 아이들이 단지 배를 채우기 위해서가 아니라 이곳에 오면 청년 선생님들과 함께 시간을 보내는 걸 좋아하더군요. 아이들은 라면이 아닌 사랑이 그리워서 와요.

초등학생들이 은혜라면을 찾아올 수 있게 어떻게 홍보하고 계신가요?

목사: 초등학교 아이들이 하교할 때 교문 앞에서 은혜라면 홍보지를 나누고 있어요. 처음에는 반응이 좋았는데, 안 좋은 소문이 나서 어려웠던 적도 있었습니다. 학부모와 선생님들 사이에서 "저기 교회 이단이다. 잘못된 음식을 줘서 아이들을 이상한 교회로 끌고 가려는 거다." 이런 소문도 있었더군요. 한편으로 제가 학부모라면 그런 염려가 들 수도 있었겠다는 생각이 들었어요.

하나님께서 막혀 있는 길들을 열어주시지 않을까 그런 마음으로 기도하며 계속 사역을 이어갔지요. 시간이 지나니까 이상한 소문도 조금씩 사라지고, 무엇보다 아이들이 이곳에서 잘 지내니 학부모님들도 안심하시는 듯해요. 요즘은 인스타나 유튜브를 통해서도 은혜라면 소식을 알리기도 합니다.

은혜라면을 유튜브나 인스타그램으로 알리면 어떤 효과가 있을까요?

목사: 저희가 유튜브나 인스타로 은혜라면 사역을 알리고 있어요. 교회 청년들이 이런 사역하고 있다는 걸 주변에서 많이 관심을 가지시더라고요. 솜사탕 기계라든지 후원을 해주시기도 해요. 직접 섬기러 오기도 하고요.

은혜라면을 섬기는 청년들이 본인의 시간을 쪼개서 오거든요. 월요일부터 금요일까지 하는 사역이기 때문에 청년들에게 격려도 필요해요. 유튜브나 인스타를 보고 격려해주시면 힘이 납니다. 외부적으로는 학부모님들이나 아이들에게 은혜라면의 이벤트를 알릴 필요도 있어서 영상이나 SNS에 올리고 있어요. 이런 것도 청년들이 하고 현수막이나 학교 홍보지도 청년들이 만들어요. 청년들이 일당백을 하고 있지요.

※ **길튼교회**는 인천 남동구에 위치한 기독교대한감리회 소속 교회로 채성렬 담임목사가 섬기고 있습니다.
주소: (21578) 인천광역시 남동구 인주대로 664 (구월동, 메인프라자2차) 5층
전화번호: 032-434-0191

문화예술과 돌봄의 허브, 아트홀

#늘봄공유학교 #관현악학교

고촌감리교회의 지역 아동 돌봄 Tip
- 지역 부모들이 사교육으로는 비용이 부담되는 교육을 교회가 제공
- 오케스트라 교육은 전도나 선교가 아닌 교육에 초점을 둘 때 지속가능
- 늘봄공유학교의 초등 돌봄 프로그램에 교회의 여성도들이 교사로 참여
- 오케스트라 교육을 받은 학생이 성장해 악기 강사로 섬기는 선순환 구조

콘서트홀로 지어진 교회 본당에 오케스트라의 연주가 울려 퍼집니다. 다음세대로 구성된 관현악학교의 오케스트라입니다. 오케스트라의 시작은 김포 고촌읍의 시골교회에서였습니다. 박정훈 목사가 부임했던 1988년만 해도 고촌감리교회는 컨테이너박스를 건물로 사용하는 성도가 100여 명 모이는 교회였습니다.

김포 지역의 아이들 교육에 관해 관심을 갖고 고민하던 박정훈 목사는 아이들에게 음악 교육을 했으면 좋겠다는 마음을 가지고 있었습니다. 목사 안수를 받은 후 그는 하나님께 어떤 선물을 드리면 좋을까 생각하던 중 그랜드 피아노를 떠올렸다고 합니다. 고촌교회에 첫 그랜드 피아노가 놓이게 되었습니다. 당시 열악한 여건 속에서도 아이들에게 악기를 선물하고 싶었던 박정훈 목사의 열정은 훗날 오케스트라 교육의 작은 씨앗이 되었습니다.

> "김포가 지금은 많이 개발됐지만, 고촌이 상당히 열악한 지역이었어요.
> 악기를 배우려면 멀리 나갔어야 했어요. 그래서 '고촌에 있는 아이들에게
> 악기를 가르쳐서 오케스트라를 만들어보자' 하고 시작되었습니다."

▶ 관현악학교, 학생에서 교사로

교회의 지역 아이들을 위한 첫 사역은 음악 교육이었습니다. 당시만 해도 고촌에 클래식 악기를 배울 곳도 없었지만, 교육비 또한 만만치 않았습니다. 이러한 지역적 한계를 극복하고자 교회는 1996년부터 아이들을 위한 오케스트라 교육을 시작했습니다. 악기를 연습한 학생들과 1998년에 음악회를 열었습니다. 1톤 트럭을 공연장으로 개조한 무대에서 첫 연주회를 열었습니다. 2002년, 드디어 김포시 여성회관 대성당에서 오케스트라 창단 연주회가 성황리에 개최되었습니다.

보통 교회가 지역 아이들을 위한 오케스트라를 창단한다고 하면 악기 구매가 가장 고민입니다. 고촌교회는 생각보다 비싸지 않은 악기들을 구매할 수 있었습니다. 또한 바이올린과 같은 악기들을 기부받기도 했습니다.

오케스트라 교육을 하며 두 번째 고민은 주로 악기를 가르쳐줄 강사진입니다. 고촌교회에는 음악 전공자들이 많고, 일자리를 찾는 분들 또한 많다고 합니다. 고촌아트홀에서 학생들에게 악기를 가르치는 교사분 중에는 25년이 넘도록 꾸준히 섬기고 계신 분도 있습니다. 또한 관현악학교가 20년이 넘게 운영되다 보니 악기를 배웠던 학생이 악기 전공자가 되어 다시 교사가 되는 선순환 또한 이루어지고 있습니다.

고촌감리교회도 처음에는 이웃들의 필요를 아는 일이 쉽지 않았습니다. 다른 교회들처럼 방과 후 교실도 해봤습니다. 그러나 부모님들의 마음을 열지 않았고, 방과 후 교실은 크게 호응이 없었습니다. 박정훈 담임목사는 악기 교육에 대한 지역의 필요만이 아니라 동네 아이들에게 오케스트라의 조화와 화합을 가르치면 좋겠다는 마음도 있었습니다.

2014년 고촌교회가 운영하는 오케스트라는 540명의 학생들이 함께하는 대규모 오케스트라로 성장했습니다. 현재는 코로나 팬데믹의 영향으로 다소 줄었지만 350명의 지역 아이들이 음악을 통해 조화와 화합을 배우고 있습니다. 단순히 악기만을 가르치는 곳이 아닌, 아이들의 성장을 돕고 미래를 준비하는 교육의 장이 되었습니다.

그림 10 고촌감리교회의 제20회 평화음악회

"교회 본당을 콘서트홀처럼 지었어요. 주일에는 예배를 드리지만
평일에는 언제든지 연주 홀로 사용이 가능해요."

2008년 고촌교회는 새로운 성전을 완공했습니다. 이곳은 예배당이자 고촌아트홀입니다. 지역사회와 함께 사용하는 공간이 되기 위해서 1층에 카페를 열고, 3,4층에는 예배도 드리고 클래식 공연도 하는 콘서트홀을 만들었습니다. 지하에는 청소년들이 악기를 마음껏 연주할 수 있는 방음시설이 완비된 연습실을 마련했습니다.

교회는 지역 사회를 위한 문화 공간으로 확장되었고, 자연스럽게 지역 주민들이 교회와 가까워지는 계기가 되었습니다. 고촌아트홀은 지역 주민들이 유치원 졸업식, 피아노 학원 발표회를 열 수 있는 소중한 공간이 되었습니다.

▶ 교육에 집중하니, 선교의 문이 열리고

고촌아트홀은 "누구라도 어디서라도 문화예술을 마음껏" 누리기를 바라는 고촌교회의 꿈을 이루는 공간입니다. 고촌아트홀은 처음부터 선교적인 목적보다는 지역 주민들을 위한 문화예술 공간으로 건축되었습니다.

> "불교에서 아무리 좋은 프로그램을 한다 해도 기독교인들이 잘 안 가잖아요.
> 마찬가지로 교회에서 좋은 프로그램을 해도 타 종교에 계신 분들이 잘 오지 않습니다.
> 그래서 종교적인 색채를 뺐습니다. 누구든지 편하게 와서
> 교육받을 수 있게 하기 위해서죠."

이처럼 문턱을 낮춘 결과, 지금도 100명 이상의 지역 아이들이 관현악학교에서 교육을 받고 있습니다. 관현악학교가 오랜 세월 잘 운영되다 보니, 다른 교회에서도 답사를 오고, 이러한 교육을 잘 정착시키는 방법을 묻는다고 합니다. 이런 질문에 고촌교회가 꼭 당부하는 말이 있습니다. "교회가 선교적인 목적이나 '이 아이들을 교육시켜서 언제 써 먹을까?' 하는 생각으로 운영한다면 오케스트라 교육은 실패한다"고 강조합니다. 전도나 선교가 아닌 교육에 초점을 맞춰야 사역이 지속가능합니다.

고촌교회는 악기를 배우러 온 학생들에게 직접적으로 복음을 전하지는 않지만, 아이들을 돌보기 위해서 목회자들이 함께 참여합니다. 악기를 가르쳐 주는 강사 외에 학생들의 연령대에 맞는 전도사님들이 아이들과 함께 시간을 보냅니다. 예를 들면 기초반은 초등학교 1학년부터 3학년 학생들이 있어서 같은 연령대의 주일학교 담당 사역자가 학생들을 섬깁니다.

그림 11 고촌아트홀에서 공연하는 관현악공유학교와 학교 오케스트라 학생들

"아이들이 오면 인사하며 환영해주죠. 아이들은 처음에
제가 전도사인지 모르지만 계속 인사를 하고 만나다 보면 친해져요.
여름성경학교 할 때 학생들에게 '한번 와봐!' 이렇게 초대하기도 합니다."

고촌아트홀은 학생들에게 악기만을 기능적으로 가르치기 위해 교육하지 않습니다. 아이들에게 악기만이 아니라 성품과 심성이 잘 성장해서 믿음과 실력을 갖춘 인재로 성장하게끔 돕는 일이 교회의 비전입니다.

고촌아트홀의 교육은 사역자 뿐 아니라 성도들의 헌신적인 참여가 있었기에 가능했습니다. 고촌아트홀에서 진행되는 프로그램은 교회에서는 예산 지원을 하지 않습니다. 자체적으로 운영됩니다. 교회는 건물만 제공하고 예산은 아트홀 자체적으로 충당합니다. 학생들에게 받는 회비는 강사비로 지출됩니다. 선생님으로 섬기는 분들에게 사례를 많이 드리지는 못하지만 김포 지역 아이들을 믿음과 실력의 인재로 키우겠다는 마인드를 공유합니다. 아트홀의 행정, 재정 관리 등을 무급으로 섬기는 성도들 또한 함께하고 있습니다.

▶ **초등 돌봄의 빈틈을 채우는 '늘봄공유학교'**

2019년, 고촌아트홀에 또 하나의 새로운 교육이 열렸습니다. 경기도 교육청의 제안으로 '늘봄공유학교'가 시작되었습니다. 경기도 늘봄공유학교란 초등학교 안팎의 유휴 공간을 활용해 '돌봄 거점'을 형성해서 인근 초등학교 학생들에게 돌봄과 교육 프로그램을 제공하는 학교입니다.

고촌교회가 늘봄공유학교를 열자 처음에는 아이들이 고작 2~3명 밖에 오지 않았습니다. 코로나 팬데믹이 있기도 했지만 학교 부모님들은 어린 자녀들이 학교 울타리 밖에서 교육을 받는 것을 다소 불편해했습니다. 고촌교회는 학교의 돌봄과 차별화를 생각했습니다. 학교 돌봄이 '돌봄 위주'라면, 고촌교회는 '교육을 겸한 돌봄'이 장점이 될 것이라고 생각했습니다. 이러한 차별화 전략은 성공적이었습니다.

그림 12 늘봄공유학교에서 열린 소방교육

"고촌 늘봄공유학교는 교육청의 요청으로 정원을 20명으로 제한했음에도 대기자가 끊이지 않을 정도로 인기가 많습니다. 특히 늘봄공유학교에 오는 아이들의 3분의 2는 교회를 다니지 않는 가정의 아이들입니다."

늘봄공유학교 선생님들 대부분은 고촌교회의 집사님, 권사님 또는 다른 교회를 다니는 크리스천들입니다. 아이들 한명 한명을 귀하게 여기다 보니 어느새 주일 예배 시간에 유년부실에 앉아 있는 아이들이 생겼습니다.

아이들의 눈에 비친 늘봄공유학교는 학원과는 다른 배움의 공간입니다. 한 학생은 "학원은 쉬는 시간이 되게 짧고 공부를 많이 하고, 간식 시간도 없는데, 여기는 간식 시간도 있고, 쉬는 시간도 있어서 좋다"고 말합니다. 학생들은 사교육에서 채워질 수 없는 여유와 쉼을 이곳에서 채움받고 있습니다.

고촌교회가 늘봄공유학교를 시작한 이후로 월요일부터 일요일까지 아이들로 활기 넘치는 공간이 되었습니다. 아이들이 학교 끝나고 나면 가방을 메고서 삼삼오오 모여 교회에 옵니다. 교회는 동네 아이들의 놀이터이자 쉼터가 되었습니다.

"목사님은 그물을 넓게 치셨네요."

고촌아트홀을 방문한 행정기관장이 박정훈 담임목사에게 건넨 말입니다. 교회를 출석하지 않는 그의 눈에 김포 아이들과 주민을 위해 사역하는 교회의 모습이 그렇게 보였나봅니다.

고촌교회는 누구나 편하게 찾아와 문화예술을 누리고, 지역의 아이들이 안전하게 놀고 공부할 수 있도록 두 팔을 활짝 펼쳤습니다. 교회의 품 안에서 아이들은 음악을 듣고 연주하며, 돌봄 속에서 믿음과 실력을 겸비한 인재로 자라고 있습니다.

인터뷰 김종엽 목사 _ 고촌아트홀 담당

고촌아트홀에서 운영하는 늘봄공유학교에 대한 소개 부탁드립니다.

목사: 늘봄공유학교는 경기도 교육청과 연계해서 고촌 지역의 1~3학년 학생들을 대상으로 운영하는 학교 밖 돌봄 기관입니다. 고촌아트홀 늘봄공유학교에서는 영어, 중국어, 일본어, 체육, 바이올린, 합창 등의 교육 프로그램을 제공하고 있습니다.

처음에는 자녀가 학교 밖에서 돌봄 받는 것을 부모님들이 좀 불편해하셨어요. 부모님들의 그런 마음을 알고서, 교회 전도사님들이 교회 차량을 운전해서 학교 앞에서 수업 끝난 아이들을 태워서 교회로 데리고 옵니다.

차 안에서 아이들과 이런저런 이야기를 나눌 수 있는 시간이죠. 동네 좋은 어른으로 말이죠. 교회 앞에 딱 내려주면 애들이 우르르 교회로 들어오는 그 모습이 너무 예뻐요.

늘봄공유학교에서 어떤 교육 프로그램을 운영하고 있나요?

목사: 늘봄공유학교에 보내시는 부모님들의 니즈가 뭐냐 하면 아이들이 돌봄 받는 것으로 끝나는 것이 아니라 교육받는 것을 원하세요. 목회자와 선생님들이 머리를 맞대고서 회의하면서 "그럼 영어, 일본어, 중국어도 가르치고, 방송댄스, 발레, 미술, 상담수업, 국어 등의 수업을 한번 가르쳐 보자" 하고 의견을 모았죠.

그런데 강사진을 찾다 보니 교회에 여성 집사님들, 권사님들 중에 이런 교육을 하실 수 있는 분들이 계시는 거예요. 교사로 섬기시면서 학생들을 가르치고 자녀를 늘봄공유학교에 보내시는 분들도 계세요. 교회에서는 농담처럼 '모세 프로젝트'라고 불렀어요. 요게벳이 모세를 돌보는데 돈은 애굽에서 받았듯이 우리 아이를 교육하는데 경기도 교육청의 도움을 받는 거죠. 이곳에서 우리 아이들과 지역 아이들을 믿음과 실력을 갖춘 인재로 키우고 있습니다.

고촌교회에서는 지역 행정 기관과 협력할 일이 많을 듯합니다. 소통 노하우가 있다면 무엇일까요?

목사: 담임목사님께서 교육청이나 시청에서 협조가 오면 무조건 100% 다 들어주라고 하세요. 교역자들의 일이 많아져도 저희가 다 협조합니다. 그러다 보니 교육청 장학사님들이나 과장님들은 저희 교회를 너무 좋아하세요. 교회는 요구를 안 하지만 행정기관에서 요구하는 걸 교회가 다 수용해 주니까요.

※ **고촌감리교회**는 경기도 김포시 고촌읍에 위치한 기독교대한감리회 소속 교회로 박정훈 담임목사가 섬기고 있습니다.

주소: (10129) 경기도 김포시 고촌읍 수기로 39-20 (신곡리)

전화번호: 031-986-1004

지역의 다문화 아이들이 교회 품으로

#다문화 방과후교실 #청소년 방과후교실

안산동산교회 다문화 아동 돌봄 Tip
- 일반 초등학교는 다문화 학생들을 교육과 돌봄에 한계가 있음
- 지역 초등학교에 다문화 학생이 많다면 한국어 교실 사역이 필요
- 교육청에서 다문화 학생들의 한국어 교실 지원 사업
- 한국어가 서툰 다문화 학생에게 악기 수업은 정서 안정과 만족도 높음

푸른꿈동산학교에서 만난 아리나의 고향은 카자흐스탄입니다. 한국말이 서툰 아리나는 교회 근처에 있는 석호초등학교에 다니고 있습니다. 초등학교 5학년인데도 한국말은 아직 어색하기만 합니다. 초등학교에서는 한국어를 배울 기회가 없었다고 하니 학교생활 또한 쉽지 않았을 듯합니다. 아리나는 푸른꿈동산학교에 와서 처음으로 한국어를 공부하게 되었습니다. 아리나의 바람은 두 가지입니다. 푸른꿈동산학교에서 피아노를 배우고 노래를 부르는 음악 수업을 계속 했으면 하는 바람과 어린 동생이 자신처럼 이곳에서 한국어를 배우는 것입니다.

▶ **지역의 문제였던 다문화 아이들**

안산동산교회 주변에는 초등학교, 중학교, 고등학교가 모여있습니다. 특히 석호초등학교와 성안초등학교 두 학교에는 다문화 학생의 비율이 높습니다. 이 지역은 '러시아 촌'

이라 불릴 정도로 러시아인들이 많이 거주하는 곳이기도 합니다. 부모님이 맞벌이로 어른이 집을 비우다 보니 한국어가 서툰 다문화 아이들이 방치되고는 합니다. 푸른꿈동산학교의 김현주 교감은 다문화 아이들을 품기로 했던 당시를 이렇게 회상했습니다.

> "교회 주변에 다문화 아이들이 많이 늘어나면서 하굣길에
> 교회에 와서 짓궂은 장난을 많이 했어요. 교회 택배 물건을
> 건드리기도 하고요. 그런데 아이들을 불편해 하던 마음을 바꾸기로 했어요.
> 우리 교회가 저 아이들을 품어보자"

동네 다문화 아이들이 교회 벽에 낙서하는 등 짓궂은 장난으로 인해 어려웠던 마음을 돌이키며 지역 사회에 변화가 시작되었습니다. 석호초등학교에는 다문화 학생의 비율이 44퍼센트로 높았지만 학교는 다문화 아이들을 교육할 수 있는 여건이 마련되어 있지 않았습니다. 교회 주변의 다문화 아이들의 돌봄 문제는 심각했습니다. 지역 사회의 부담을 교회가 함께 나누자는 마음으로 안산동산교회는 다문화 아이들을 품기로 했습니다.

푸른꿈동산학교의 시작은 한 성도에서 비롯되었습니다. 집안 사정이 어려워 힘들게 공부했던 한 장로의 헌신에서 시작되었습니다. 그는 학원도 가지 못하는 어려운 상황의 동네 아이들을 교회에서 돌봐주면 좋겠다는 소망을 품었습니다. 소망에 동참한 교회 성도들이 모여 야학 수업이 시작되었습니다. 김현주 교감이 처음 야학 봉사를 시작했던 시절에는 갖춰진 수업 공간이 없었다고 합니다.

> "교회 한 구석에서 시작했어요. 짐이 쌓여있는 공간의 한 틈을 떼서
> 칸막이를 친 채로 수업을 했어요. 그럼 성도 중 한 분이 오셔서
> 간식비를 주고 가시고 음료수도 사다 주시고 그러면서 조금씩
> 교실 공간이 만들어졌어요."

야학 수업이 성도들에게 조금씩 알려지고, 교회의 도움으로 교실이 만들어졌습니다.

2010년, 중학생, 고등학생 저소득층 아이들을 가르치는 방과 후 교실이 열렸습니다. 벌써 15년 전의 일입니다.

그림 13 푸른꿈동산학교에서 한국어를 배우는 다문화 학생들

우리나라의 저소득층 가정은 제도적으로 지원을 받을 기회가 있습니다. 그러나 차상위 계층 가정은 지원에 포함되지 않는 경우들이 있습니다. 게다가 저소득층이라는 표현이 푸른꿈동산학교에 오는 학생들의 발걸음을 불편하게 했습니다. 내가 저곳에 가면 저소득층 아이처럼 보일까 봐 오지 않는 아이들이 있다는 사실을 알게 되었습니다. 학교는 논의 끝에 "푸른꿈동산학교는 도움이 필요한 누구나 와도 되는 곳" 이렇게 문턱을 낮추고 표현을 바꾸었습니다. 전보다 더 많은 지역의 청소년들이 푸른꿈동산학교에 찾아올 수 있었습니다.

▶ 낮에는 다문화 학생, 저녁에는 야학 학생

푸른꿈동산학교에 다문화 학생들이 늘게 된 것은 4년 전부터였습니다. 감사하게도 올해, 교회에서 2천만 원을 지원해 주어서 다섯 개의 교실이 새로 생겼습니다. 푸른꿈동산학교는 몰려오는 다문화 학생들의 기초 학력 향상을 위해 한국어 교실도 열었습니다. 피아노, 바이올린, 오카리나 등 악기 수업은 아이들에게 인기 수업입니다. 다문화 학생들을 위한 푸른꿈동산학교의 수업에 대한 소식이 안산 교육청까지 전해졌습니다.

그림 14 푸른꿈동산학교는 다문화 학생들에게 한국어 기초 과정을 교육

"푸른꿈동산학교에서 다문화 아이들을 위해 한국어 교실,
악기 수업을 진행하고 있다 보니 교육청에서 먼저 연락이 왔어요.
교육청에서 하고 있던 다문화 교육을 맡아 달라고요."

안산 교육청은 초등학교 안에서 진행했지만 어려움이 많았던 다문화 학생 기초 학력 프로그램을 푸른꿈동산학교이 위탁해서 교육해주기를 요청했습니다. 그렇게 해서 푸른꿈동산학교에는 한국어 위탁 교실인 이음학교, 다문화 학생들의 기초 학습 향상 위한 비전 팩토리 수업이 열렸습니다. 25명 정도 되는 다문화 아이들이 이곳에서 수학, 한국어, 피아노 등을 배웁니다.

저녁 시간에는 고등학생들이 모입니다. 야학 수업(청소년 방과후교실)을 받는 지역의 중고등학교 학생들입니다. 대학생을 비롯해 자원봉사 선생님들의 도움을 받으며 37명의 학생이 밤늦은 시간까지 이곳에서 공부합니다. 김현주 교감은 야학 수업에 오는 학생들이 성적과 신앙이 함께 성장하기를 바라는 마음에 성경을 먼저 읽게 합니다.

> "성경책을 배치해 놓아요. 야학 공부하러 온 아이들은
> 습관이 되어서 성경을 들고 교실에 들어와요. 공부하기 전에 성경을 1장 읽고
> 선생님과 기도하고 공부를 시작해요."

자원봉사 선생님들은 회사를 퇴근하고 또는 대학교 수업을 마치고 푸른꿈동산학교로 달려옵니다. 자원봉사자 중에는 야학 수업을 들으며 공부했던 청소년들이 대학생이 되어서 교사로 섬기는 이들도 있습니다.

야학 수업에서 공부를 가르쳐 주는 선생님 외에도 밤 10시까지 학생들의 안전한 귀가를 도와주시는 권사님이 계십니다. 15년 동안 공부하는 학생들 곁에서 늦은 시간까지 지켜주셨습니다. 학교 선생님들은 늦은 시간, 교육을 마치고 집으로 가는 자원봉사 선생님들에게 교통비라도 드리기 위해 후원금을 찾아 나섭니다. 다양한 모습으로 학생들을 섬기는 선생님들의 수고가 있었기에 지역 청소년을 위한 교육이 지금까지 이어질 수 있었습니다. 학생들은 공부만이 아니라 말씀대로 사랑을 실천하는 선생님들의 모습을 보고 배우며 자라고 있습니다.

▶ 다문화 돌봄으로 열리는 선교 사역

다문화 아이들이 푸른꿈동산학교에서 수업을 받기 위해 교회로 몰려오다 보니 여러 사건이 일어나기도 했습니다. 다문화 학생들이 장난을 치다가 교회 엘리베이터를 고장 내거나 벽에 낙서하는 등의 일들이 벌어졌습니다. 러시아나 이슬람교의 나라에서 온 학생들이 있다 보니 문화적 차이로 인한 불편감도 있었습니다. 그러나 담임목사님의 설교는 성도들의 마음을 움직였습니다.

그림 15 자원봉사로 시작해 지금까지 학생들을 돌보는 김현주 교감

"천국은 모든 피부 색을 가진 사람들이 다 모이는 곳입니다.
우리는 천국을 준비하는 성도로서 피부색이 다르고
언어가 다른 모든 사람들을 품어야 합니다."

교회가 있는 안산에는 다른 나라에서 온 주민들이 많습니다. 그러다 보니 외국인으로 인한 문제도 종종 발생합니다. 안산동산교회는 다문화 찬양 축제 등 성도들이 다른 나라의 이웃들과 함께 하는 행사를 자주 열었습니다. 피부색과 언어가 다른 이웃들을 교회 안에서 자주 만나게 되니 어색하고 불편했던 마음도 차츰 줄었습니다.

교회가 타 문화권의 이웃에 대해 마음의 문을 열고, 이들의 어려움에 공감하고 도와야 한다는 마음이 조금씩 모였습니다. 푸른꿈동산학교로 간식을 가져다주거나 아이들 과자라도 사주라며 후원금이 담긴 봉투를 주고 가십니다. 김현주 교감은 성도들이 건네는 후원금이 학교 운영에도 큰 힘이 된다며 감사한 마음을 전합니다.

"정부 지원금은 강사 교육비로 다 나가요. 남은 돈으로

> "아이들 간식 사기가 빠듯하죠. 학생들은 빈손으로 오기 때문에
> 학용품, 공책, 수업 교재를 구매할 예산도 필요하거든요."

다문화 학생들을 위한 교육에 있어서 동산학교의 재정적인 상황은 쉽지 않습니다. 교육청에서 나오는 운영비의 80~90퍼센트가 강사비로 나가고, 아이들 간식비, 학용품, 교재비 등은 교회의 지원과 성도들의 헌금으로 충당됩니다. 음악 수업을 위해 악기를 사거나 수업 이외의 활동에 대한 비용이나 자원봉사가 필요한 일은 교회 성도들이 돕고 있습니다. 일반 학교에서는 적응하기 어려운 다문화 아이들은 대부분 자국에서 어려운 상황을 경험하고 온 아이들입니다.

> "학생들이 항상 배고파해요. 심리적인 허기때문인 것 같아요.
> 학생 중에 난민 아이가 있는데 한국에 온 지 3개월 만에 아버지가
> 본국에 군인으로 불려 들어갔다가 돌아가셨어요."

김현주 교감은 아버지를 잃은 난민 아이를 떠올렸습니다. 갑자기 아버지를 잃은 아이는 푸른동산학교에 오면 선생님들께 안겼다고 합니다. 큰 슬픔 앞에서 선생님들의 위로로 다시 힘을 얻는 아이를 보며 선생님들도 힘을 얻습니다.

다문화 아이들을 돌보는 사역은 교회와 선생님들의 헌신과 희생이 필요합니다. 교회 공간만이 아니라 재정적인 헌신과 문화의 차이에서 오는 불편함을 감수해야 합니다. 그럼에도 푸른꿈동산학교의 선생님들은 마음을 열고 이들에게 다가가려고 합니다. 김현주 교감은 푸른꿈동산학교에서 아이들을 섬기며 자신 또한 훌쩍 성장했음을 고백합니다.

> "사실 저도 아이들을 안는 게 처음에는 어색했거든요.
> 그런데 저에게 와서 꼭 안기는 아이를 밀쳐낼 수 없더라고요.
> 어느 순간부터는 저도 그 아이를 꼭 안아주게 되었어요."

푸른꿈동산학교 선생님들은 다른 나라, 다른 종교를 가진 아이들이 교회로 찾아온 것 자체가 감사한 일이라고 고백합니다. 선생님들을 통해 사랑을 경험한 다문화 아이들은 교회 다문화 행사나 어린이날 축제에 찾아옵니다. 이슬람교도 가정의 아이들도 전도지를 받고 교회가 전하는 복음에 귀를 기울입니다. 다문화 아이들을 돌보는 푸름꿈동산학교의 사역이 다양한 나라의 이웃에게 복음을 전하는 길을 만들어 주었습니다.

인터뷰 김존 교사 _ 푸른꿈동산학교

푸른꿈동산학교에서 어떤 학생들을 가르치고 계시나요?

교사: 푸른꿈동산학교에서 중도 입국 다문화 학생들에게 한국어를 가르치고 있습니다. 여기 상록구 지역은 대부분 구 소련권 나라에 살던 사람들이 자녀들과 같이 옵니다. 러시아 전쟁을 피해서 온 우크라이나 아이들도 있어요.

저희 반에는 카자흐스탄이나 우즈베키스탄처럼 러시아어를 구사하는 아이들이 있습니다. 초등학교 2학년, 4학년, 6학년 학생들이 있습니다. 이 학생들이 일반 학교에 가서 잘 적응을 못하는 경우가 많아요.

다문화 교육에 있어서 초등 교육이 중요한 이유는 무엇일까요?

교사: 자국에서 고등학교를 마치고 온 다문화 아이들은 괜찮습니다. 이미 중등 교육을 마쳤기 때문에 한국에 와서 또 한국어를 공부하거나 다른 일을 해서 스스로 나아갈 수 있는 역량이 되지요. 그런데 초등학생 때 오는 다문화 아이들은 한국에 오면 어려운 상황이 됩니다. 한국어를 못하니 한국 교육도 제대로 못 배우고, 자국의 교육도 못 배우고 온 상황이거든요. 다문화 초등학생들은 교육의 사각지대에 놓일 수 있는 그런 안타까운 상황입니다.

다문화 아이들을 위한 교육에 있어서 어려운 부분은 무엇일까요?

교사: 다문화 학생들이 가장 어려워하는 부분은 한국 학생들과 같이 교제하는 부분입니다. 아이들이 한국어가 서툴다 보니 학교에서 한국 친구들을 거의 못 사귀어요. 그래서 학교 수업이 끝나면 자기들끼리 모여서 자신들의 사회 속에서 살게 됩니다. 친구들과 러시아 말만 쓰고, 중국 말만 쓰게 되니까 언어의 진보가 느리고요. 다문화 아이들이 자신들만의 섬에서 사는 게 아니라 한국인들과 같이 어울리면서 문화를 나눌 수 있도록 돕는 부분이 큰 숙제라고 생각됩니다.

※ **안산동산교회**는 경기도 안산시 상록구에 위치한 대한예수교장로회 합동 소속 교회로 김성겸 담임목사가 섬기고 있습니다.

주소: (15585) 경기도 안산시 상록구 석호공원로 8 (사동)

전화번호: 031-400-1111

돌봄 틈새를 채우는, 교회의 주말 돌봄

#토요돌봄 #육아사랑방

행복한교회의 지역 아동 돌봄 Tip
- 교회가 초등학교와 연계해 토요 돌봄 사역에 참여하면, 공신력을 얻게 됨
- 정부의 돌봄 틈새인 토요일이나 주일 오후에 교회가 돌봄 제공
- 주말 돌봄 사역은 전도보다 교육에 초점. 자연스럽게 주일학교 등록으로 이어짐
- 초등학교나 중학교 학생들이 모이는 공원, 학교 근처로 찾아가는 놀이 사역

교회가 이웃의 이야기에 귀를 기울이기 시작한 것은 한 모임에서부터였습니다. 2015년, 행복한교회 담임목사로 온 선우준 목사는 응암동의 이웃과 함께 하는 교회를 꿈꿨습니다. 이웃을 도우며 자연스럽게 복음이 흘러나가는 교회에 대한 소망은 있었지만 어떻게 시작해야 할지 방법을 알기가 어려웠습니다. 성도가 100여 명이 넘지 않던 교회였기에 설문조사 기관이나 전문가의 도움을 받기는 쉽지 않았습니다. 그러던 어느 날, 차를 타고 가던 중 마을계획단이라는 주민 자치단 모집 현수막을 발견하게 되었습니다.

▶ 마을계획단에 참여한 담임목사

선우준 목사는 마을계획단에 목사가 아닌 주민 한 사람으로 참여했습니다. 마을계획단으로 활동하면서 동네에서는 선우준 목사를 알아보고 먼저 인사하는 주민들이 늘어났습니다. 5~6개월에 걸쳐 마을의 해결해야 할 과제 10가지를 찾아내는 회의가 진행되었습

니다. 지역 주민들에게 투표도 하고, 설문도 진행하면서 지역 주민들이 해결하고 싶은 10가지 현안이 선정되었습니다. 선우준 목사는 마을계획단과 함께 한 시간을 이렇게 설명합니다.

> "마을계획단이라는 주민 모임에 가면 마을에 대해 좀 더 알 수 있지 않을까란 생각으로 무작정 가입했어요. 마을 주민의 한 사람으로 지역을 살펴보며 많은 것을 배울 수 있는 시간이었습니다."

그림 16 행복한교회가 시민참여예산사업으로 진행한 우리동네육아사랑방

마을에서 해결해야 할 문제 중 하나가 "엄마와 아빠가 아이를 데리고 함께 쉴 수 있는 무료 실내 놀이터가 있었으면 좋겠다"는 의견이었습니다. 마을의 문제를 주민 스스로 해결하는 모임인 만큼 해당 안건의 해결 방법을 찾는 과정이 자연스럽게 이어졌습니다.

하지만 문제는 무료 실내 놀이터를 만들 수 있는 예산이 없었습니다. 정부에서 마을계획단에 지원하는 적은 예산으로는 해결하기 어려운 일이었습니다. 주민들은 마을계획단에서 함께 했던 선우준 목사에게 연락을 했습니다. 행복한교회에 무료 키즈카페 공간 활용 가능성에 대해 문의했습니다.

> "마을계획단에서 만났던 주민분들이 전화를 주셨어요.
> 마을에 무료 키즈카페를 열고 싶은데
> 교회 공간을 사용할 수 있겠느냐 물으시더군요"

마침 선우준 목사도 지역 아이들을 위해 그러한 사역을 꿈꿨지만 재정의 부담으로 시작하지 못하고 있던 상황이었습니다. 마을계획단 주민들과 교회가 뜻을 모으자, 마을에 의미 있는 일이 시작되었습니다.

교회는 3층 예배당을 육아사랑방 공간으로 제공했습니다. 서울시 시민참여 예산 사업으로 3천만 원을 지원받았지만, 키즈카페를 위한 리모델링과 운영비로는 턱없이 부족한 예산이었습니다.

인테리어를 하는데 교회 자체 예산이 투입되고, 냉난방비 등 전기 요금은 교회가 비용을 감당하기로 했습니다. 교회의 헌신을 지켜본 마을계획단 팀장은 교회가 좋은 일을 하는데 본인도 동참하겠다며 120만 원이 담긴 봉투를 교회에 건넸습니다. 교회와 지역 주민들의 정성이 모여 육아사랑방은 완성되었습니다. 아이들이 안전하게 놀 수 있는 공간과 보호자들이 간단하게 다과를 즐길 수 있는 카페 공간이 마련되었습니다.

육아사랑방은 약 7년간 활발히 운영되었습니다. 지역 주민들이 자발적으로 키즈카페를 운영하며 아이들을 함께 돌봤습니다. 오감놀이, 마술 공연, 인형극 등 다양한 프로그램이 진행되며 마을의 교육 품앗이 장이 되었습니다. 장애아 부모들의 모임이나 지역 도서관의 책 읽기 모임 등 다양한 주민 모임 또한 육아사랑방에서 열렸습니다. 행복한교회 안의 육아사랑방은 지역 주민들에게 아이들 놀이터를 넘어, 이웃들이 만나고 돌봄을 나누는 사랑방 역할을 톡톡히 해냈습니다.

그러나 코로나 팬데믹 이후 육아사랑방에 대한 은평구의 관심과 지원이 줄면서 운영 방식에도 변화가 생겼습니다. 육아사랑방은 필요한 이들에게 대관 형식으로 공간을 제공하는 공간이 되었습니다. 그동안 교회는 육아사랑방을 통해 지역 주민들을 만나고, 더 가까이 다가갈 수 있었습니다. 지역 사회도 육아사랑방을 통해 행복한교회에 대해 '좋을 일을 하는 교회'라는 긍정적인 인식을 갖고, 교회와 가까워지는 계기가 되었습니다.

그림 17 은평구청에서 지원하고 행복한교회가 공간과 인력을 제공하는 토요돌봄

▶ **공교육 돌봄의 빈틈, 토요일과 주일 오후**

행복한교회는 마을계획단과 함께 '육아사랑방' 외에도 '함밥모임'도 열었습니다. 함밥모임이란 지역 청소년들과 어르신들이 함께 밥을 먹고 게임을 하며 다른 세대가 소통하며 어울리는 자리였습니다. 행복한교회는 기꺼이 5층 식당을 열어주었습니다. 이로써 지역 사회의 세대를 너머 소통하는 의미 있는 일에 교회가 함께 할 수 있었습니다.

행복한교회는 지역 어린이들을 위한 '놀이 문화 회복 프로젝트'도 진행했습니다. 스마트폰이나 미디어와 더욱 가까워지는 아이들을 바깥에서 뛰어놀게 하자는 취지에서 기획되었습니다. 단순히 학생들을 교회로 초청하는 전도 방식이 아닌, 교회가 학생들이 있는 곳으로 찾아가야 한다는 목회적 고민 끝에 나온 아이디어이기도 했습니다. 과연 학생들이 많이 올까 염려하며 시작했던 놀이문화회복 프로젝트는 큰 인기를 끌었습니다.

> "목회자들이 초등학교 인근 공원에 가서
> 아이들에게 제기차기, 딱지치기 등 옛날 놀이를 가르쳐주며
> 함께 놀았어요. 미션 성공 시 아이스크림을 나눠주면서
> 아이들과 가까워질 수 있는 기회였지요."

그림 18 행복한교회의 토요돌봄 수업 모습

그렇게 교회 밖에서 만났던 아이들은 교회의 토요 돌봄이나 주일 오픈 클래스에서 다시

만나기도 했습니다. 토요일에도 지역 아이들이 행복한교회로 찾아옵니다. 맞벌이 가정이기에 혼자 토요일을 보내야 하는 학생들이 교회에 모입니다. 은평구청에서 지원하고 교회가 공간과 인력을 제공하는 토요돌봄입니다. 지역 초등학교에서 돌봄 프로그램을 받는 학생들이 토요일에는 학교가 아닌 교회에서 모입니다. 아침부터 교회에 모인 아이들은 음악줄넘기와 다중지능 활동을 하며 오후 시간까지 교회에서 지냅니다.

토요돌봄 프로그램은 행복한교회가 사단법인 더불어배움을 통해 참여하는 수업입니다. 사단법인 더불어배움은 은평구의 여러 교회들이 모여 지역 사회를 섬기기 위해 만든 기관입니다. 행복한교회는 이러한 법인 기관에 소속되었기에 공교육 기관인 초등학교와 연계해 프로그램을 수월하게 진행할 수 있었습니다.

"더불어배움 사단법인을 통해서 토요돌봄을 교회 안에서 할 수 있게 됐었죠.
초등학교를 통해서 참여 학생들이 모집되고, 학교를 통해서
아이들이 교회로 오다 보니 교회에 대한 공적 신뢰도가 많이 높아지더라고요."

그림 19 행복한교회 예배당 모습

선우준 목사는 공적 교육기관인 초등학교와 함께 하면서 교회에 대한 지역 주민들의 신뢰도가 높아지는 것을 경험했습니다. 이렇게 높아진 신뢰도는 지역 아이들을 위한 교회의 다른 사역에도 긍정적인 영향을 미쳤습니다.

교회는 주일에도 자체 돌봄 프로그램을 운영합니다. 오픈 클래스는 주일 오후 1시부터 진행되는 어린이 문화 활동 프로그램입니다. 지역 아이들을 대상으로 놀이 체육, 쿠킹 클래스 등 다양한 활동을 제공합니다. 지역 주민들의 주말 보육 부담을 덜어주기 위해 시작한 만큼 종교적인 내용보다는 교육적인 활동에 집중합니다. 덕분에 교회를 다니지 않는 부모들도 아이들을 오픈 클래스에 참여시킵니다. 그리고 시간이 지나면, 어느새 아이들은 11시 주일학교 예배부터 오픈 클래스까지 함께 하게 됩니다.

> "'믿을 만한 교회이고 아이들을 맡겨도 된다'는 신뢰가 생기면
> 안 믿는 부모님들도 토요일이든 주일이든 아이들을 교회에 맡기세요.
> 공교육이나 정부가 하는 돌봄의 빈틈을
> 교회가 채워주니 좋아하세요."

선우준 목사 역시 어린 두 자녀를 키우는 맞벌이 부부입니다. 그래서 그는 지역의 젊은 부모들이 겪는 육아의 어려움을 누구보다 잘 이해합니다. 그는 아동 돌봄 사역이 단순히 교육적인 서비스를 제공하는 것을 넘어, "부모님들이 힘들어하고 필요로 할 때 한 손 거들어줄 수 있는 역할"이 되어야 한다고 강조합니다. 교회가 지역의 젊은 부모들에게 육아를 돕는 '할아버지, 할머니와 같은 친근하고 든든한 존재'가 되기를 바랍니다.

▶ 하나님-성도-이웃을 연결하는 교회로

코로나 팬데믹 이후, 마을의 분위기는 바뀌었습니다. 교회가 열심히 했던 마을 사역이 코로나 기간 동안 단절되면서 이전과는 다른 사역이 필요했습니다. 선우준 목사는 이웃들과 함께 하는 새로운 사역을 모색하면서 동시에 성도들의 신앙을 더욱 든든하게 세워

가는 방법 또한 고민했습니다. 예배와 교육으로 하나님과 성도의 친밀함을, 교제와 봉사로 성도와 성도의 친밀함을, 선교와 전도로 교회와 이웃의 관계를 회복하는 링크 처치의 목표를 세웠습니다.

선우준 목사는 이웃과 함께 하는 사역에 있어서 균형이 필요함을 강조합니다. 교회 바자회처럼 어려운 이웃을 직접적으로 돕는 사역과 육아사랑방이나 토요돌봄처럼 지역 사회가 운영하는 사업에 교회가 동참하는 사역이 균형을 이루는 것이 필요합니다. 이처럼 사역이 균형을 이룰 때 성도들이 이웃을 도우며 보람을 얻고, 교회가 지역 사회와 협업하며 사역을 꾸준히 지속할 수 있기 때문입니다.

현재 행복한교회는 주일학교 학생들과 청년들이 교회 전체 성도 수의 절반을 훨씬 넘을 정도로 다음세대가 풍성합니다. 지역사회의 이야기에 귀를 기울이고, 주민들의 육아와 보육의 어려움에 공감하며 적극적으로 반응한 결과이기도 합니다. 성도와 이웃이 하나님을 더욱 가깝게 만나는 '링크 처치'로서 행복한교회의 다음 행보가 기대됩니다.

인터뷰 선우준 목사 _ 행복한교회 담임목사

담임목사로 부임하고 주민자치모임인 마을계획단에 참가했다고 들었습니다. 이후에도 지역 주민들을 만날 기회가 있으신가요?

목사: 오늘 저녁에도 마을 모임이 하나 있거든요. 저녁 시간에 가정을 비우고 나간다는 것 자체가 부담스럽긴 하지만 시간과 마음을 조금 더 내어서 마을 문제를 직접 들어볼 필요가 있다고 생각해서 참여하려고 노력합니다.

사실 성격적으로는 어려워요. 제가 낯을 가리지만 안 만나면 가까워질 수가 없잖아요. 신기한 건 만나면 만날수록 저도 그들이 가깝게 느껴지더군요. 주민들도 교회 담임목사와 가까워지면, 그 교회와 가깝다고 느끼는 경향이 있어요.

교회가 일반 초등학교와 연계해서 운영하는 돌봄 사역 외에도 초등학교를 도와서 사역했던 경험이 있으신가요?

목사: 근처 초등학교에서 화재가 났었어요. 갑자기 아이들이 갈 곳이 없어진 거죠. 학원은 어차피 학교 수업 이후였으니까요. 아이들이 학교에 갈 수 없다면 오전에 집에 있어야 하는 상황이었어요. 그런 아이들을 교회에서 좀 돌봐줄 수 있는 돌봄 프로그램을 운영하면 좋겠다고 생각해서 화재 기간 2~3주 동안 짧은 돌봄 프로그램을 운영했습니다. 저희

주일학교 선생님 중 한 분이 방과 후 교사가 계셔서 음악 줄넘기 놀이 같은 프로그램들을 교회에서 진행했어요.

교회가 지역의 필요를 파악하고 돕는 방법은 무엇일까요?

목사: 교회가 이웃에게 뭘 줄까 고민하고, 뭔가를 주려고 하는 마음은 귀해요. 하지만 교회가 주려고 준비한 것들이 이웃에게 필요하지 않은 경우도 굉장히 많거든요.

그럴 때는 사실 받는 사람도 부담스럽고, 별로 받고 싶지 않을 수도 있어요. 오히려 배부를 때는 밥 한 끼 먹으라고 하면 부모님에게도 짜증을 내잖아요.

그래서 마을의 필요를 파악하려면 지역 주민들과의 관계가 형성되어 있어야 해요. 지속적인 관계가 있어야 이분들이 무엇을 필요로 하는지 알고 그 필요가 생겼을 때 빠르게 채워줄 수 있거든요.

※ **행복한교회**는 서울 은평구 응암동에 위치한 대한예수교장로회 통합 소속 교회로 선우준 담임목사가 섬기고 있습니다.

주소: (03394) 서울특별시 은평구 응암로30길 5-9

전화번호: 02-388-0175

주일학교의 모판을 만드는 '영유아 사역'

#돌봄119 #키즈카페

두란노교회의 지역 아동 돌봄 Tip
- 영유아를 키우는 부모에게 필요한 응급돌봄센터
- 지역 어린이 돌봄은 놀이 공간을 나누는 것부터
- 지역 영유아 돌봄은 주일학교의 모판
- 젊은 부모들이 자녀 양육이 어려울 때 성도들이 육아 돕는 시스템 필요

"교회 가서 놀아라."

어린 시절, 이상문 목사가 어머니에게 가장 많이 들었던 말입니다. 그 시절 교회는 동네 아이들의 놀이터이자 신앙의 터전이었습니다. 아이들은 교회의 미래이며, 아이들이 교회에서 놀고 행복했던 시간만큼 성장한다는 목회 철학 아래, 두란노교회는 교회 공간과 사역을 '어린이'에게 맞추었습니다.

강서구 방화동 지하교회로 시작한 두란노교회는 30년 넘게 방화동을 지켰습니다. 특별히 주일 학교가 풍성한 교회였습니다. 주일 학교 학생들이 자라서 다시 주일 학교 교사가 되고, 안수 집사가 된 교회였습니다. 그런데 언제부터인가 주일학교 학생들이 줄기 시작했습니다. 교회는 '매년 80~100명의 성도들이 김포로 이사간다'는 사실을 알게 되었습니다. 방화동이 점차 고령화되면서 나타난 변화였습니다.

재건축으로 교회가 이전하게 되면서 이상문 목사는 "아이들이 많은 지역으로 가야겠다."는 결심으로 제2의 예배당 부지를 찾아다녔습니다. 그리고 김포의 운양동을 만났습니다.

운양동은 평균 연령이 35세라는 점과 매년 약 100명의 가족이 이주해오는 지역이었습니다. 무엇보다 교회부지 옆에 있는 어린이 공원은 '아이들이 뛰어놀며 예수님을 만날 수 있는 교회'라는 교회의 방향성과 잘 어울리는 공간이었습니다. 이상문 목사는 교회 안의 공간에도 다음세대에 초점을 두었습니다.

> "김포 운양예배당은 교회를 건축할 때부터 영유아에서 청소년을 위한 교회 공간을 꿈꾸며 건축했습니다. 본당 크기가 작게 나오더라도 아이들과 부모가 편하게 지낼 수 있는 시설을 만드는 쪽으로 건축 방향을 선택했어요."

그림 20 두란노교회 카페에서 어린이공원으로 이어지는 길

주중에는 동네 아이들이, 주일에는 교회 아이들이 놀 수 있는 정글짐을, 옥상에는 잔디

를 깔아 놓아 어린이 전용 풋살장을 만들었습니다. 주일 예배 후 부모들이 성도들과 교제하며 삶을 나누는 시간, 아이들은 교회 곳곳에서 뛰어놀 수 있도록 공간을 마련해 놓았습니다.

▶ 어린이 놀이터를 선물하는 교회

두란노교회는 지역 주민들이 교회를 편안하게 드나들 수 있도록 다양한 노력을 기울였습니다. 교회 1층에 카페를 만들고, 날씨가 좋은 날에는 카페 폴딩도어를 활짝 열어둡니다. 공원에서 교회 카페로 들어오는 길이 자연스레 이어집니다. 어린이 공원에서 아이와 함께 뛰어놀던 젊은 부모들은 여름이면 시원한 커피를 찾아 카페로 들어옵니다.

공원에서 운동하거나 산책하다가도 갈 수 있는 화장실이 마땅하지 않다는 상황을 알고 교회는 개방 화장실도 운영했습니다. 애견을 위한 배변 봉투와 휴지, 물도 준비해 두었습니다. 교회의 노력 덕분에 어린이공원을 방문한 젊은 부모와 자녀들이 자연스럽게 교회에 편하게 들릴 수 있게 되었습니다.

맛있는 커피가 준비된 카페 그리고 편하게 이용할 수 있는 개방 화장실은 교회가 지역 어린이와 부모를 환대하는 방법이었습니다. 코로나 팬데믹 기간에도 뛰어놀 곳이 없는 지역 아이들을 위해 교회는 놀이 공간을 제공했습니다.

> "코로나 때도 동네 아이들에게 교회 정글짐에서 개방했어요.
> 사전 예약제로 운영하며 팀이 왔다 가면 소독하고 다음 팀을 받았죠.
> '이 교회는 아이들을 보내기 좋은 곳이다'라는
> 소문이 나는 데 큰 도움이 됐습니다."

이상문 목사는 1990년대 방화동 개척 초기에 현금 서비스를 받아 아이들 간식거리를 사서 나누어주며 전도했습니다. 주일학교의 부흥은 교회의 부흥이 되었습니다. 그러나 지금의 아이들에게는 먹을거리가 아닌 놀거리가 필요했습니다. 요즘 학생들이 학원차를 타고 학교와 학원, 집으로 움직이는 시대에는 전도 방법도 바뀌었다고 이상문 목사는 설명합니다.

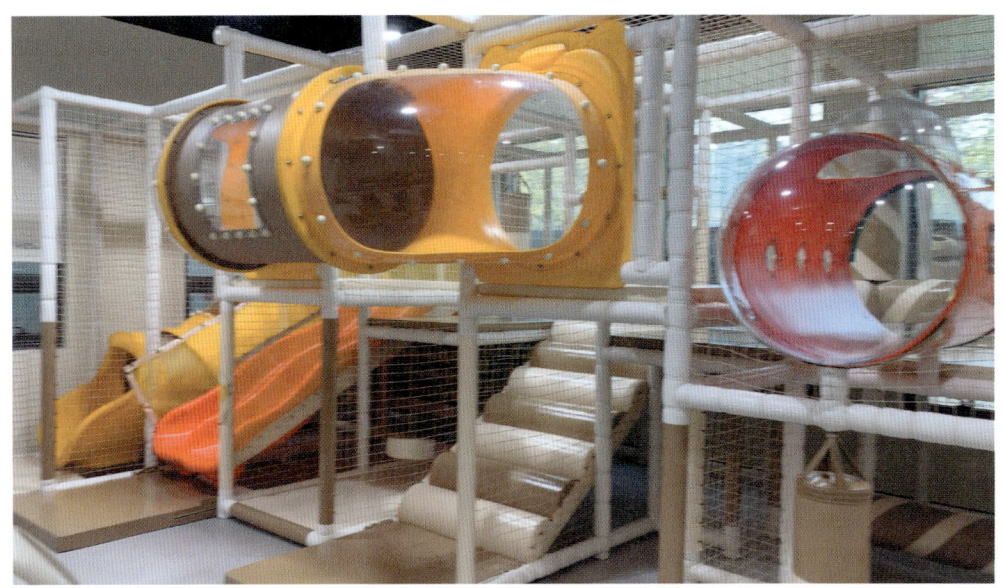

그림 21 두란노교회가 동네 아이들에게 공유한 정글짐

"초등학교 수업이 끝나면 노란 학원 차 몇십대가 아이들을 다 태우고
수학, 영어, 피아노 학원들을 돌고 집에다 내려줘요.
그런 아이들에게 필요한 것은 놀이와 쉼입니다."

놀고 싶어 하고, 쉬고 싶어 하는 아이들에게 교회는 놀이터이자 쉼터가 되기 위해 다양한 노력을 기울였습니다.

교회의 정문을 열고 들어온 아이들이 호기심 가득한 눈빛으로 달려가는 곳이 있습니다. 바로 인형 뽑기 기계입니다. 교회는 어린이날이면 지역 아이들을 위해 잔치를 열었습니다. 교회 옆 어린이 공원에서 펼쳐지는 체험 부스와 놀이기구, 무료 먹거리가 가득한 '꿈먹살(꿈을먹고살지요)'은 연중 행사입니다. 인형 뽑기 기계는 꿈먹살에서 아이들의 인기 놀이터였습니다. 꿈먹살 이후 교회로 찾아오는 지역 어린이들의 눈높이에 맞춰 교회 인형 뽑기 한 대는 교회 입구에 비치해 두었습니다.

교회가 아직 낯설고 어색한 지역 어린이들에게 신나는 '놀이'는 매력적인 초대장이 됩니다. 여름이면 교회 앞마당에 대형 풀장을 설치합니다. 한 달 정도 운영하면 교회가 지불해야 할 수도 요금이 엄청납니다. 하지만 동네 아이들이 교회에서 즐거운 추억을 쌓을 수 있다는 가치가 더 크기에 교회는 매년 야외 풀장을 운영합니다. 여름방학에 재미난 놀거리를 발견하고 교회에 첫발을 들인 아이들을 따라 부모들도 자연스럽게 교회 안으로 들어오고는 합니다.

그림 22 교회 입구에 놓인 간식 뽑기 게임기

▶ **아기학교에서 쌓인 돌봄의 노하우**

키즈카페와 꿈먹살 어린이날 행사와 여름 풀장으로 교회의 문턱을 넘어 들어온 부모와 아이들을 위해 교회가 준비한 것은, 돌봄과 양육이었습니다. 두란노교회의 다음세대 사역에 대한 헌신은 예산 배정에서도 드러납니다. 두란노교회에는 주일학교의 예산 제한

이 없습니다. 주일학교에서 필요한 부분은 모두 지원합니다. 이상문 목사는 다음세대를 키우는 첫걸음은 교회의 넉넉한 예산 지원이라고 말합니다.

> "아이들에게 어렸을 때부터 신앙을 심어주면
> 인생의 위기가 왔을 때 돌아올 길을 만들어 줄 수 있습니다.
> 그래서 주일학교에 올인했습니다."

이러한 목회 철학 덕분에 두란노교회는 주일학교의 출석률이 높고, 다음세대가 교회의 주요한 공동체로 성장했습니다. 주일 영아부 예배에 아이들과 부모가 함께 참여합니다. 부모들이 아이들과 함께 뛰어놀며 찬양하는 예배가 진행됩니다. 아이들과 엄마, 선생님이 30분 정도 함께 춤추며 찬양한 이후 시간에는 선생님들이 아이들을 돌보고, 부모는 설교에 집중합니다.

또한 영유아 교육부서 만큼은 주일에 점심 식사가 배달됩니다. 교회는 아이들 뿐 아니라 예배에 집중할 수 있도록 부모들을 돕다보니 영아부 예배에 참석하는 부모만 50명이 넘습니다.

교회가 어린 자녀를 가진 부모들에 대한 세심한 관심과 높은 이해도를 가진 이유는 아기학교의 경험 덕분입니다. 이상문 목사는 산후우울증으로 산모가 아이를 12층 창밖으로 던졌다는 뉴스에 충격을 받고, 아기 엄마들을 돌봐주는 아기학교를 시작했습니다.

두란노교회의 아기학교는 문화센터나 어린이집과는 다르게 아기 뿐 아니라 마음이 힘든 어머니들을 위로하는 데 초점을 두었습니다. 어머니들에게 먼저 맛있는 식사를 한가득 준비하고, 아기들과 함께 뛰어놀 수 있는 즐거운 시간을 마련했습니다. 아기 엄마들은 아기학교 선생님들과 커피 한잔을 마시며 삶을 나누고, 복음을 받아들이게 되었습니다.

> "예전에는 아기학교에서 자란 아이들이 어린이집으로 들어오고

> 어린이집 아이들이 커서 유치부가 되면서
> 주일학교 모판이 잘 만들어 졌지만, 이제는 새로운 모판이 필요합니다."

교회가 운영하는 어린이집이나 선교원에 아이들이 가득했던 시절, 그곳은 주일학교의 모판이었습니다. 그러나 교육 환경이 바뀌고, 돌이 지난 아이들을 어린이집으로 보내는 부모들이 많아지면서 아기학교 문을 닫는 교회들이 많아졌습니다. 주일학교를 위한 다른 모판을 마련하기 위해 두란노교회도 새로운 걸음을 준비하고 있습니다.

▶ 육아의 위기, 응급돌봄센터로

아이를 키우다 보면, 예상하지 못했던 돌발 상황이 벌어지고는 합니다. 첫째 아이가 아파 병원에 입원해야 하는 데 둘째를 돌봐줄 사람이 없거나, 급히 업무를 하러 회사에 나가야 하는데 어린 자녀들을 맡길 곳이 없다면 어떻게 해야 할까요?

두란노교회는 그런 갑작스런 돌봄의 위기 상황에서 부모들을 돕는 '돌봄119' 사역을 진행하고 있었습니다. 교회 성도나 지역 이웃들 누구나 어려운 상황에 닥쳤을 때 '나를 도와주는 교회'가 있다는 경험이 복음을 받아들이는 기회가 됩니다. 이러한 이상문 목사의 목회 철학에서 '응급돌봄센터'가 시작되었습니다.

> "어린 자녀를 둔 가정이 많다 보니, 아이가 갑자기 아파 병원에 가야 하는데
> 맡길 곳이 없는 경우가 있습니다. 위급한 상황에 교회가 아이를 맡아주는 역할을 해주
> 면 좋겠다고 생각해서 돌봄119 사역을 하게 되었습니다."

어린이 응급돌봄센터는 교인들을 대상으로 먼저 시작되었습니다. 긴급한 상황 발생 시 교회의 복지팀이나 교육자에게 연락하면 응급 돌봄 카톡방을 통해 지원이 이루어집니다.

교회는 이러한 사역을 위해 교회에 집처럼 안락한 공간을 마련해 놓았습니다. 거실에는

아이들을 위한 장난감과 책이 있고, 간단한 음식을 해먹을 수 있는 부엌이 있습니다. 냉장고에는 먹을거리를 넣어두어 이곳에 머무는 이들이 편안하게 지낼 수 있도록 배려했습니다. 같은 또래 아이를 둔 부모님들이 1순위로 와서 돌봄119에 맡겨진 아이들을 돌봅니다. 아이들에게 식사를 제공하고, 함께 놀아주며, 숙제 지도나 잠자리까지 돌봐줍니다. 이상문 목사는 힘들 때 손을 잡아주는 것이 교회의 존재 이유라고 설명합니다.

"아이를 키우면서 아이가 아프거나, 엄마의 마음이 힘들 때
교회의 도움을 떠올린다면 교회는 존재 이유를 갖게 된 겁니다."

그림 23 돌봄119 사역을 위한 가정집처럼 꾸며둔 공간

교회는 돌봄119 사역을 확대해 앞으로는 어르신 응급돌봄센터를 준비할 예정입니다. 지역 전체를 아우르는 돌봄 사역을 통해 교회가 지역 주민들의 위기 상황에 생각나는 곳이 되기 위함입니다.

이상문 목사는 영유아 돌봄이 '주일학교의 모판'이라고 강조합니다. 영유아만이 아니라 젊은 부모들까지 함께 돌본다면 교회 공동체 안에서 아이와 부모가 함께 자랄 수 있습니

다. 그래서 교회는 젊은 부모들과 아이들을 위해 작은 것 하나 놓치지 않고 배려해야 합니다. "아이들은 교회에서 놀다가 하나님을 만나야 합니다." 그의 조언처럼, 영유아부터 교회에서 자란 아이들이 잘 성장해 하나님 나라를 세우게 될 것입니다.

인터뷰 이상문 목사 _ 두란노교회 담임목사

교회에서 운영 중인 응급돌봄센터(돌봄119)은 어떤 사역인가요?

목사: 젊은 부모들이 육아하다 보면 아이를 맡기고 병원에 가거나, 급한 일이 생기는 경우가 있잖아요. 그런 위급한 상황에 교회가 아이를 맡아 돌봐주는 사역입니다.

이 사역을 위해서 교회 안에 가정집처럼 꾸민 공간을 마련해두었습니다. 교회 사무실처럼 공간을 해놓으면 너무 썰렁하고, 부모와 떨어진 아이들에게 안정감을 줄 수가 없잖아요. 그래서 거실, 부엌, 화장실이 함께 있는 일반 가정집처럼 인테리어를 해두었습니다.

맡긴 아이와 비슷한 또래가 있는 성도가 와서 돌보거나, 그 아이의 주일 학교 선생님이 오셔서 돌보기도 합니다. 친분이 있는 보호자가 오면 좀 더 편하게 아이들이 지낼 수가 있지요.

응급돌봄센터에 맡겨진 아이들은 무엇을 하며 시간을 보낼까요?

목사: 보호자로 교회 성도가 자녀와 함께 와 있는 경우에는 또래 친구와 놀기도 해요. 교회 정글짐에 가서 놀기도 하고, 교회의 옥상 풋볼장에서 축구를 하기도 하고요. 어떤 아이들은 집에서처럼 거실에서 TV를 보기도 합니다. 편하기 쉽고 잘 수도 있는 공간이지요.

돌봄 119를 운영하며 젊은 부모들에게 어떤 변화가 있었을까요?

목사: 이런 돌봄119를 운영함으로써 젊은 부모들에게 교회가 우리 자녀에게 관심이 있고, 우리와 함께 자녀를 돌보고 있다는 마음을 전할 수 있습니다. 교회가 이런 돌봄 시설을 해놓고 급한 일이 있거나 힘들 때는 교회에 전화하면 얼마든지 교회가 돕는다는 사실만으로도 안정감을 느끼고는 합니다. 혼자 육아를 해야한다고 생각할 때 보다 기댈 곳이 있다고 생각하면 젊은 부모들은 아이를 낳는 일에 대해 좀 더 열린 마음을 가질 수 있습니다.

※ **두란노교회**는 서울 방화동 예배당과 경기 김포 운양동 예배당이 있는 예수교대한성결교회에 소속 교회 이상문 담임목사가 섬기고 있습니다.
주소: (10078) 경기도 김포시 모담공원로 62 (운양동, 두란노교회)

학부모-교사-원장 세 겹줄로 지키는 말씀 교육
#선교원 #초등 방과후교실

부평하얀선교원의 지역 영유아·초등 돌봄 Tip
- 선교원을 졸업한 초등학생들 방과 후 수업 운영
- 선교원 출신 초등학생들의 성향을 알고 신뢰가 쌓여서 방과 후 수업 운영 가능
- 학생들을 지켜본 원장이 초등 사춘기 학생을 훈육할 수 있는 관계
- 선교원 학부모는 기도 모임, 졸업생 학부모는 선교원 후원회 운영

인천 부평구의 한 아파트 안에 자리한 부평하얀선교원의 하루는 아이들의 인사로부터 시작됩니다.

"어머니께 효도하겠습니다. 선생님께 순종하겠습니다."

선교원 문을 열고 들어온 아이들이 '효도'와 '순종'이란 단어를 우렁찬 목소리로 외칩니다. 어린 시절, 말의 습관이 행동으로 이어진다는 이순진 원장의 교육 철학에서 나온 인사말입니다. 선교원에서의 첫 일과는 다도 시간입니다. 아침부터 등교 준비로 분주했을 아이들의 마음에 안정을 주기 위해 준비했습니다. 차를 마시면서 선생님은 아이들에게 차 예절을 가르쳐 주고, 담화를 나눕니다.

"아침에 등원하면 다도를 해요.

아침 예배를 드리기 전에 차를 마시며 이야기를 나누면서

아이들의 마음 살피기를 하지요.

그리고 한 명씩 안아주고 축복 기도를 하고 예배를 시작해요."

▶ 성경 중심의 암송과 인성 교육

아침 예배 시간. 만 2세 아이들부터 만 6세의 아이들이 함께 모여 찬양을 부르고, 원장의 설교를 듣습니다. 예배가 끝나고 바로 이어지는 이미지 말씀 암송 시간. 주임 교사가 그림판을 펼치자 아이들이 말씀을 줄줄 외우기 시작합니다.

그림 24 부평하얀선교원 아침 예배 중 찬양 모습

글자를 이미지화해서 암송하면 뇌에 더 오래 남는다는 뇌과학에서 아이디어를 얻은 교육 방법입니다. 성경 말씀의 내용을 떠올릴 수 있는 그림이 그려진 판을 보면서 아이들은 말씀을 암송합니다. 그림만 봐도 아이들이 말씀을 떠올릴 수 있다는 장점 덕분에 아직 글자를 모르는 어린이들도 말씀을 함께 외울 수 있습니다.

선교원의 유치부 과정은 말씀을 기초로 연령에 따른 교육을 진행합니다. 만 2세는 애착 돌봄, 만 3세는 천지창조, 만 4세는 구약의 하나님, 만 5세는 신약의 하나님, 만 6세는 어린이 조직 신학을 배웁니다. 이외에도 특별 프로그램에서는 미술, 음악, 과학, 숲체험과 6세까지 500단어를 정복하는 영어학습도 진행합니다. 아이들의 정서 조절 지도를 위한 선교원에서 교재를 제작했습니다. 이순진 원장이 기독교세계관에 기반한 정서 교육을 위해 연구한 노력의 결실입니다. 이순진 원장은 오랜 시간 교회 주일학교와 지휘자로 섬겼습니다.

> "선교원을 운영하기 전에 전도사로서 25년 동안 사역했어요.
> 이런 경험이 말씀을 기초로 교육하는 데 도움이 되었네요."

11년 전, 부평하얀선교원의 시작은 크지 않았습니다. 어린이집에서 몬테소리 교육을 진행하며 인연을 맺었던 어머니들이 이순진 원장에게 특별한 부탁을 했습니다. 말씀으로 아이를 교육하는 유치원을 찾기 쉽지가 않으니 선교원을 열어달라는 부탁이었습니다. 어머니들의 요청으로 이순진 원장은 5명의 아이와 함께 선교원을 시작했습니다.

이순진 원장은 장로인 남편과 차량 운행, 식사 준비, 예배, 교육을 도맡아 했습니다. 선교원 문을 닫아야 하는 어려운 상황이 닥칠 때마다 하나님은 돕는 이들과 아이들을 보내주셨습니다. 5명으로 시작된 선교원은 90여 명의 학생으로 가득 찼습니다.

> "1년 만에 5명이 11명이 되더군요. 엄마들이 '여기 말씀을
> 가르치는 선교원이 있는데 너무 좋다' 소문을 내시고,
> 어머님들이 소개를 해주셔서 아이들이 많이 늘어났어요."

▶ **선교원 졸업생을 위한 방과 후 교실**

선교원에서 말씀으로 자란 아이들이 초등학교에 입학하면서 또 다른 고민거리가 생겼습

니다. 초등학교로 진학한 아이들이 기독교 가치관과 멀어지는 모습을 어머니들은 지켜보고만 있을 수 없었습니다. 심각성을 느낀 부모들은 선교원에 찾아갔습니다. 초등학교 아이들에게도 말씀을 기초로 한 교육을 해달라는 부모들의 요청으로, 선교원에 초등부 방과 후 교실이 열렸습니다.

그림 25 부평하얀선교원 초등부 성경암송대회 모습

초등학교 수업이 끝난 아이들은 학원 대신 선교원으로 갑니다. 방과 후 교실의 첫 수업은 성경 암송과 성경 통독 시간입니다. 이후 요일별로 다른 수업이 진행됩니다. 영어 성경, 탈무드 토론, 〈어! 성경이 읽어지네〉 교재를 이용한 수업 그리고 〈Who am I〉 하나님의 자녀 정체성 찾기, 음악 악기 수업이 있습니다. 방과 후 교실에서는 이순진 원장의 지도로 학생들이 말씀을 깊이 이해하고, 바른 정체성을 세우는 교육을 받습니다.

> "탈무드 책을 보면서 아이들이 토론 주제를 직접 뽑아요.
> 선택한 주제에 대해 찬반 입장으로 토론을 하죠.
> 'Who am I' 수업에서는 나는 누구인가부터 시작해서
> 나는 하나님의 자녀라는 정체성에 대해 배워요."

그림 26 선교원에서 직접 제작한 초등부 교재

선교원의 토론 수업은 먼저 말씀에 대해 배우고, 정답이 정해져 있는 질문에서 시작됩니다. 다음 단계는 '심상 질문'입니다. 가나안에 못 들어간 모세의 마음을 상상해 보는 '심상 질문'에 답을 하면서 토론합니다. 그리고 '너라면 어떻게 할까?'와 같은 적용 질문에 대해 토론합니다. 더 나아가 '하나님이 이걸 어떻게 생각하실까?'하는 메타 질문까지 이어집니다.

이렇게 영유아부터 초등학교까지 말씀 암기, 글쓰기, 말하기, 토론 수업을 훈련한 아이들은 학교 공부를 할 수 있는 기초가 튼튼하게 세워집니다. 특별히 사춘기를 앞둔 초등학생들에게는 자신의 감정 상태를 돌아보고, 정서를 관리하는 방법을 배웁니다. 자신의 감정을 알아채고, 말로 잘 전달하는 방법을 통해 아이들은 자존심이 아닌 하나님 자녀로서의 자존감을 배웁니다.

▶ **학부모들이 만든 선교원 후원회**

부평하얀선교원의 학부모들과 선생님들의 관계는 각별합니다. 이순진 원장은 선교원이 어머니와 교사, 그리고 원장 이렇게 셋이 전도서의 세 겹줄과 같다고 말합니다. 셋이 힘을 모아 기도하고 협력해야 말씀으로 아이들을 키울 수 있습니다. 그런 의미에서 이순진 원장에게 선교원은 마치 교회 공동체와 같습니다. 유치부 아이들이 교육을 받는 선교원의 오전 시간, 학부모들이 선교원 방에 모여 기도합니다.

"자모 기도 모임이에요. 어머니들이 모여서
매주 목요일에 모여서 기도회를 하세요."

어머니들의 기도는 선교원의 큰 힘입니다. 코로나 팬데믹 이후 학생 수가 급격히 줄고, 선교원의 재정적인 어려움을 알게 된 학부모들의 기도는 더욱 간절해졌습니다. 어머니들이 나서서 선교원 홍보 포스터를 만들고, 아이들 모집에 나섰습니다. 선교원을 졸업한 학생들의 어머니들 또한 선교원에 찾아왔습니다.

"원장님이 허락해주시면 저희가 선교원을 위한
후원회를 만들었으면 해요"

졸업생 어머니들을 중심으로 시작된 '더이음후원회'가 현재 40명이 넘습니다. 후원회에서는 매달 일정 금액을 선교원에 후원하고 있습니다. 최근에는 선교원 아이들의 등하교를 위한 봉고차 구매를 위해서 어머니들이 십시일반 비용을 모아 선교원에 전달했습니다. 이렇게 어머니들이 선교원을 지키기 위해 마음을 모으는 이유는, 자녀들의 변화 때문입니다.

한 아기는 30개월이 되던 해에 선교원에 입학했습니다. 아직 말을 못 하는 아이였습니다. 선교원에 등원한지 한달 후, 아이는 선생님의 말투를 조금씩 따라 하며 말을 하기 시작했습니다. 3개월이 지나고 시편 23편을 다 외울 수 있게 되었습니다.

현재 48개월이 된 아이는 선교원에서 배운 영어 문장을 외워서 말할 수 있게 되었습니다. "영어 잘하니까 우리 미국 갈까?" 하는 엄마의 질문에도 아이는 "아니. 나는 천국가 야해."라고 대답할 정도로 하나님을 사랑하는 아이로 성장했습니다.

말씀을 중심으로 한 체계적이고 창의적인 학습은 교사들의 헌신 없이는 지속하기 어려운 과정이었습니다. 선교원 운영 경험이 처음이었던 이순진 원장에게 현장 경험이 많은 교사들은 든든한 동역자가 되어주었습니다. 선교원 교사들은 일반 어린이집이나 유치원 교사처럼 경력을 인정받지 못합니다. 그러나 10여 년 동안 사명을 품고 선교원을 지킨 교사들은 이순진 원장에게 하나님이 보내주신 선물과 같다고 합니다.

그림 27 부평하얀선교원 초등부 여름수련회 모습

"전도서의 말씀처럼 저와 교사와 어머님이 세 겹줄이에요.
귀한 어머님들과 선생님과 제가 셋이서 우리 아이들을 말씀으로 키우기 위해
기도하고 힘을 모으는, 끊어지지 않는 세 겹줄이어서 감사하죠."

"말씀으로 아이들을 키운다"는 사명을 위해 모인 원장, 교사, 어머니들은 사랑과 신뢰로 단단하게 연결된 세 겹줄입니다. 그 안에서 아이들은 말씀으로 쑥쑥 자라고 있었습니다. 원장, 교사, 학부모가 서로 배려하고 사랑하는 세 겹줄은 선교원 아이들이 자라는 든든한 울타리가 되어주었습니다. 부평하얀선교원은 아이들만이 아니라 다음세대를 말씀으로 키우는 원장과 교사 그리고 어머니들이 함께 성장하는 아름다운 신앙 공동체입니다.

인터뷰 이순진 원장 _ 부평하얀선교원

유치부 아이들에게 말씀을 기초로 한 토론 수업을 진행한다고 들었습니다. 어떻게 진행이 되나요?

원장: 만 3세에 천지창조를 배우고 4세와 5세에 구약, 신약의 하나님을 배워요. 4세부터 토론의 기초 단계를 배워요. 말씀을 배우고 토론하는데 이때는 정답이 정해진 질문과 대답을 하는 방식이에요. 그런 훈련이 쌓이면 정답이 정해지지 않은 '심상 질문'으로 들어가요. 예를 들면 "모세가 가나안에 못 들어간다는 말씀을 듣고 모세의 마음이 어땠을 것 같아?" 이런 질문에 관해 토론합니다. 그다음은 '적용 질문'이에요. "너라면 마음이 어땠을 것 같아?" 이렇게 질문하며 아이들과 토론을 합니다.

초등학교 방과 후 수업에서는 어떻게 토론 수업을 하나요?

원장: 초등학교 1, 2학년 아이들에게는 선생님들이 토론 주제를 뽑아주거든요. 그런데 3학년 되면 자기들이 토론 주제를 뽑아요. 성경 내용을 읽고 심상 질문, 적용 질문, 그리고 "하나님은 이것을 어떻게 생각하실까?"를 묻는 메타 질문으로 토론 수업을 해요.

예를 들면 성경 인물에 관해 공부하고, 그 인물의 반응에 대해 찬반 토론을 해요.

노아에 관해 공부하고 찬반 토론에 들어가요. "순종해서 방주를 만들 것인가? 아니면 방주를 만들지 않을 것인가?" 그리고 아이들을 찬성팀과 반대팀으로 나눠요. 자신의 의견을 내고, 상대방의 반론을 들으면서 치열하게 토론을 해요. 토론하다가 애들이 웃으면서 "원장님 저 저쪽 팀으로 갈래요."하기도 해요. 토론하다 보면 저쪽 팀의 의견이 맞는 것 같은 거예요.

토론 후에 피드백할 때 꼭 나오는 말이 있어요. "원장님, 서로 생각이 다르다는 걸 알았어요." 그래서 저는 아이들한테 "서로 다른 생각을 가질 수 있다"는 걸 가르치려고 해요.

초등학교 방과 후 시간에 진행하는 정체성 찾기 프로그램은 어떤 수업인가요?

Who am I (후엠아이)는 제가 상담사로 사역을 하면서 아이들의 마음 살피기를 해야겠다는 생각으로 만든 교재에요. 먼저 '나는 누구인가?'부터 시작해서 '나는 하나님의 자녀'이기에 말과 행동에 권세가 있다는 것을 배워요. 마지막에 성경 인물과 인물의 감정에 대해 배우면서 자신의 정서를 관리하는 방법을 나눠요.

아이들이 친구들과 대화하다가 싸우잖아요. 자신의 감정이 어떤지를 잘 모르고, 그 감정을 그리스도인답게 말로 어떻게 표현해야 하는지 몰라서 그래요. 아이들이 스스로 자기 정서를 관리하고 말로 잘 표현하는 방법을 배우고 있어요.

아기와 엄마의 신앙이 자라는 육아놀이터
#아기학교 #J-School

> **안양감리교회의 아기학교 돌봄 Tip**
> - 아기학교의 첫 수업은 자유놀이 시간으로 아기들이 공간에 적응할 시간 주기
> - 자유놀이 시간 동안 반 교사들은 아기 어머니들 안부 물으며 돌봄
> - 매주 주제를 정해서 주제에 맞는 찬양과 활동 프로그램, 설교 준비
> - 목회자의 인도에 따라 아기 엄마가 아기 안고 축복 기도해 주는 시간은 감동

안양감리교회 아기학교에는 씨앗 반, 뿌리 반, 줄기 반, 가지 반, 열매 반의 아기 나무들이 있습니다. 코로나 팬데믹 후에는 돌이 지난 아이들도 어린이집에 보내는 가정이 늘면서 많은 교회 아기학교가 문을 닫았습니다. 하지만 안양감리교회 아기학교는 여전히 많은 보호자가 아기를 안고 찾아오는 곳입니다.

매주 목요일 아침, 교회 영유아부실에는 열 명이 넘는 선생님들이 모여 아기를 맞이할 준비를 합니다. 교사용 앞치마를 두르고 이름표를 단 모습은 같지만, 선생님들의 나이대는 60대부터 20대까지 다양합니다. 각 반의 선생님들은 아픈 아이나 결석하는 아이를 확인하며 아이들과 아기학교를 위해 기도합니다.

▶ 아기는 자유놀이, 엄마는 교제 시간

목요일 10시. 엄마 손을 잡고 걸어 들어오는 아이들, 엄마의 품에서 아직 잠이 덜 깬 아이들, 할머니 또는 아빠의 손을 잡고 들어오는 아이들로 영유아부실에 활기가 넘칩니다. 선생님들의 환영을 받으며 들어온 영유아부실에는 마트, 병원, 주방, 주차장 등 역할 놀이를 할 수 있는 장난감들이 준비되어 있습니다.

그림 28 아기학교를 시작하기 전 교사들의 중보기도 시간

자유놀이 시간을 위한 매트 위에서 아이들은 원하는 장난감을 선택해 30분 정도 놀이를 하며 환경에 적응합니다. 자유놀이 시간 동안 반 선생님들은 아기 어머니와 한 주 동안의 삶을 나눕니다.

> "아기들이 자유놀이를 하는 동안 반 선생님들은 어머니들과
> 한 주간의 삶은 어땠는지, 기도 제목은 무엇인지 나눠요.
> 반 교사들은 아기와 부모님들을 돌보고 심방하는 일에 집중하지요."

아기학교의 시작부터 함께 했던 황은신 목사의 설명처럼 반 선생님은 담당 반의 아기들도 돌보지만, 아기 어머니들을 돌보는 일도 함께 합니다. 자유놀이 시간이 끝나고 찬양이 이어집니다. "싹트네~ 싹터요~ 내 마음에 사랑이!" 찬양 가사에 맞춰 찬양 교사가 율동을 가르쳐 줍니다. 어머니들은 교사의 동작을 따라서 아기를 번쩍 안았다 내리며 몸 놀이를 하듯 아기들과 찬양합니다. 그날의 설교 주제와 어울리는 찬양을 부르고, 인형극을 봅니다. 불이 꺼지고, 인형이 등장하자 시끌벅적했던 아이들이 숨죽여 귀를 기울입니다.

그림 29 아기학교 자유놀이 시간을 위한 장난감

> "매주 주제에 맞게 찬양을 하고, 설교 주제가 담긴 인형극도 함께 봐요.
> 30분 동안 대그룹 활동에서는 주제에 맞는 신체 활동,
> 촉감 활동, 미술 활동 진행되고요."

황은신 목사의 설명처럼 다양한 프로그램으로 아기학교는 맘스카페에서 소문난 곳이 되었습니다. 아기학교 교사들은 각자 맡은 역할에 따라 섬깁니다. 반 교사는 아이 돌봄과 부모와의 소통에 집중합니다. 대그룹 팀은 찬양과 활동을 담당하며, 주제에 맞는 인형극, 신체 활동, 촉감 활동, 미술 활동 등 다양한 대그룹 활동을 기획하고 실행합니다. 간

식 팀은 아이들의 건강을 최우선으로 생각하며 간식을 준비합니다.

그림 30 아기학교의 설교 주제가 담긴 인형극

"평소 집에서 경험해 볼 수 없는 프로그램을 제공해요.

지난주에는 촉감 놀이를 했어요.

바닥 전체에 비닐을 깔고 국수를 다량으로 아이들에게 제공을 했어요.

국수를 부러뜨리기도 하고 뭐 밟기도 하면서 촉감 놀이를 하니 너무 좋아하더군요."

황은신 목사의 설명처럼 목회자가 주제를 선정하고 말씀을 준비하면, 교사들은 그 주제에 맞는 프로그램을 기획하고 실행합니다. 아기학교 교사들은 매주 수요일에 모여 오전 예배를 드리고, 아기학교 수업 준비에 매진합니다. 평일 낮에 이루어지는 준비 활동인 만큼, 주로 자녀를 다 키운 여성 성도들이 적극적으로 나서 사역을 이끌어갑니다.

청년 교사들 또한 수업 공강 시간을 활용해 사진 촬영, 미디어 제작, 보조 교사 등으로 아기학교에 활력을 불어넣고 있습니다. 김은숙 부장은 2010년부터 지금까지 다양한 세대의 교사들을 격려하고 팀워크를 다지며, 지치지 않고, 맡은 역할을 잘 해낼 수 있도록 돕고 있습니다. 아기학교 교사 중에는 영유아부 교사들이 포함되어 있어, 아기학교의 아이들이 영유아부로 등록하면 편안하게 적응할 수 있다는 장점이 있습니다.

▶ **아기 엄마가 아기학교 교사로**

아기학교의 특징 중 하나는 아기 엄마들이 교사로 봉사하는 선순환 구조입니다. 아기학교에서 섬김과 사랑을 듬뿍 받은 아기 엄마들은 아이가 자란 후 아기학교 교사로 돌아옵니다. 이처럼 아기 엄마가 교사로 섬기는 선순환은 아기학교를 지속하게 하는 원동력이 됩니다. 김은숙 부장은 아기학교의 역사를 떠올리며, 그동안의 성장을 설명해주었습니다.

> "교회에서 1기 때 아기학교에 참여했던 아이들이
> 자라서 고3이 된 모습을 보면 뿌듯하죠.
> 1기 아기학교에 아기를 안고 왔던 어머니는
> 지금 아기학교 교사로 섬기고 있어요."

그림 31 자녀와 보호자가 상호작용을 하며 배우는 찬양 율동 시간

아기학교가 이루어지는 공간은 주일에 영유아부가 예배를 드리는 곳입니다. 아기학교에서 형성된 관계의 친밀함과 익숙한 공간이 주는 평안함은 주일 예배 태도에도 긍정적인 영향을 주었습니다. 저출산 시대임에도 불구하고 안양감리교회 영유아부 아이들이 매년 30명씩 세례를 받을 정도로 부흥하고 있습니다. 주일에는 70~80명의 영유아부 아이들이 다 함께 모여 예배를 드립니다.

안양감리교회의 아기학교는 2010년 4월에 문을 열었습니다. 당시만 해도 영유아들이 어린이집에 가는 경우가 많지 않고 가정 보육이 주를 이루던 시기였습니다. 18개월부터 48개월까지의 영유아를 대상으로 하는 아기학교는 해가 거듭될수록 동네 어머니들 사이에서 알려진 곳이 되었습니다. 30명 정원이 금세 다 차고, 대기 인원도 많았습니다.

> "당시에는 18개월부터 48개월 아이들이
> 어린이집에 가는 경우가 많지 않았잖아요.
> 엄마들이 집에서 가정 보육을 하는 경우가 많다보니
> 아기학교 참여율도 높았어요"

아기학교 10주 과정이 끝나는 수료식은 교사들이 가장 많은 정성과 노력을 쏟는 행사입니다. 10주 동안 아기를 안고 온 어머니들의 수고와 아이들의 성장을 축하하는 자리로, 선생님들은 만찬을 준비하고 아름다운 데코레이션으로 한껏 잔치 분위기를 만듭니다. 무엇보다 수료식 선물은 감동 포인트입니다. 교사들은 아이 한 명 한 명을 위한 앨범을 제작해 어머니에게 전달합니다.

> "아이 한 명 한 명의 앨범을 다 제작해서 수료 선물로 드렸어요.
> 아이들의 성장 과정이 담긴 사진을 보고 어머니들이 감격하시죠."

안양아기학교가 15년이라는 긴 시간 동안 꾸준히 사랑받을 수 있었던 비결은 선생님들의 헌신과 사랑이었습니다.

▶ 아기학교의 하이라이트, 축복 기도

안양감리교회가 처음 아기학교를 시작하며, 충신교회의 아기학교 프로그램을 활용해 교육 과정을 차근차근 세웠습니다. 충신교회의 아기학교 자료 책에는 찬양곡과 신체 활동과 말씀, 분반 활동까지 자세하게 적혀 있었습니다. 안양아기학교는 해마다 수업 경험이 쌓이면서 안양감리교회에 맞는 새로운 프로그램을 고민하기 시작했습니다.

> "3년이 지나면 아기학교에 입학했던 아이들은 졸업을 하지만
> 동생들이 계속 아기학교에 와요. 프로그램이 좀 식상해질 수 있어서
> 매 기수마다 프로그램을 새롭게 개발해요."

새로운 프로그램은 어머니들에게도 즐거움을 주었고, 참여율도 높였습니다. 특히 대그룹 활동 시간은 교회 내 달란트 있는 선생님들이 주축이 되어 말씀과 연계된 프로그램을 준비했습니다. 예를 들어 '기도'가 주제인 날에는 짧은 상황극을 통해 아이들에게 기도가 무엇인지 가르쳐 줍니다. 같은 주제로 신체, 미술, 촉감 활동 등으로 연계하니 오감으로 말씀을 체험할 수 있으니 학습 효과가 배가 됩니다.

아기학교에는 믿음이 있는 어머니들도 있지만 믿음이 아직 없는 어머니들도 참여합니다. 설교 시간, 아이들의 눈높이에 맞춘 성경 말씀은 아직 신앙이 없는 어머니들에게 복음을 들을 기회입니다. 아기학교의 마지막 시간, 하이라이트와 같은 순간이 남아있습니다. 바로 축복 기도를 하는 시간입니다. 어머니들은 아기를 안고, 아기 머리에 손을 얹고 축복하는 기도를 합니다.

> "하나님 우리 사랑하는 아기가 주님의 축복의 사람,
> 믿음의 사람으로 무럭무럭 자라나서 하나님 앞에 사람들 앞에서
> 사랑받으며 하나님께 영광 돌리는 복된 사람이 될 수 있게 축복해주세요."

아기를 위한 어머니들의 축복 기도 소리는 금방 끝나지 않습니다. 문화센터나 어린이집에서는 경험할 수 없는 축복의 기도가 어머니와 아기 모두 흘러넘칩니다.

안양감리교회에서는 아기학교로 시작해서 자녀의 성장에 맞게 참여하는 J-School 과정이 있습니다. 아기학교를 졸업한 아이들은 48개월부터 취학 전까지 유니게학교에 참여합니다. 유아기 자녀와 부모를 위한 신앙 교육프로그램으로 부모 교육과 자녀 교육이 함께 이루어집니다.

초등학생들은 성품 학교를, 중고등학생들은 청소년 제자훈련에서 신앙 교육을 받습니다. 이외에도 초등학생, 중학생을 위한 영어성경학교, 사춘기부모학교 등이 마련되어 있습니다. 안양감리교회는 J-School을 통해 학교와 가정, 교회가 손을 잡고, 다음세대를 그리스도인의 바른 가치관으로 양육하고 있습니다.

시대가 바뀌며 아기학교에 참여하는 18개월 이상의 아이들이 어린이집으로 가는 추세가 되었습니다. 아기학교에 대한 관심도 예전 같지 않습니다. 게다가 아기학교는 재정과 인력이 많이 필요한 사역입니다. 그런데도 안양감리교회는 아기학교에 지원과 기도를 아끼지 않고 있습니다. 임용택 담임목사와 교회 전체가 '생명 살리는 일'과 '다음세대를 살리는 일'에 마음을 쏟고 있기 때문입니다.

> "한 생명이 천하보다 귀하다는 마음으로 교회가
> 아기학교를 섬기고 있어요.
> 아기학교 오셨다가 사랑을 많이 받고 영유아부까지
> 잘 정착하는 아이들이 있어서 감사합니다."

황은신 목사의 고백처럼, 아기학교를 통해 사랑을 경험한 아이들과 부모들이 영유아부로 자연스럽게 정착하며, 이는 교회의 귀한 열매가 됩니다. 아기학교에서 아장아장 걷던 아기들이 어느새 자라서 황은신 목사와 해외 선교 비전트립도 함께 갔습니다. 아기학교에서부터 자란 교회학교 아이들의 성장을 보며 교사들은 아기학교의 중요성을 되새깁니다. 안양감리교회 아기학교는 주일학교로 향하는 첫걸음이 되어, 교회의 다음세대가 건강하게 성장할 수 있는 든든한 기초가 되었습니다.

인터뷰 김은숙 부장 _ 안양감리교회 아기학교

아기학교를 시작할 때 어떻게 홍보를 하셨나요?
부장: 아기학교 1기 때는 선생님들이 롯데백화점 또는 범계역이나 근처 아파트에 가서 전단지를 돌리며 홍보했어요. 2기, 3기 되면서 조금씩 소문이 나서 아가들이 많아졌지요. 교회 자녀들 뿐만이 아니라 믿지 않는 자녀들 많이 왔어요. 요즘 젊은 부모님들은 우리 세대와는 달라서 맘스카페나 이런 온라인 커뮤니티에서 아이에게 좋다고 소문난 곳은 적극적으로 찾아서 오시더군요.

아기학교를 시작하며 어떠한 교육프로그램을 사용하셨나요?
부장: 충신교회의 아기학교 세미나에 참석해 아기학교 운영에 대한 충분한 이해를 얻을 수 있었어요. 충신교회의 아기학교 책에 프로그램에 대해서도 자세히 나와 있어요. 찬양

은 어떤 곡을 하고, 신체 활동과 말씀, 분반 활동을 어떻게 해야 할 지 자세하게 적혀 있어요. 아기학교 초기에는 아이들을 위한 시각 자료가 없어서 선생님들이 밤새워 자료를 만들기도 했어요. 시간이 지나면서 저희 교회만의 아기학교 프로그램이 하나둘씩 생겼지요.

아기학교 선생님들은 주로 어떤 분들인가요?

부장: 교사 중에는 영유아부 교사도 있고 유치부, 유년부 교사도 있어요. 영유아부 교사 분들이 가장 많으시죠. 교회 학교 선생님들이 아기학교를 같이 하니까 아가들과 부모님들과 유대감이 좋아져서 아무래도 주일에 영유아부에서 만나면 더 가까워지죠.

아기학교 수료식을 중요하게 여긴다고 들었습니다. 수료식을 어떻게 진행하고 계신가요?

부장: 아기학교 10주 과정이 끝나는 마지막 날 수료식을 해요. 선생님들이 홈메이드로 식사를 준비해요. 샌드위치, 잡채, 샐러드도 만들지요. 10주 동안 한 번도 빠지지 않고 아기를 데리고 오신 아빠도 계세요. 할머니가 손주를 데리고 오는 경우도 있어요. 수료식은 이렇게 애써주신 보호자분들에게 수고하고 애쓰셨다는 마음을 전하는 날이기도 해요. 아기학교 입학식 때 아기들이 낯설어하면서 울었던 영상과 사진을 수료식에서 보여드려요. 교사와 부모가 다 같이 보면서 웃는 행복한 시간이죠. 첫날에 그렇게 울던 아이들이 이렇게 자라서 수료를 한다는 사실이 감격이기도 하고요. 수료식은 선생님들에게도 10주 동안 애쓰셨다고 격려하고, 하나님께 감사하는 시간이기도 해요.

※ **안양감리교회**는 경기도 안양시 동안구에 위치한 기독교대한감리회 소속 교회로 임용택 담임목사가 섬기고 있습니다.
주소: (14040) 경기도 안양시 동안구 전파로 87 (호계동, 안양감리교회)
전화번호: 031-458-5941

건강한 아이, 건강한 가정을 세우는 센터
#건강가정지원센터 #공동육아나눔터

주안장로교회 건강가정지원센터의 지역 아동 돌봄 Tip
- 교회와 돌봄이 필요한 지역 아동을 연결해 주는 지역 가정센터 필요
- 교회의 여러 부서가 협력해 지역 아동의 가정을 함께 돌봄
- 지역의 사회복지협의체 회의 참여로 지역의 필요나 어려움을 알 수 있음
- 정부 보조금은 항목이 없으면 지원 불가능, 이러한 부분을 교회가 도울 수 있음

주안장로교회 부평성전에서 걸어서 1분 거리에 부평구 건강가정지원센터가 있습니다. 2016년부터 주안장로교회 주안복지재단이 위탁을 받아 운영하는 센터입니다. 센터는 지역사회의 가정들이 건강한 품이 되어서, 자녀들을 잘 양육하도록 돕습니다.

▶ 교회와 지역사회를 연결하는 센터

건강가정지원센터 덕분에 취약, 위기 가정의 아이들이 교회와 연결되고, 돌봄이 흘러가고 있습니다. 이호은 센터장은 교회의 도움으로 위기 상황을 극복했던 한 가정을 떠올렸습니다.

> "아버님이 청소년 자녀 둘을 돌보고 있는 한부모 가정이었습니다.
> 아버지가 지방에 일하러 가서 연락이 잘 안 되더군요. 방문해보니

> "아이들은 방치되어 있었습니다. 밥솥도 고장 나고 집은 엉망이었지요.
> 아이들은 냄비에 밥을 끓여 먹는 상황이었고요."

안타깝게도 이 가정을 도울 수 있는 정부 보조금 항목이 없었습니다. 센터장이자 주안장로교회 상담 목사인 이호은 센터장은 주안장로교회에 두 아이와 가정의 상황을 알리고 도움을 요청했습니다. 교회의 미셔널라이프 사역국에서 곧바로 밥솥을 사서 가정에 전달하고, 주안러브하우스 봉사팀이 나서서 집을 깨끗하게 청소해 주었습니다. 센터와 교회의 협력 덕분에 아이들은 밥솥에 따뜻한 밥을 해 먹으며, 쾌적한 환경에서 지낼 수 있게 되었습니다.

이호은 센터장은 "교회가 가진 자원과 인력이 건강가정지원센터의 정보력과 전문성을 만나 시너지 효과가 만들어진다"고 설명합니다.

> "교회 봉사팀과 예산을 동원해서 어려운 가정의 아이들 집에 도배를 해주고,
> 후원 물품으로 아이 방을 꾸미고, 책상도 넣어줍니다.
> 그렇게 교회와 협력해서 1년에 다섯에서 여섯 가정은 돕고 있어요."

이처럼 건강가정지원센터는 교회가 지역 아이들과 가정을 돕는데 '중간 역할'을 합니다. 교회의 여러 부서와 협력해 부평구의 취약, 위기 가정을 돕습니다. 기초 학습이 부족한 지역 아이들에게는 교회의 드림스타트 기관과 연결해 학습 과외, 예체능 교육의 기회를 제공합니다.

▶ 이웃이 함께 하는 공동육아나눔터

부평구 건강가정지원센터는 가족기능 강화와 가족문제를 예방하기 위한 생애 주기별 부모 교육과 부부 교육, 상담, 다양한 문화 활동 프로그램을 제공합니다. 또한 경제적 위기, 폭력, 조손 가정, 한부모 가정 등 위기나 취약한 상황에 놓인 가정의 문제를 해결하

기 위해 돕고, 지속적인 사례 관리로 회복을 돕습니다. 이외에도 맞벌이 가정의 양육 공백을 해소하기 위해 아이 돌보미를 양성하고 가정으로 파견하는 돌봄서비스를 제공합니다. 이호은 센터장은 동네 엄마들과 아기들이 자주 모이는 무료 공간인 공동육아나눔터에 대해 설명합니다.

그림 32 부평구 건강가정지원센터의 공동육아나눔터

"장남감 놀이터라고 불리는 공동육아나눔터가 있습니다.
영유아 부모들이 자유롭게 장난감과 도서를 이용하고 대여할 수 있지요.
뜨개질, 놀이 활동, 언어 학습 등 다양한 주제로 어머니들의 자발적인 모임이
이루어지는 곳이기도 합니다."

지역의 부모들이 육아라는 공동의 목적을 가지고 이곳에 모여 정보를 나누고 공동육아를 합니다. 뮤직가튼, 미술 퍼포먼스, 아동 요리 등 다양한 무료 프로그램을 제공하는 교육 공간이기도 합니다. 가족 품앗이 활동의 공간을 마련해 이웃들은 서로의 재능을 나누며 함께 육아와 학습을 하는 그룹 활동을 할 수 있습니다.

교회가 지자체와 협력해 교회 공간을 공동육아나눔터로 나누는 사역 또한 좋은 돌봄의 방법입니다. 교회에 공동육아나눔터를 마련하면 지자체에서 파견된 담당자가 영유아 부모와 아이들을 위한 프로그램을 운영합니다. 영유아 주일학교 공간을 활용한다면 공동육아나눔터는 초기 비용이 적게 들 수 있습니다.

초등돌봄센터를 교회에서 위탁받아 운영하는 것도 돌봄의 또 다른 대안입니다. 초등돌봄센터는 인건비가 보조금으로 나오고, 주중 오후 시간에 교회 공간을 활용하면 됩니다. 이러한 교회와 지자체 협력 모델은 교회의 재정 부담을 줄이면서도 지역 아동 돌봄 사역을 할 수 있는 효과적인 방법입니다.

그림 33 부모 교육, 상담, 다양한 문화 활동이 제공되는 경간가정지원센터

건강가정지원센터의 다양한 활동에 주안장로교회 성도들도 참여합니다. 성도들은 센터의 프로그램과 장소를 이용하는 이용자이기도 하지만, 돌봄을 제공하는 돌보미 활동에도 함께 합니다. 아이 돌보미 활동가 중에 교인이 10퍼센트를 차지합니다. 센터의 보조금 항목이 없어, 도울 수 없는 취약 가정을 돕는 봉사 활동에도 성도들이 참여합니다.

건강가정지원센터에는 다문화가족지원센터도 있습니다. 다문화 가정을 도우면서 연결된 다문화 아이들은 주일에도 만납니다. 주일에는 센터가 다문화 아이들을 위한 주일학교의 장소로 변신합니다.

> "부모님이 예배를 드리는 동안 다문화 아이들이
> 센터로 와서 다문화 주일학교 선생님이랑 2시간 넘게
> 프로그램하며 함께 놀아요."

주안장로교회는 건강가정지원센터를 섬기기 전에도 가정사역국이 있었습니다. 가정사역국에서는 어머니 학교, 아버지 학교, 부부 학교, 상담학 등 다양한 가정 사역 프로그램을 운영했습니다. 교회는 이미 가정사역국을 통해 성도들의 가정을 돌보고 있었습니다.

교회가 건강가정지원센터를 맡게 되면서 성도들을 대상으로 하던 가정 사역은 부평구 주민을 위한 가정 사역으로 확대되었습니다. 교회의 가정사역국을 담당했던 이호은 센터장은 교회가 지역의 가정 사역을 위해 준비되어 있었음을 설명합니다.

> "건강가정지원센터를 위탁받기 전에 교회에 가정사역국이 있었습니다.
> 교회가 센터의 가족 복지 사업과 협력할 준비가 되어있었지요."

▶ 성도 돌봄에서 지역 가정 돌봄으로 확장

가정사역국과 건강가정지원센터는 MOU를 체결했고, 공간과 프로그램을 공유하며 협력하고 있습니다. 센터의 요청에 교회는 언제나 문을 활짝 열고 공간을 나눠줍니다. 성도들을 위한 사역에 집중했던 교회는 센터를 통해 자연스레 지역의 주민들과 더 자주 만나고, 더 많은 도움을 흘려보낼 수 있게 되었습니다.

지난 10여 년 동안 이호은 센터장은 부평구 건강가정지원센터장으로, 주안장로교회 상

담 목사로 활동하며 지역사회와 교회를 잇는 역할을 해왔습니다. 그는 교회가 지역사회의 필요를 알기 위해서는 '이웃화 되는 과정'이 선행되어야 한다고 강조합니다. 단순히 교회가 가진 것을 일방적으로 제공하는 방식은 한계가 있다는 것입니다.

센터장과 센터 직원들은 사회복지협의체나 권역별 사회복지 네트워크 모임에 정기적으로 참여합니다. 교육복지사, 사회복지 공무원, 복지관 담당자 등 지역사회의 여러 복지 전문가들이 모여 어려운 이웃의 사례를 공유하고 협력 방안을 모색합니다. 이호은 센터장은 협의체 회의에서 지역사회가 무엇을 필요로 하는지를 들을 수 있다고 설명합니다.

그림 34 건강가정지원센터 내의 심리상담센터

"사회복지협의체에서 복지사들을 만나
우리 기관에 이런 사례가 있는데 어떤 도움이 필요하다고 하면
다른 기관에서 이런 도움을 줄 수 있다고 서로 논의합니다.
복지와 관련해서 협력하는 지역 네트워크가 잘 구축이 되어 있습니다."

건강가정지원센터나 주안장로교회가 도움을 줄 수 있는 부분을 제안하기도 합니다. 이러한 네트워크를 통해 교회의 자원과 지역사회의 필요를 효과적으로 연결할 수 있습니다.

지역의 복지단체와 교류하면서 들은 이야기는 교회 사역을 결정하는 데 중요한 정보가 됩니다. 예를 들어, 부평구에 초등 돌봄센터가 부족한 상황을 알게 된 교회는 주중 방과 후 초등 돌봄 공간으로 교회를 활용하는 방안을 모색할 수 있습니다. 주중에 오전 예배 드리고 저녁 예배드리기 때문에 초등 돌봄을 위해 교회 공간을 사용하는 데 문제가 없었습니다. 그렇게 지역의 상황과 필요를 알아야 교회가 이웃과 어떻게 연결되고 도울 수 있는지 방법을 알 수 있습니다.

센터를 통해 지역사회를 돕는 사역에 있어서 아쉬움도 있습니다. 교회의 돌봄 사역에서는 신앙적인 부분들을 드러낼 수 있었지만, 센터의 사역은 종교적인 색채를 드러내기 어렵습니다. 이러한 부분에 대해 이호은 센터장은 건강한 가정이라는 큰 목표를 생각합니다.

> "센터와 교회가 건강한 가정이라는 같은 목표를
> 가지고 있다고 생각합니다. 센터는 지역과 교회를 연결하면서
> 교회가 좋은 이웃이라는 메시지를 지역 사회에 전하고 있지요."

직접적인 복음 전도는 어렵지만, 센터는 교회를 지역사회에 소개하는 중요한 역할을 합니다. 이를 위해서는 교회와 지역사회 양쪽을 잘 이해하는 '중간 역할자'가 필요합니다. 교회 구조를 아는 동시에, 지역사회의 필요와 복지 시스템을 이해하는 담당자나 센터가 있어야 교회와 지역의 효과적인 연결이 가능합니다. 건강가정지원센터는 교회가 지역사회와 오랜 신뢰 관계를 맺고, 이어갈 수 있도록 도우며 선한 영향력을 여러 가정에 흘려 보내고 있습니다.

인터뷰 이호은 센터장
_ 부평구 건강가정지원센터, 주안장로교회 상담목사

교회가 지자체와 협력해서 공동육아나눔터를 만들려면 어떻게 해야 할까요?

센터장: 공동육아나눔터는 여성가족부에서 지원하는 사업으로, 지역의 부모님들이 공동육아를 할 수 있도록 만든 공간이에요. 장난감 놀이터라고도 부르지요. 중소형 교회 같은 경우는 영유아들이 어느 정도 있으면 공동육아나눔터를 여시면 좋습니다. 장난감을 사는 초기 비용은 좀 있긴 하지만 그렇게 큰 비용이 들지 않습니다.

지자체의 가족센터에 연락하셔서 공동육아나눔터로 교회 공간을 활용하겠다고 하시면 직원 한 명을 파견해 줍니다. 교회에서 공간이랑 장난감을 준비해서 세팅만 해놓으면 직원이 와서 관리하고 운영방식입니다. 공동육아나눔터와 같이 교회 공간부터 공유하면서 실적을 쌓고 신뢰를 쌓으면 지역사회에 소문이 나고, 그러한 사역이 경력이 되어서 다른 사업을 위탁받아 해 볼 기회가 열립니다.

초등돌봄인 다함께돌봄센터는 어떻게 시작할 수 있을까요?

센터장: 다함께돌봄센터 같은 초등 돌봄은 사회복지 자격증이 있고, 사회복지사업 경력이 3년 이상 있으면 시설장을 할 수 있어요. 교회의 성도나 목회자가 그런 경력을 좀 쌓아

서 교회 공간에서 다함께돌봄센터를 운영할 수 있지요. 인건비는 보조금으로 나오고, 교회 공간을 평일 낮에만 이용하기에 부담이 없습니다.

그런데 교회가 위탁 법인이 하나가 있어야 돌봄센터를 열 수가 있습니다. 교회가 위탁받을 수 있는 협동조합을 만들거나 교단의 복지재단을 활용해서 위탁받아서 운영하시면 됩니다.

건강가정지원센터가 다함께돌봄센터를 돕는 부분이 있다고 들었습니다. 어떠한 도움일까요?

센터장: 주안복지재단 안에 부평구, 연수구의 다함께돌봄센터, 건강가정지원센터가 산하기관으로 있습니다. 다함께돌봄센터에서 부모님과 자녀의 심리적인 어려움을 상의해야 할 때 건강가정지원센터로 자원을 연계를 해 드리고는 합니다. 건강가정센터라는 자원이 있어서 다함께돌봄센터에 오는 아이들 중에 상담이나 치료가 필요한 학생들이 건강가정지원센터에서 도움을 받을 수 있지요.

※ **주안장로교회**는 인천의 부평성전과 주안성전이 있으며, 대한예수교장로회 예장 통합 소속 교회로 주승중 담임목사가 섬기고 있습니다.
부평성전 (21377) 인천광역시 부평구 부흥로213(산곡동) 032-527-1009
주안성전 (22140) 인천광역시 미추홀구 석바위로74번길 20(주안동)
032-429-7071~5

제3장
청소년 대안 교육

#대안학교   #지역청소년센터   #중학교 진로교육

#기독교동아리   #청소년상담센터   #학교밖청소년센터

#교육청위탁 특별교육   #브릿지청소년센터

지역아동센터의 경험이 대안학교로

#선교원 #초중고 대안학교 #지역아동센터

> **배곧큰나무교회의 대안학교 Tip**
> - 평일에는 교회 건물이 선교원, 초중고 대안학교로 운영
> - 교회 주일에는 중국어권 예배, 대안학교에서는 중국어권 대학 입학 준비 수업
> - SOT 교육으로 초등학생에게는 영어 기초실력을, 중고등학생은 영어권 대학 준비
> - 국내 대학, 외국 대학, 진로 탐색 등 다양한 진로 교육 과정

배곧큰나무교회 대안학교의 시작은 한 가정에서 비롯되었습니다. 이경원 담임목사는 "고아와 과부를 돌보라"는 하나님의 강한 마음을 받게 되었습니다. 비슷한 시기에 사모 또한 TV 다큐멘터리에서 스님이 아이를 입양하는 모습을 보면서 하나님의 자녀인 아이들이 그렇게 지내는 것에 대한 안타까움을 느꼈습니다.

시흥 정왕동 지하 25평에서 시작했던 교회가 어느 정도 성장했고, 교회 사역만으로도 분주한 상황이었지만 목사와 사모는 특별한 부르심을 '입양'이라는 구체적인 행동으로 옮겼습니다. 입양된 아이들은 이 목사의 가정에 기쁨을 주는 큰 축복이었습니다. 담임목사 가정의 화목한 모습을 본 교회 성도들 또한 입양에 동참했습니다. 2002년부터 2008년까지 교회 성도들이 입양한 아이들이 50명이 되었습니다.

▶ 입양 그리고 지역아동센터

이경원 목사의 가정에 첫 번째로 입양된 자녀가 중학교에 다니면서 예상치 못한 어려움이 찾아왔습니다. 아이는 중학교에서의 생활을 힘들어했습니다. 공교육이 아이에게 맞지 않다는 결론에 이르고, 이경원 목사는 수소문 끝에 찾은 대안학교에 아이를 보내게 되었습니다. 아이는 대안학교에서 눈에 띄게 변화했습니다. 아이의 변화를 본 교회의 입양 가정 또한 자녀를 대안학교에 보내고 싶어 했습니다. 하지만, 학비의 부담으로 대안학교 에 아이를 보낼 수 없는 가정이 있었습니다.

이러한 상황을 알게 된 이경원 목사는 2006년 아이들을 돌보기 위해 먼저 지역아동센터를 열었습니다. 그루터기 지역아동센터는 공교육에 잘 적응하지 못하는 학생, 일반 학교를 떠난 학생들의 배움터가 되었습니다. 2014년 교회는 배곧신도시로 이전하면서 성전 건축을 준비했습니다. 또한 교회는 법인을 설립하고 리더스쿨을 세워 대안학교를 위한 기반을 세워갔습니다.

배곧큰나무교회는 대안학교보다 선교원을 먼저 시작했습니다. 말씀으로 잘 양육 받은 아이들이 선교원을 졸업하고 초등학교로 진학하면서 여러 문제들이 발생했습니다. 학교에서 욕설을 배우거나 안 좋은 습관이 생기고, 말씀과 점점 멀어지는 상황을 접한 부모들은 교회에 초등 대안학교 설립을 요청했습니다. 그렇게 해서 대안학교 설립은 급물살을 타면서 준비되기 시작했습니다.

그리고 이경원 담임목사의 가정 안에서 입양한 형제의 변화, 기독교세계관을 바탕으로 한 교육의 중요성을 함께 경험한 이동주 목사가 대안학교의 설립을 맡게 되었습니다. 이동주 목사는 대안학교를 어디서부터 어떻게 시작해야 할지 막막했다고 합니다.

> "자료를 보고, 대안학교를 무작정 찾아갔어요. 감사하게도 좋은 분들을 만나
> 학교 운영 노하우를 들을 수 있었습니다. 하지만 이분들이 10년, 20년 동안

얻은 지혜를 몇 번의 만남으로는 다 알기는 어렵더라고요.
직접 부딪히는 방법 밖에는 없었습니다."

이동주 목사는 교육학을 전공했거나 대안학교에 대한 경험이 없었기에, 일단 시중에 나와 있는 대안학교 관련 서적과 자료들을 살펴보았습니다. 그리고 여러 대안학교를 찾아다녔고, 요셉지도자대안학교를 시작해 직접 부딪혔습니다.

▶ **대안학교를 위한 준비**

2023년 요셉지도자대안학교가 시작되기 전, 배곧큰나무교회에는 지역아동센터가 있었습니다. 2006년 시흥시의 인가를 받은 그루터기 지역아동센터입니다. 대안학교의 시작점이 되었던 지역아동센터는 시와는 별개로 자체 후원을 통해 여전히 운영되고 있습니다. 요셉지도자대안학교에 다니지 않는 일반 학교 학생들이 방과 후 교실로 이곳에서 돌봄을 받고 있습니다.

그림 1 요셉지도자대안학교에서 악기 수업하는 모습

이곳에서 지역 아이들을 가르친 경험과 함께한 선생님들은 대안학교 설립의 든든한 기초가 되었습니다. 대안학교는 지역아동센터와는 달리 고려해야 할 요소가 많았습니다. 무엇보다 학교 전용 공간이 필요했습니다. 방과 후 수업은 몇 시간 동안 수업이 이루어지지만, 대안학교는 아침부터 늦은 오후까지 사용할 수 있는 학교 공간이 필요했습니다. 대안학교만을 위해 공간을 새로 건축을 할 수 없는 상황 안에서 사고의 전환이 필요했습니다. 이동주 교장은 교회와 협의한 후에 예배 공간을 평일에는 학교 공간으로 공유하기로 했습니다.

> "방과 후 수업과 달리 학교는 학생들이 공간을 전적으로 사용할 공간이 필요했어요. 교회 건물이 예배드리는 공간이자 학교 공간이 될 수 있게 변화가 필요했습니다."

생각을 바꾸고 나니, 교회 건물을 학교 공간으로 사용할 경우의 장점들이 보였습니다. 교회 공간은 월세 부담이 없고, 전기세 등 제반 비용도 교회가 함께 부담할 수 있어 경제적으로도 큰 이점이 있었습니다. 다만, 공간 활용의 효율성을 극대화할 수 있도록 교회 공간을 재배치해야 했습니다.

학교 공간을 위한 초기 비용도 필요했습니다. 인테리어 뿐만 아니라 책상, 학생용 학용품, 교사용 컴퓨터, 사무용품 등이 마련되었습니다. 대안학교를 위한 교사진도 중요한 부분이었습니다. 방과 후 수업처럼 한두 시간 정도가 아니라 대안학교에서 풀타임으로 헌신할 교사가 필요했습니다. 또 하나의 중요한 부분은 대안학교의 교육 방향을 구체적으로 실현해 줄 교육 프로그램이었습니다.

▶ 세븐파워와 SOT 교육 과정

대안학교와 관련된 자료를 찾고, 여러 대안학교를 직접 방문하면서 이동주 교장은 교회가 대안학교를 세울 때 비전과 가치관이 명확해야 한다는 사실을 깨달았습니다.

"대안학교를 세워가는 과정에서 제일 중요했던 것은 핵심 가치였습니다.
핵심 가치가 온전히 세워지지 않으면 학교 방향이 바로 세워지지 않겠다는
생각이 들었습니다."

그림 2 요셉지도자학교 프로그램 게시판

하나님 안에서 요셉처럼 "꿈꾸고 능력을 갖추고, 변화시키는" 인재들을 키우기 위해서는 구체적인 교육 프로그램이 필요했습니다. 이동주 교장은 여러 서적과 자료를 찾고 전문가를 만나 조언을 구하며 프로그램을 연구하던 중에 최하진 박사의 '세븐파워 교육'을 알게 되었습니다.

'세븐파워교육'은 세상을 이끄는 리더로 세우기 위해 필요한 7가지 능력에 대한 최하진 박사의 청소년 교육 철학입니다. 네트워크(Network) 파워, 멘탈(Mental) 파워, 브레인(Brain) 파워, 모럴(Moral) 파워, 리더십(Leadership) 파워, 바디(Body) 파워, 스피리추얼(Spiritual) 파워 7가지를 훈련하기 위한 구체적인 프로그램이 만들어졌습니다.

세븐파워를 핵심 가치로 틀을 잡고 나니 그 안에 구체적인 학교 운영 방법과 교육 방침

이 담겼습니다. 이동주 교장의 연락을 받은 최하진 박사는 배곧큰나무교회를 방문해 세븐파워 교육 철학과 비전을 설명했습니다.

> "최하진 박사님이 교회에 오셔서 성도분들에게 세븐파워 교육과
> 기독교세계관으로 다음세대를 교육하는 일의 중요성을 나눠주셨습니다.
> 덕분에 대안학교에 대한 성도분들의 신뢰가 높아지고,
> 성도분들의 지지가 큰 힘이 되었지요."

최하진 박사의 방문은 이동주 교장과 대안학교 선생님들에게도 큰 힘이 되었습니다. 최하진 박사는 학교 교사들을 위한 코칭과 학교 운영에 필요한 지식과 지혜 또한 나눠주었습니다. 교육 전문가의 도움으로 요셉지도자대안학교는 탄탄한 교육 과정을 구축할 수 있었습니다.

그림 3 SOT교육으로 자기주도학습을 하는 초등학생

세븐파워 외에도 다른 교육 프로그램을 알아보던 이동주 교장은 CTS다음세대운동본부에 문의를 하게 되었습니다. 이러한 연락이 인연이 되어서 CTS다음세대운동본부는 요

셉지도자대안학교가 SOT 교육을 진행하는 데 여러 도움을 주었습니다.

SOT(School of Tomorrow) 교육이란 ACE(Accelerated Christian Education) 프로그램 기반의 교육 시스템으로 기독교 철학을 바탕으로 한 자기주도형 커리큘럼입니다. 학습자의 개별 학습 속도와 목표에 맞춰 영어로 교육을 진행하며, 홈스쿨링이나 국제 기독교 학교에서 주로 운영됩니다.

SOT 코리아 본부에서 학교 설립 과정 전반을 지원해 주며, 교사 양성 및 관리자 양육을 통해 자격증 취득을 도와주고 있습니다. 이미 SOT 교육을 잘 진행하고 있는 수원 중앙 기독학교의 적극적인 지원과 코칭도 큰 힘이 되었습니다. 이동주 교장은 SOT 교육 과정의 강점을 이렇게 설명합니다.

그림 4 요셉지도자학교가 사용하고 있는 SOT 교재

"SOT 교육 과정은 영어 기반으로 진행되기 때문에 처음에는 어려움을 느낄 수 있어요. 하지만 영어 교육에 대한 수요가 높은 요즘,

영어 기반 교육이 오히려 강점이 됩니다."

SOT 교육은 요셉지도자대안학교에 중요한 틀을 만들어 주었습니다. 먼저 SOT 교육 과정은 초등학교 1학년 학생부터 시작되었습니다. 아이들은 오후 4시까지 학교에서 돌봄을 받으며 영어 기초를 탄탄히 다지고 있습니다. 일반 초등학교 공교육은 수업이 일찍 끝나기 때문에 맞벌이 부모들은 학원을 보낼 수밖에 없습니다. 요셉지도자학교는 아이들의 돌봄을 해결해 주는 동시에 영어 교육이라는 강점까지 제공해 학부모들에게 큰 호응을 얻고 있습니다.

SOT 과정은 처음에 진도를 빠르게 나가지 않고 영어 기초를 다지는 데 집중합니다. 중고등학교부터는 본격적인 심화 과정을 통해 영어 실력이 향상될 수 있도록 설계되어 있습니다. 경쟁이 치열한 교육 현장에서 요셉지도자대안학교의 영어 기반 SOT 과정은 큰 강점으로 작용하고 있습니다.

▶ 영어권과 중국어권 대학 입학 준비

요셉지도자학교는 영어 교육뿐 아니라 중국어 교육에도 비전을 갖고 있습니다. 배곧큰나무교회에는 중국어 예배가 있습니다. 조선족과 한족을 비롯해 안산에서 거주하는 중국어권 성도들이 중국어 예배에 출석하고 있습니다. 이들로 인해 자연스럽게 중국어 통역 예배가 열렸고, 이는 중국에 대한 관심으로 이어졌습니다.

교회 목회자들이 중국으로 여행을 하던 중에 한인교회를 만나게 되었습니다. 중국의 한인교회 목회자의 소개로 알게 된 중국국제학교와 요셉지도자대안학교는 MOU를 맺게 되었습니다. 중국국제학교는 HSK(중국어 능력 시험) 자격증 시험을 볼 수 있는 학교로, 중국 대학교에 진학할 수 있는 교육 역량을 갖추고 있었습니다. 요셉지도자대안학교의 학생들이 HSK와 토플을 일정 수준까지 준비해서 중국국제학교로 가는 교육 과정이 마련되었습니다. 학생들은 중국국제학교에서 1년 동안 유학하며 중국 명문대학교 입학을 준비할 수 있게 되었습니다.

그림 5 중국 유학을 준비하는 학생들을 위한 수업

요셉지도자대안학교에서는 중국 대학교 진학을 희망하는 학생들은 인문반을, 미국 대학 진학을 준비하는 학생들은 SOT 심화 교육 과정에서 공부하며 미래를 준비합니다. 또한, 국내 대학 진학을 희망하는 학생들을 위해서 검정고시를 준비하는 국내반도 운영하고 있습니다. 이동주 교장은 아직 공부의 방향을 찾지 못한 학생들을 위한 교육 또한 준비해두었습니다.

> "학교에서는 학생들의 진로를 함께 고민해요.
> 아직 진로를 찾지 못한 학생들을 위해서 소명 교육 연구소의 도움을 받아
> 소명 교육을 진행하고 있습니다."

기존의 진로 교육이 직업과 특기 발견에 초점을 맞춘다면, 소명 교육은 세상의 필요, 하나님의 관점, 그리고 자신의 모습을 통합적으로 발견하여 진로 방향을 설정하도록 돕습니다. 이외에도 하브루타 교육을 비롯해 다양한 교육 방법을 모색하고 있습니다.

'꿈꾸는 자가 오는도다(창 37:19)'의 요셉의 이야기처럼 믿지 않는 이들에게는 허황된 꿈처럼 보이지만, 하나님의 계획안에 있는 이들에게 그 꿈은 현실이 됩니다. 한 가정이 하나님의 부르심에 응답하면서 시작된 꿈이 대안학교가 되었습니다. 요셉지도자대안학교 안에서 하나님의 자녀들이 자라고 있습니다.

인터뷰 이동주 교장 _ 요셉지도자대안학교, 배곧큰나무교회 부목사

요셉지도자대안학교의 교육 과정에 대해 소개 부탁드립니다.

교장: 학교의 교육 방향을 고민하고 알아보던 중에 책을 통해 최하진 박사의 세븐파워 교육 철학을 알게 되었어요. 그래서 세븐파워에 대한 내용을 학교의 가치관으로 삼고 프로그램을 저희 학교에 맞게 준비해서 시작하게 되었습니다.

감사하게도 최하진 박사님께서 오셔서 교사 코칭과 교육을 해주셨어요. 교회 성도님들에게 기독교 교육의 중요성에 대한 메시지도 전해주셨어요. 이 시간을 통해 성도님들에게 기독교 대안학교에 대한 관심과 마음이 부어져서 감사했습니다.

세븐파워 교육 철학을 구체화 시킨 교육 과정을 소개해주세요.

교장: 세븐파워는 세상을 이끄는 리더가 되기 위해 필요한 7가지 파워, 네트워크, 멘탈,

세븐파워 교육 철학을 구체화 시킨 교육 과정을 소개해주세요.

교장: 세븐파워는 세상을 이끄는 리더가 되기 위해 필요한 7가지 파워, 네트워크, 멘탈, 브레인, 모럴, 리더십, 바디, 스피리츄얼 파워를 의미합니다. 네트워크 파워는 학생들에게 동급생, 선후배, 선생님과 좋은 관계 맺는 훈련으로 목장모임, 파자마 나이트, 너에게로 여행 등의 교육을 진행합니다. 멘탈 파워를 위해서는 실패해도 다시 일어서고 도전하는 정신력을 키우기 위한 긍정교육, 감사일기 등 땡큐프로젝트가 있어요. 브레인 파워를 위해서는 토론수업, 스터디메이트, 전자기기 청정지역이 있고요. 바디 파워를 위해서는 식습관 교육, 운동, 체육수업 등을 운영하고 있습니다. 이외에도 7가지 파워에 맞는 다양한 교육들을 진행하고 있습니다.

대안학교에서 SOT 교육을 하며 장점과 어려움은 무엇인가요?

교장: SOT 교육을 준비하며 원어민 선생님을 구하는 부분이 힘들었어요. 그런데 SOT 과정은 선생님 한 분이 커버할 수 있는 학생의 수가 많아요. 선생님이 아이들을 티칭하는 것보다는 코칭하면서 학생의 자기주도 학습을 돕는 역할을 하거든요.
그래서 한 선생님이 10명에서 12명까지는 봐주실 수 있습니다.
저희 학교의 원어민 슈퍼바이저 선생님은 교회 청년인데 캐나다에서도 공부했고, SOT 협회에서 슈퍼바이저 과정을 마치고 자격증도 받았습니다. 슈퍼바이저 교사가 있고, 나머지 선생님들은 보조 교사로 도와주셔도 충분히 SOT를 진행할 수 있습니다.

※ **배곧큰나무교회**는 경기도 시흥시 배곧로에 위치한 대한예수교장로회 백석총회 소속 교회로 이경원 담임목사가 섬기고 있습니다.

주소: (15010) 경기도 시흥시 배곧4로 81-66 (배곧동, 큰나무교회)

전화번호: 031-499-7633

교회와 가정이 교육 공동체로

#선교원 #초중고 대안학교

> **포도나무교회의 영유아·초등·청소년돌봄 Tip**
> - 선교원에서부터 어머니 교사가 참여하는 교육 공동체
> - 선교원 안에서 아기학교를 운영하며 부모 교육도 함께 진행
> - 선교원 학부모가 예배와 찬양 섬김에 참여하면서 부모의 영적 회복
> - 선교원에서 초등, 중등, 고등 대안학교로 이어지는 교육 과정

평일 오전인데도 포도나무교회에는 돌이 지난 아기부터 교복을 입은 고등학생까지 다음 세대가 가득합니다. 포도나무 선교원의 문을 열자 찬양 소리가 들립니다. 월요일부터 금요일까지 매일 드리는 아침 예배입니다.

"주는 존귀하신 분~ 주는 존귀하신 분~

만물 주께 나와 주께 돌아가니 영광 받으소서"

강대상에 나와 찬양을 인도하는 이들은 교사가 아닌 선교원 아동들의 어머니입니다. 돌이 지난 아기들을 품에 안고 예배에 드리는 이들도 어머니들입니다. 찬양 이후에 이어진 기도와 설교 시간. 어린이들에게는 긴 시간 앉아있는 일이 어려울 법도 한데, 익숙한 듯 앉아서 예배에 집중합니다.

그림 6 어머니 교사들의 찬양 인도로 시작하는 포도나무 선교원의 아침 예배

▶ 아기학교가 선교원 안으로

포도나무교회가 운영하는 포도나무 선교원은 교회가 다음세대를 키우는 시작점입니다. 선교원은 영유아 교육 기관이면서, 어머니들이 자녀 교육에 참여해 함께 자녀를 양육하는 공동 육아 공동체이기도 합니다. 어머니들의 참여 수업으로 인해 0세부터 2세 영아들을 위한 '아기학교'는 선교원에서 자연스럽게 통합되어 진행됩니다.

> "2016년에 선교원을 시작할 때 한 반은 운영할 수 있었지만, 다른 반은 어려웠습니다.
> 어떻게 해야 할지 고민하던 중에, 어머님들이 직접 찾아오셨지요.
> '우리가 재능 기부를 할 테니, 한 반을 더 만들어 달라'는 요청을 하셨습니다."

여주봉 목사는 부모의 제안을 받아들였고, 그렇게 해서 '어머니 교사'가 만들어졌습니다. 어머니들은 대학에서 전공한 지식이나, 출산 전 직장 경험을 바탕으로 재능을 기부했습니다. 선교원은 원비를 줄여주는 방식으로 보답했습니다. 제한된 교회 재정과 여건을 해결해보려고 시작했던 작은 걸음이 하나님이 일하시는 큰 걸음이 되었습니다.

그림 7 선교원에서 이루어지는 아기학교 수업

어머니들은 매월 모여 기도회를 드리고, 매일 아침 아이들과 함께 드리는 예배를 준비합니다. 그러한 기도회와 찬양의 섬김으로 어머니들 안에 영적 회복이 일어났습니다. 어머니가 변하니 아이들과 가정에도 변화가 일어났습니다.

선교원에는 영양 선생님을 포함해 다섯 분의 풀타임 교사가 있고, 20명이 넘는 어머니 교사들이 적극적으로 참여하고 있습니다. 선교원에는 어머니들이 교육의 한 부분에는 참여한다는 원칙이 있습니다. 본인의 전문 분야를 아이들에게 가르치거나 다른 어머니 교사를 도우미 역할을 하면서 새로운 분야를 배워갑니다. 이러한 시간을 통해 다른 어머니들이나 교사들과의 친근감도 자연스럽게 형성됩니다.

어머니 교사의 활약은 선교원 안에서 아이를 함께 키우는 '마을 공동체', '가족 공동체'와 같은 분위기를 만들었습니다. 선교원 안에서 어머니들은 다른 이들의 자녀도 자신의 자녀처럼 돌보며 공동 육아에서 나오는 즐거움과 안정감을 누립니다.

"첫째 아이가 코로나 시기에 태어나서 집에만 있던 시기가 길었어요.

혼자 아이를 키우다 보니 지치는 부분도 참 많았어요. 아침에 오산에서 용인 시흥까지 차로 40~50분 걸리지만, 선교원에 와서 예배를 드리니까 살 것 같았어요."

4세와 15개월, 두 자녀를 선교원에 보내는 학부모이자 어머니 교사인 이은주 집사는 선교원에 참가하면서 누린 기쁨을 고백합니다. 선배 어머니들의 도움 속에서 함께 육아하는 공동체의 기쁨도 맛보았습니다. 아이를 혼자 양육한다는 게 얼마나 어려운 일인지를 알기에 선교원에 오는 후배 어머니들을 돕고 있습니다.

이러한 공동 육아의 교육 환경은 교회 성도들에게 자녀 출산을 두려워하기보다 기대하게 만들었습니다. 실제로, 포도나무교회에는 넷째, 다섯째까지 출산하는 가정을 볼 수 있습니다. 교회가 성도들과 자녀를 함께 키운다는 공동 육아의 힘 덕분입니다.

▶ **어머니 교사로 구성된 교육 공동체**

선교원의 아침 예배가 끝나자 어머니 교사 두 분이 '성품 교육'을 진행합니다. 돌 이전의 아기부터 7살까지 모두 참여하는 수업입니다. 무대의 화면에는 '정확'이라는 성품의 의미가 적혀있습니다. 이어서 화면에는 쓰레기 분리수거함 그림이 나타나고, 옆에 뒤섞인 쓰레기들이 있습니다.

어머니 교사는 설명과 함께 화면의 쓰레기 더미에서 캔, 종이, 플라스틱을 분류해 종류별로 쓰레기 분리수거함에 정확하게 넣는 과정을 보여줍니다. 한글 교육을 통해서도 '정확'이란 의미에 대해 가르칩니다. 정확이란 글자를 네모 빈칸 안에 정확하게 적는 모습을 여러 번 보여주며 '정확'이란 단어와 그 의미를 다시 한번 설명해줍니다.

아이들뿐 아니라, 돌 이전의 아기 엄마들도 집중해서 수업을 듣습니다. 이렇게 배운 수업 내용은 어머니들에게 자녀를 데리고 집에서 해볼 수 있는 교육의 지혜가 됩니다. 어머니 교사인 이은주 집사는 선교원에서 가정까지 이어지는 양육의 은혜를 나눕니다.

"선교원 다니면서 순종이란 성품은 어릴 때부터 가르쳐야 한다는 것을 경험했어요. 저희 첫째 아이가 순종의 성품을 잘 배워서 다른 엄마들도 보고 놀라요. '이거 하면 안 돼.'하면 바로 멈춰요."

이은주 집사는 둘째도 선교원에서 좋은 습관을 어린 나이부터 훈련했다고 합니다. 돌 전부터 하원 하면 식판을 꺼내 설거지통에 넣는 것을 훈련했고 지금도 그렇게 하고 있습니다.

어머니 교사로 인해 선교원의 교육이 가정으로 이어지고 있습니다. 성품 교육만이 아니라 학습에 있어서도 선교원의 수업 시간만으로는 부족할 수 있습니다. 선교원의 학습 내용을 잘 알고 있는 어머니 교사들은 가정에서 한 번 더 학습시키며, 교육의 효과를 높이고 있습니다.

그림 8 영유아부터 초등,중등,고등 학생까지 교육이 가능한 포도나무교회

▶ 선교원에서 대안학교까지 이어진 교육

포도나무교회의 다음세대 교육은 포도나무 선교원 이전에 새물결기독학교에서 먼저 시작되었습니다. 포도나무교회로 모이는 젊은 부모들의 자녀를 말씀으로 훈련하기 위해 새물결기독학교가 2015년 3월에 개교했습니다. 그리고 1년 후, 부모님들의 요청으로 포도나무 선교원이 개원했습니다.

선교원을 졸업한 대부분의 아이들은 새물결기독학교로 진학합니다. 선교원에서 초등, 중등, 고등까지 교육 과정은 "십자가의 복음의 삶을 살며, 인성과 지성과 창의 융합적 사고를 겸비한 미래 리더 양성"이란 같은 목표로 이루어집니다. 이러한 교육을 위해 이금주 교감은 교사들이 배움을 멈추지 않는다고 설명합니다.

그림 9 포도나무교회의 여주봉 담임목사

"선생님들이 먼저 즐겁게, 지속적으로 배우는 삶을 살며
아이들과 함께 성장하는 교사들이 많습니다."

새물결기독학교 학생들은 휴대폰을 전혀 사용하지 않습니다. 미디어 접근이 제한되어 있습니다. 휴대폰을 사용하지 않는 친구들과 함께 놀고 공부하며 공동체 안에서 함께 하는 시간이 많습니다. 게다가 선교원에서부터 순종의 성품을 훈련받은 아이들에게 그리 큰 어려움이 아닙니다.

선교원을 졸업한 10살과 12살 두 자녀를 새물결기독학교에 보내고 있는 포도나무 선교원의 박예나 주임 교사는 아이들이 가진 강점에 대해 이렇게 설명합니다.

> "아이들이 휴대폰 사용을 안 해서 그런지
> 현장 학습을 하러 가서도 보는 태도가 달라요.
> 굉장히 주의 깊게 관찰하고, 꽃 하나를 봐도 그 안에서
> 아름다움을 찾아내고 감탄하는 능력이 있더라고요."

새물결 초등학교에는 특수 장애가 있는 학생들도 있습니다. 선교원을 졸업하고, 지금은 초등학교로 올라온 학생입니다. 비장애인과 장애인 친구들이 함께 어울리는 통합 교육 안에서 특수교사가 지도하다 보니 장애가 심했던 학생은 놀랄 정도로 성장했습니다. 이러한 은혜와 성장이 학부모와 교사, 아이들에게까지 흘러가며 교회 교육에 대한 확신이 단단해졌습니다.

새물결기독학교와 함께 교회의 중고등학생을 교육하는 바인글로벌아카데미가 있습니다. 선교사 자녀(MK)와 다문화 가정 자녀, 국내 거주 외국인 자녀들을 하나님의 말씀으로 교육한다는 비전을 품고 만들어진 학교입니다. 전 과목을 영어로 가르치며 북미 등 해외 대학 진학을 목표로 하는 학생들이 이곳에서 교육을 받습니다.

> "교회가 함께 자녀를 키운다는 걸 알기에
> 우리 교회는 청년들은 결혼하고
> 아이 낳는 걸 두려워하지 않습니다."

그림 10 학생들이 자유롭게 사용하는 포도나무교회의 도서관

여주봉 목사의 설명처럼 포도나무교회는 젊은 부모와 아이들로 북적입니다. 오늘날 많은 부모들이 자녀 양육과 교육의 부담으로 인해 출산을 주저합니다. 세상의 교육은 부모와 자녀를 분리하고, 어머니들은 교육비를 벌기 위해 직장으로 향합니다.

그러나 포도나무교회는 이러한 세상의 흐름과 달리 다음세대 교육에 교회와 부모가 함께 하는 모델을 제시합니다. 선교원과 새물결기독학교는 아이들을 가르치는 교육 기관을 넘어, 부모가 자녀 양육에 참여하도록 교회가 돕고 있습니다. 더 나아가 교회 공동체 안에서 성도들이 함께 아이를 키우며 공동 육아의 기쁨과 하나님이 주신 은사를 성장시키는 보람을 경험하게 합니다.

인터뷰 이은주 어머니 교사 _ 포도나무 선교원

선교원에서 어머니 교사로 어떤 일을 섬기고 계신가요?

어머니 교사: 아이를 낳기 전에 영어 유치원에서 7년 동안 아이들의 영어를 가르쳤어요. 세상에서는 자녀가 100일이 넘으면 아이를 맡기고 회사에 복귀 하는 분위기잖아요. 저도 그래야 하나 고민이 많았어요.

그런데 매년 원장님께서 어머니 교사로 권유를 하셨어요. 덕분에 선교원 아이들에게 영어를 가르칠 용기를 낼 수 있었습니다. 전에는 선교원에서 도움을 많이 받는 쪽에 있었다가 에너지 충전을 잘하고, 이제 어머니 교사로 가르칠 수 있게 되었어요. 매주 금요일에는 예배 인도를 하고 있습니다.

영어 유치원 교사로 일할 때와 선교원에서 어머니 교사로 영어를 가르칠 때 어떤 차이점은 무엇일까요?

어머니 교사: 아무래도 그전 직장에서 영어를 가르칠 때와는 확실히 마음가짐이 달라요. 전과 달리 지금은 자녀를 키워본 경험이 있으니 아이들을 가르칠 때도 좀 더 디테일한 부분이 보이기도 해요. 그리고 선교원 아이들이 다 저의 자녀로 보여요. 교사로서, 엄마로서 다음세대를 준비하는 마음을 갖고 있습니다.

교육 방법에 있어서 일반 유치원과 선교원의 차이는 무엇일까요?

어머니 교사: 제가 일했던 영어 유치원 원장님이 참 좋으신 분이셨어요. 건강한 가치관을 가지고 계셨고요. 그래도 어쩔 수 없이 세상의 흐름을 따라갈 수 밖에 없었어요. 그 중 하나가 학생들보다 학부모님들이 우선시되는 부분이에요.

수업할 때 아이들에 대한 초점보다는 부모님들에게 "아이들이 이만큼 해요."하고 결과를 계속 보여드려야 해요. 부모님에게 "아이가 이런 부분에 어려움이 있어서 도움이 필요해요." 이런 말을 잘 못했어요.

선교원에서는 보여지는 수업보다는 아이들의 성장에 집중해요. 교사도, 부모님들도 한 아이, 한 아이가 하나님의 자녀라는 생각을 품고 가르치는 게 달라요.

※ **포도나무교회**는 경기도 용인시 기흥에 위치한 기독교한국침례회 소속 교회로 여주봉 담임목사가 섬기고 있습니다.
주소: (17093) 경기도 용인시 기흥구 신정로 123-1 (신갈동, 포도나무교회)
전화번호: 031-282-1001

중학교에서 열리는 진로 교육
#진로교육 #기독교 동아리

한국중앙교회의 지역 청소년 돌봄 Tip
- 중학교 자유학기제로 다양한 외부 강사 수업 요청. 목사가 진로 강사로 참여 가능
- 장신대 산하의 선교기관 '넥타'에서 공교육 대상 진로 강의 콘텐츠 제공
- 중학교 교문 앞 전도 시 학교지킴이 선생님들과 관계 맺기
- 학부모 기도회로 다음세대 사역에 함께 할 성도 준비 및 모집

> "중학교 학생들은 교회를 싫어할 것이다. 목사님을 불편해할 것이다.
> 교회에서 오는 사람들을 환영하지 않을 것이다."

이러한 생각은 오해와 편견이었습니다. 박상원 목사도 중학교 교문 앞에서 학생들을 만나기 전에는 이와 같은 막연한 염려가 있었다고 합니다. 한국중앙교회의 청소년부를 담당하면서 박 목사는 매일 아침 교회 근처 중학교에 찾아갔습니다. 교문 앞에서 학생들에게 전도를 했습니다. 매일 아침 교문 앞에 서 있는 박 목사를 학생들만 본 것이 아니었습니다. 교문 앞의 학교 지킴이 선생님들도 그를 보고 있었습니다.

> "교문 앞에서 전도를 할 때 가장 신경썼던 분들이 학교 지킴이 선생님들이었어요. 그분
> 들에게 불편한 존재가 되지 않으려고 갈 때마다 인사하고
> 작은 선물이라도 드리면서 관계를 쌓았습니다."

3년이 지나고, 사역의 문이 열리고 중학교에서 진로 교사를 맡게 되면서 학교 선생님들이 인사를 건넸습니다. "그때 교문 앞에 서 계신 모습을 많이 봤습니다."라고 학교 선생님들이 먼저 반겨주었습니다.

▶ 중학교 교문에서 시작된 만남

다음세대를 품는 사람들이란 의미의 '다품사'는 한국중앙교회가 학교로 직접 찾아가는 사역입니다. 박상원 목사를 중심으로 성도들이 함께 중학교에 찾아가 진로 수업을 진행합니다. 주일학교만이 아니라 주중에도 일반 학교의 아이들을 만나 예수님의 사랑으로 돌보고 교육하는 사역입니다.

다품사 사역이 학교에 발을 들이기까지는 3년이라는 시간이 걸렸습니다. 주일학교에서 중고등학교 학생들을 맡게 된 박 목사는 안타까움을 느꼈습니다. 일주일에 주일 한번, 1시간을 만나는 것만으로 학생들의 마음에 복음이 심겨지고 자라는 데 한계를 느꼈습니다.

매일 아침 학교 교문 앞에 전도지를 나누며 박 목사는 한 학생을 만나고 돌보게 되었습니다. 아버지는 교도소에 계시고, 어머니까지 사망하게 된 학생의 가슴 아픈 사연은 다품사를 시작하는 계기가 되었습니다.

> "교회 안에만 있었다면 이런 아이를 평생 만나지 못했을 거예요.
> 이렇게 힘든 상황의 아이들을 어떻게 살릴까 하는 마음은
> '학교에 들어갈 수만 있으면 좋겠다'는 소망이 되었죠."

박 목사에게 먼저 학부모님들을 초청해 기도회를 시작했습니다. 기도회에 참여한 부모님들 역시 아이들을 살려야 한다는 절박한 심정으로 기꺼이 기도의 동역자가 되었습니다. 50명이 넘는 부모님들이 참여하게 되었고, 이는 다품사 사역의 큰 원동력이 되었습

니다. 임석순 담임목사도 다음세대를 향한 다품사의 비전에 함께 하며 적극 지원했습니다. 기도가 쌓여 3년째가 되던 해, 일반 학교로 들어가기 위한 구체적인 준비가 진행되었습니다.

그림 11 용곡중학교 학생들과 점심시간에 드리는 예배 모습

▶ **교회와 학교, 협력의 문이 열리고**

교회가 중고등학교로 들어가는 진입 장벽은 처음에 높아 보였습니다. 교회에 대한 사회적인 인식이 예전 같지 않았습니다. 다행히 한국중앙교회가 중곡동에서 60년 넘게 지역사회를 섬긴 덕분에 교회에 대한 신뢰는 사역의 문을 여는 데 큰 힘이 되었습니다.

또한, 장신대 산하의 선교 기관인 '넥타(www.nectar1318.net)'의 도움은 구체적인 길을 알려주었습니다. '넥타'는 기독교적 가치관을 가지고 일반 학교에서 학생들을 가르치는 수업 콘텐츠 개발과 행정적인 지원을 20년간 해온 선교 기관입니다. 박 목사는 넥타의 도움으로 교육 프로그램 지원을 받아 '진로 외부 강사'로 학교에 제안서를 제출했습니다. 그리고 학교 심의를 거쳐 진로 수업을 시작할 수 있었습니다. 놀랍게도, 다품사 사역은 코로나 팬데믹이라는 예상하지 못했던 시기에 더욱 확장되었습니다.

> "코로나 기간에 학교 사역의 문이 딱 열렸어요. 2019년부터 준비해서 2020년도에 첫 학교에 들어갔는데 코로나 때도 사역이 멈추지 않았어요. 학교에서 줌으로 수업할 때도 저희도 같이 온라인으로 해달라는 요청을 받았어요."

2020년 첫 중학교에 들어간 이후, 용마중학교, 용곡중학교에 이어 교회에서 먼 거리인 중랑중학교까지 세 학교에서 수업 요청이 들어왔습니다. 코로나19로 온라인 수업 전환이 가속화되면서 학교는 외부 강사의 콘텐츠를 필요로 했고, 이는 다품사에게 새로운 기회가 되었습니다.

▶ 목사가 중학교 진로 교육 강사로

박상원 목사는 학교에서 진로 수업 강사로 학생들을 만납니다. 진로 수업 8주 동안 아이들이 관심을 갖는 외모, 자신감 등 다양한 주제를 다룹니다. 궁극적으로 "너 자신이 얼마나 소중한 존재인지"를 깨닫게 하는 데 중점을 둡니다.

박 목사는 수업 첫 시간에 자신의 휴대폰 번호를 공개합니다. 학생들에게 "선생님을 칭찬하는 다섯 글자 문자"를 보내는 미션을 주고, 미션을 완수한 학생에게 선물을 줍니다. 연락을 준 학생들에게는 동의를 구해 학생들의 연락처를 저장해 둡니다. 그리고 학생들에게 언제든 이야기를 들어줄 사람이 필요하거나 배고플 때 연락해도 좋다는 메시지를 전합니다. 실제로 학생들은 배가 고플 때나 마음이 어렵거나 가출의 위기 상황에서 박 목사에게 연락해 도움을 요청하기도 합니다.

그림 12 중랑중학교에서 진행된 '나를 찾아가는 어울림반' 수업

학부모 기도회에 함께 했던 성도들이 교사로 학교 현장에 동행합니다. 박 목사는 제안서 제출 시 코칭 선생님의 필요성을 명시해 학교에 사전 허락을 받았기에 가능한 일입니다. 5명의 성도님들이 돌아가며 화요일, 수요일, 목요일 수업에 참여해 모둠별 진행 과정을 돕고 있습니다.

> "학생들이 공부로 인해 많이 지쳐 있어요. 학생들끼리도 갈등이
> 많이 발생하고 있고요. 그런데 학생들의 어려운 마음을 어루만져 줄 수 있는
> 교사들이 부족한 상황이에요."

다품사 사역팀 리더 홍정미 집사가 학교 현장에서 만난 학생들의 상황을 안타까워했습니다. "교회 밖에 있는 아이들이 교회를 별로 좋아하지 않는다. 목사님을 싫어한다"는 생각은 편견이었습니다. 홍정미 집사가 학교 현장에서 만난 학생들은 순수한 마음으로 먼저 다가오고 수업에 즐겁게 참여했습니다. 수업이 진행될수록 밝아지는 모습에 홍정미 집사는 교회에서 파송된 선교사의 심정으로 수업을 진행합니다.

그림 13 중학교 진로 교육을 함께 섬기는 교회 성도들과 박상원 목사

보조 교사로 참여하는 이혜원 집사는 자녀를 키우는 엄마이기에 학생들이 자녀같은 심정이라고 합니다. 날씨가 더워서 학생들이 지친 느낌이면 다음에는 간식으로 아이스크림을 준비해 가기도 합니다.

> "학교에 갈 때 빈손으로 가지 않아요. 아이들 입에 뭐라도
> 넣어주고 싶은 마음에 늘 간식을 사서 가요. 학생들과 얘기도 많이 하고
> 게임도 하고 선물도 나누면서 수업을 진행해서 그런지
> 아이들 반응이 아주 좋은 편이에요."

다품사에 성도들의 참여가 높아지면서 사역은 활기를 얻게 되었습니다. 사역 초기에는 박 목사가 사비를 사용하며 사역을 감당했지만 지금은 교회 예산을 지원받고 성도들에게 재정적인 후원도 받고 있습니다. 다품사를 맡고 있는 박상원 목사는 사역자가 이동한다고 해도 사역이 계속 될 수 있도록 성도들이 참여하는 시스템도 구축하고 있습니다.

> "진로 수업이 교회에서는 자주 했던 콘텐츠인데

학교에서는 이런 수업이 굉장히 새로웠던 것 같아요."

박 목사는 중학교에서 주 1회 2시간씩 진로 수업을 진행하고 있습니다. 한 달에 한 번 창의체험 동아리 수업도 운영합니다. 학교 동아리 학생들이 탁구대나 농구장이 필요하다는 사실을 알고, 교회는 기꺼이 교회 공간을 내주었습니다. 학생들을 위해 탁구대를 놓고, 농구대를 설치해 주었습니다.

다품사 사역을 통해 교회와 지역 학교들은 전보다 가까운 관계를 맺게 되었습니다. 교회는 학교에서 선정한 다섯 가정의 학생들에게 매월 일정 금액의 장학금을 지원하며, 갑작스러운 위기에 처한 학생들에게는 긴급 구제비를 당일에 지급할 수 있는 시스템까지 마련했습니다. 학교는 행사를 위해 교회 강당을 요청하게 되었고, 교회는 학교 운동장을 사용하는 등 공간을 나누며 편하게 오고갈 수 있는 관계가 되었습니다.

▶ 학교 안에 세워진 교회

다품사 진로 수업이 학생들 사이에서 인기를 얻고, 학생들에게 긍정적인 변화가 나타났습니다. 학교에서는 문제 행동을 보이거나 마음의 상처가 있는 학생들을 진로 수업에 참여시켜 달라고 요청했습니다.

이러한 신뢰를 바탕으로 박 목사는 학교의 상담 교사로 위촉되었고, 학생들을 만나 아이들의 어려움을 도울 수 있게 되었습니다. 신앙을 가진 학생들 사이에서는 기독교 동아리를 만들고 싶다는 소망이 생기면서 점심시간에 예배를 드리는 기독교 동아리도 만들어졌습니다.

"학생들이 모여서 스스로
기독교 동아리를 만들고, 예배를 드릴 수 있다는 사실에
저도 놀랐어요. 점심시간 20분 동안 예배를 드리고,

설교는 5분이지만 갈 때마다 '오늘이 마지막일 수 있다'는 간절한 마음으로 가고 있습니다."

그림 14 용마중학교 '나를 찾아가는 어울림반' 수업

물론 사역에 어려움이 없었던 것은 아닙니다. 기독교 동아리에 참가 학생의 수가 너무 많아지자 일부 교사들이 종교적인 색채에 우려를 표하며 예배가 중단되기도 했습니다. 또한, 학부모 중에는 교회에서 교육을 온다는 사실에 반감을 표현하기도 했습니다. 그러나 학부모 참관 수업을 통해 오히려 신뢰를 얻는 기회가 되기도 했습니다.

학생들을 섬기러 학교에 갔던 목회자와 성도들은 '찾아가는 교회'가 되었습니다. 학교 안에 작은 교회가 세워지는 기적도 보았습니다. 학교라는 공공 교육 기관은 늘 변수가 있는 곳이니, 언제든 어떠한 이유로든 문이 닫힐 수 있습니다. 그래서 다품사 사역자들에게는 학생들과의 만남이 더욱 소중합니다.

변화하는 시대 속에서 교회로 오는 아이들은 줄어들고 있지만, 교회 밖에는 여전히 수많은 청소년과 청년들이 있습니다. 학교로 찾아간 다품사는 사랑과 섬김으로, 마른 뼈가 되어버린 지친 학생들의 영혼에 생기를 불어넣고 있었습니다.

인터뷰 박상원 목사 _ 한국중앙교회 부목사, 다품사(다음세대를품는사람들) 담당

다품사 사역을 하면서 중학교에서 기독교 동아리도 만들었다고 들었습니다. 어떻게 기독교 동아리를 만들 수 있었을까요?

목사: 어느 학교든 기독교 동아리가 합법적으로 열릴 수 있어요. 학생들이 "기독교 동아리를 만들겠습니다" 하면 교육부 법령에 따르면 학교가 이를 제재할 수가 없어요. 아이들 동아리는 학생들이 만드는 자율 동아리거든요.

그렇다고 "이런 법령을 근거로 학교와 싸우면서 기독교 동아리를 만드세요"라는 말씀은 드리고 싶지는 않아요. 하지만 기독교 동아리가 생기기를 기도하면 충분히 만들어질 수 있는 가능성이 있습니다. 이것은 마치 학교에 개척교회 하나가 생기는 것과 다름이 없거든요.

기독교 동아리를 이끄는 담당 교사나 목회자가 필요한가요?

목사: 물론 기독교 동아리에는 학생들을 지도해줄 수 있는 현직 교사가 계셔야 합니다. 현직의 기독교 교사가 적극적으로 협력하고 아이들의 의지가 있으면 얼마든지 기독교 동아리가 열릴 수 있습니다. 기독교 동아리에서 동아리를 담당할 수 있는 선생님을 외부에서 모셔오겠다고 하면 이것 또한 가능해요.

또한 찬양 동아리를 만들 수도 있어요. 학생들이 학교 축제나 발표회 때 전교생들 앞에서 찬양 공연도 할 수 있습니다. 제가 참여하는 기독교 동아리에서 실제로 그런 사역을 같이 하고 있어요. 기독교 동아리에서는 무궁무진한 사역들이 가능합니다.

기독교 동아리에 참여하는 박상원 목사님의 역할은 무엇인가요?

목사: 학교 점심시간에 기독교동아리에서 예배를 드리고 있어요. 학생들이 예배 위원으로 섬기는 20분 동안 예배 중에 저는 설교를 담당하고 있습니다. 한번은 기독교 동아리 학생들과 학교 음악실을 빌려서 전교생을 초청해서 예배를 드리고 복음을 전하고 아이들을 위로하고 하는 시간들을 갖기도 했어요.

중간고사나 기말고사 때 기독교 동아리 학생들이 과자가 담긴 선물을 만들어서 학교 시험 당일에 친구들 책상 위에 하나씩 올려놓는 이벤트도 진행했습니다.

※ **한국중앙교회**는 서울 광진구 중곡동에 위치한 대한예수교장로회 백석 소속 교회로 임석순 담임목사가 섬기고 있습니다.

주소: (04904) 서울특별시 광진구 능동로 447 (중곡동, 한국중앙교회성전)

전화번호: 02-467-5821

주일에는 예배당, 주중에는 대안학교

#초중고 대안학교

> **주평강교회의 대안학교 운영 Tip**
> - 초등 영어 교육으로 SOT 커리큘럼을 이용해 영어 자기주도학습
> - 중학생은 과목 핵심 주제를 담은 도서 읽고 교사에게 구술 평가로 자기주도학습
> - 중고등학생들을 대상으로 토론 대회 개최
> - 다른 대안학교 학생들과 스포츠 교류전을 가지며 사회성 훈련

교회 식당, 평일인데도 시끌벅적합니다. 초등학생들이 테이블 앞에 모여 게임을 하거나 책을 읽고 있습니다. 식당을 둘러싼 소그룹 방에는 중학생들이 모여 수업에 열중하고 있습니다. 주일에는 예배당, 주중에는 대안학교로 바뀌는 주평강교회입니다.

주평강교회는 2015년 주빌리학교를 개교했습니다. 초등학교 1학년부터 고등학교 3학년까지의 12년 통합 과정으로 120명의 학생들이 주빌리학교에서 공부를 하고 있습니다.

▶ SOT 교육으로 초등 영어 학습

초등학교 정규 수업은 3시 30분이면 끝나지만, 여전히 학교에 남아있는 학생들이 있습니다. 방과 후 수업이 끝난 후에도 교회 식당의 넓은 공간에서 친구들과 어울리며 즐거운 시간을 보내거나, 한쪽 교실에서는 과학 경진대회를 준비하는 학생들이 과학 실험에

몰두하고 있습니다.

초등학교 교실 외벽에는 수많은 책이 꽂혀 있는데, 이 중 상당수가 영어 교재입니다. 초등학생 대상의 SOT(School of Tomorrow) 교육 교재입니다. SOT 교육은 학생 개개인의 학습 속도와 목표에 맞춰 영어로 진행되는 커리큘럼으로, 홈스쿨링, 대안학교, 국제 기독교 학교에서 주로 활용됩니다. ACE(Accelerated Christian Education) 프로그램 기반의 교육 시스템으로 기독교 철학을 바탕으로 한 자기주도형 수업입니다. 김승규 교장은 SOT 커리큘럼이 초등학생의 영어 실력 향상과 자기주도학습 교육에 효과적이었다고 말합니다.

> "초등학생들은 SOT 커리큘럼을 이용해 영어 자기주도학습 교육을 받고 있어요. 초등학생의 영어 능력을 키워주기 위해서 SOT를 도입했고, 중고등 과정에는 따로 영어 회화 수업으로 진행합니다."

주빌리학교는 학생들에게 적합한 영어 프로그램을 찾기 위해 많은 노력을 기울였고, SOT 교육이 학교의 자기 주도 학습 방식과 가장 잘 맞는다고 판단했습니다. 강사가 주입식으로 영어를 가르치는 방법보다는, 학생들이 도움이 필요할 때 원어민 선생님이 지원하는 방식으로 진행되어 초등 과정부터 영어와 자기 주도 학습을 동시에 학습할 수 있다는 장점도 있습니다.

초등학교 5학년 학생들의 수업 시간표에는 다양한 스포츠 수업이 적혀있습니다. 농구, 태권도 수업은 교회가 아닌 외부 시설을 활용합니다. 교회에 별도의 체육관이 없어 가까운 농구장을 이용하고, 태권도 수업은 유치부 부서실의 매트를 활용합니다.

일반 학교와 같은 체육관은 없지만, 주빌리학교 학생들에게 예배당은 훌륭한 공연장 역할을 합니다. 커다란 예배당 무대에 서는 기회는 학생들에게 특별한 경험이 됩니다. 최근에는 '너는 특별하단다' 뮤지컬을 준비하여 공연하기도 했습니다.

▶ **개별 수준에 맞춘 자기주도학습**

평일에는 4층의 넓은 교회 식당과 소그룹 모임실이 초등학생과 중학생을 위한 교실이 됩니다. 중학교 교실의 학생들은 각자 다른 책을 읽으며 공부하고 있습니다. 과학, 국어, 사회 등 핵심 지식이 담긴 책을 자신의 수준에 맞게 스스로 선택하고, 자기 주도적으로 학습합니다. 책을 읽은 후에는 핵심 개념을 정리해 선생님에게 구술 평가를 받아야 합니다. 김승규 교장은 중학생들의 자기 주도 학습 방법에 대해 이렇게 설명합니다.

그림 15 주빌리스쿨의 자기주도학습을 하는 중학교 수업 모습

"아이들이 책을 읽고 선생님에게 구술 평가를 받아요.
선생님이 책에 대한 핵심 질문을 하고, 아이들의 답을 들으면서
얼마나 이해했는지를 파악해요.
저자가 어떤 감정이었을까, 왜 이런 제목을 지었을까
여러 질문을 던지며 학생들의 생각이 확장하도록 돕습니다."

중,고등학생들은 진로 찾기와 진학을 위한 수업 외에도 디베이트 교육을 받습니다. 학교

에서는 정기적으로 토론 대회를 개최합니다. 3~4명의 학생이 한 조가 되어서 하나의 주제를 가지고 토론을 펼칩니다. 예를 들어 "통일을 해야 하는가?"와 같은 주제에 대해 자신의 팀이 통일을 찬성하는 입장에서 토론을 하게 될지, 반대하는 입장에서 토론을 할지 수업 전까지 알지 못합니다. 그러니 통일에 대한 양쪽의 입장을 모두 준비해야 합니다. 이러한 과정을 통해 학생들은 자신의 의견 외에도 다양한 관점이 존재함을 배우며 성장합니다.

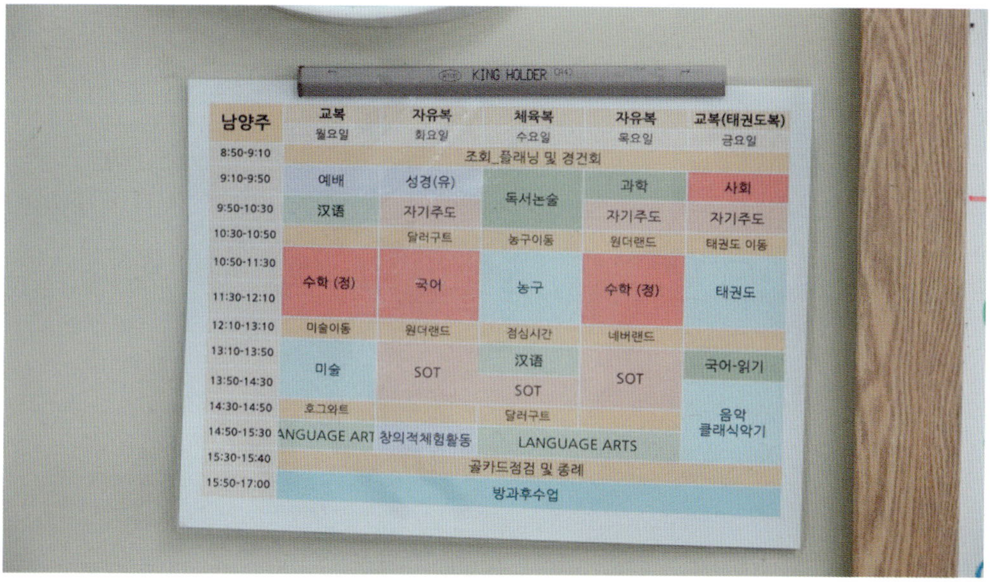

그림 16 주빌리학교의 수업 스케줄

식당 한쪽에는 간식이 진열된 작은 마차가 있습니다. 학교 마트입니다. 학생들은 선생님에게 인사를 잘 하거나 숙제를 완수하는 등 칭찬받을 만한 행동과 태도를 보이며 메릿을 받습니다. 성경 암송 또한 메릿을 받는 방법입니다. 그렇게 차곡차곡 모은 메릿을 가지고 학생들은 매점에서 맛있는 간식을 사 먹을 수 있습니다.

이는 벌점제로 학생들의 행동을 규제하기보다는 자신에게 주어진 자유를 책임감 있게 잘 사용하는 학생에게 더 많은 것을 누릴 수 있도록 하는 학교 운영 방침입니다. 반대로 디메릿을 많이 받은 학생은 선생님들의 지도를 받습니다. 김승규 교장은 학생의 개별적인 특성과 상황에 맞게 훈계하고 교육할 때의 긍정적인 효과를 경험했습니다.

"규칙을 엄격하게 만들어 놓고 학생을 지도하다 보면 한계가 있더군요.
그래서 규칙을 조금은 넓게 열어뒀어요.
선생님들이 상황에 맞게 학생을 상담하고 지도하면서 가르치는 게
아이들의 성장에 훨씬 더 낫겠다 싶었습니다."

그림 17 주평강교회 주빌리학교 학생들의 수업 모습

주빌리학교는 벌점제가 아닌 보상제를 통해 아이들 스스로 책임감을 갖고 학교생활을 하는 교육 방식을 선택했습니다.

주빌리학교의 학생들은 각자의 개별성을 존중받는 동시에 공동체성을 배웁니다. 학교는 다양한 체험 활동을 통해 협동심과 공동체의 즐거움을 경험하게 합니다. 초등학생부터 고등학생까지 전교생이 함께 하는 캠프와 2년에 한 번씩 자연 탐방과 역사 탐방을 하며 견문을 넓힙니다. 가족과 함께하는 특별한 시간도 마련합니다. 유대감을 쌓을 시간이 많지 않은 아빠와 학생이 1박 2일로 떠나는 '아빠와 함께하는 캠프'가 대표적입니다. 또한

다른 대안학교들과 연합해 함께 스포츠 활동을 즐기는 시간도 갖습니다.

> "초등학교부터 고등학교까지 12년 동안 같은 친구들과 있다보니
> 타 학교랑 농구 대회 같은 교류전을 가져요.
> 다른 학교 학생들과 만나면 교제의 폭이 넓어지더군요."

학교는 다양한 배경을 가진 다른 학교 학생들과 어울리며 사회성을 기를 수 있도록 돕고 있습니다.

▶ 대안학교 학생들이 주일학교의 리더로

20년 전, 주빌리학교를 개교하던 당시 주평강교회는 부채를 안고 있었습니다. 2008년 새 예배당을 건축한 이후 6년 반 동안 매달 이자 충당과 잔금 문제로 힘든 시간을 보냈습니다. 하지만 이러한 어려움 속에서도 정귀석 담임목사의 다음세대 교육에 대한 마음은 변치 않았습니다. 교회 학교만으로는 아이들의 신앙을 바로 세우기 어렵다는 고민과 기도는 결국 대안학교 설립으로 이어졌습니다. 정귀석 목사는 고등학교 시절, 예수님을 만나고 변화된 삶에 대해 들려주었습니다.

> "제가 고등학교를 다니다가 예수님을 영접했어요. 몸이 안 좋아 휴학을 했는데
> 그때 전도를 받고 동네 교회에서 은혜를 입었지요."

고등학교 시절 예수님을 영접했던 정귀석 목사의 경험은 주일학교 학생들이 주중에도 기독교세계관으로 교육받는다면 좋겠다는 소망으로 확장되었습니다. 주빌리학교의 시작은 교회의 초등학교 1학년 아이들이었습니다. 20년이 지난 지금, 초등 1학년부터 고등 3학년까지 120명의 학생들이 함께하는 대안학교가 되었습니다.

주평강교회는 대안학교 외에도 20년 넘게 지역의 어려운 아이들의 방과 후 돌봄을 위한

'지역아동센터'를 운영하고 있습니다. 센터에는 저녁 식사를 먹고 늦은 시간까지 선생님들과 함께 공부하는 30명의 학생들이 있습니다.

또한 정귀석 목사가 고등학교 시절 학교 내 교회가 다양하게 사용되는 모습을 보며 언젠가 교회가 지역 사회에 열린 공간이 되기를 꿈꿨습니다. 그는 예배당 건축 당시 교회가 지역 주민들에게 열린 공간이 되도록 노력했습니다.

그림 18 주평강교회의 정귀석 담임목사

"교회 1층은 젊은 부모들이 쉽게 드나드는 공간이길 바라며
어린이집과 카페를 만들었습니다.
교회가 믿는 사람만 오는 곳이 아니라 누구나 올 수 있는 곳이길 바랐어요."

교회에게는 선물과 같았던 새 성전이 지역 이웃들에게도 좋은 선물이 되기를 소망했습니다. 정귀석 목사와 성도들의 바람처럼 교회는 마을 회의나 학교 축제 등 다양하게 사용되고 있습니다.

정귀석 목사는 가정에 대한 깊은 관심을 가지고 목회를 시작했습니다. "좋은 가정을 세워나가는 교회, 가정을 돕는 교회로 쓰임 받았으면 좋겠다는 생각을 했어요."라는 그의 비전은 '어머니 기도회'로 이어졌습니다. 이는 대안학교의 든든한 초석이 되었고, 가정의 변화로 이어졌습니다. 정귀석 목사는 대안학교에서 성장한 아이들이 주일학교에서도 그 영향력을 펼쳐가기를 소망합니다.

"대안학교에서 성장한 학생들이 주일학교에서 리더가 될 것입니다.
교회나 사회에서 또래에게 좋은 영향력을 줄 것입니다."

기독교세계관에 기반한 교육을 받은 대안학교 학생들이 다음세대를 이끌어갈 리더로 성장하리라 기대됩니다. 주평강교회의 주빌리학교는 학생 한 명을 세우는 것을 넘어, 한 가정을 함께 세우며 건강한 신앙 공동체를 만들어가고 있습니다. 앞으로 좀 더 넓은 공간에서 또 한번의 도약을 꿈꾸며, 학생들이 진리의 말씀 속에서 삶을 배우고 자신에게 주어진 '사명'을 찾는 사명을 이어나갈 것입니다.

인터뷰 김승규 교장 _ 주빌리학교, 주평강교회 부목사

교회 공간을 대안학교 공간으로 어떻게 활용하시나요?

교장: 저희는 초등학교 1학년부터 고등학교 3학년까지 12학년제예요. 초등학생과 중학생들은 교회 4층을 함께 사용하고 있습니다. 같은 층에서 초등학생과 중학생이 자주 만나고 친근한 분위기가 조성되니 후배들이 자연스럽게 선배들이 공부하는 모습을 보면서 배워요. 초등학교 1학년 교실은 화장실 앞에 배치했습니다. 아이들이 아직 어려서 급히 화장실에 가야하는 경우도 있고 해서 배려를 했어요.

주일에 예배를 드려야 하니 금요일에는 학생들과 선생님들이 다 같이 교실의 책상이나 의자를 치우고 청소를 하면서 주일예배를 위한 공간으로 준비하는 시간을 갖습니다.

주빌리학교의 자기주도학습 운영 방법에 대한 설명 부탁드립니다.

교장: 대안학교마다 커리큘럼이 다를 텐데요. 저희 학교는 자기주도로 초등학교 때부터 습관 훈련을 쌓는 과정을 중요하게 여기고 있습니다. 중학교에서는 책을 통해 자기주도학습을 합니다. 과학, 국어, 사회 등 과목의 핵심 지식에 대한 책을 선택해요. 아이들의 학습 수준이 다르기 때문에 본인에게 맞는 책을 골라서 혼자 읽고 공부하고 나서 핵심 개념을 정리합니다. 그리고 선생님에게 구술로 평가를 받습니다.

성도들이 교육에 참여하는 부분도 있다고 들었습니다. 어떤 부분인가요?

교장: 저희 학교가 5시에 전체 하교 시간이에요. 초등 같은 경우는 5시면 방과 후까지 끝납니다. 중고등학교는 아무래도 학습량이 늘어나다 보니 학교 수업이 끝나고 나서 수학 방과 후가 진행됩니다. 마침 학부모님 중에 수학 학원을 운영하시는 분이 계셔서 그분이 운영하는 곳에 가서 학습을 하고 하교를 합니다.

교회에는 체육관 시설이 없다 보니 농구 수업은 성도님이 운영하시는 농구 클래스에 가서 수업을 받고 있습니다. 이렇게 성도분들이 가진 자원들을 활용해서 교육을 진행하고 있습니다.

※ **주평강교회**는 경기도 남양주시 호평동에 위치한 대한예수교장로회 합동 소속 교회로 정귀석 담임목사가 섬기고 있습니다.

주소: (12149) 경기도 남양주시 호평로 6 (호평동, 주평강교회)

대표전화 : 031-595-1004

학교 밖 청소년들의 둥지가 된 센터

#청소년상담복지센터 #학교밖청소년지원센터

안산제일교회의 학교 밖 청소년 돌봄 Tip
- 학교 밖 청소년들은 개방적이고 자율적인 분위기에서 참여율이 높아지는 경향
- 학교 밖 청소년들에게 식사제공은 중요한 부분. 함께 식사하며 소속감
- 학교의 또래 친구들처럼 수학여행이나 졸업여행을 경험하는 기회 제공
- 다문화 청소년들에게 국적이나 고향을 묻기보다는 한국 청소년으로 존중

아파트가 빽빽하게 들어선 안산시 단원구 초지동 신도시. 그 중심에 안산제일교회의 안산시청소년상담복지센터가 있습니다. 지금은 아파트촌이 들어섰지만, 과거 초지동은 연립주택이 가득한 곳으로, 형편이 어려운 가정과 아이들이 많은 지역이었습니다.

2003년, 안산시청소년상담복지센터는 초지동으로 자리를 옮겨왔습니다. 20여 년이 지난 지금, 초지동은 아파트촌으로 변했지만, 센터는 어려움에 처한 청소년들이 언제든 찾아올 수 있는 안전한 '둥지' 역할을 변함없이 하고 있습니다.

▶ **학교를 떠나는 아이들**

안산청소년상담복지센터에는 만 9세에서 24세 청소년들에게 전문적인 상담을 제공하는 상담복지센터와 학교 밖 청소년을 지원하는 지원센터가 있습니다. 안산시에서 유일하게

청소년 상담을 전문으로 하는 기관이다 보니 초지동의 청소년 뿐 아니라 먼 지역의 청소년들도 센터를 찾습니다. 청소년들은 센터에 직접 방문하거나, 전화 상담, 사이버 상담을 통해 연락합니다. 시대가 변하고, 도시가 발전하며 아파트가 들어섰지만, 어려움을 겪는 청소년들은 여전히 많습니다. 서은경 센터장은 센터에 다문화 가정의 청소년들도 많다고 설명합니다.

> "저희 센터에는 얼굴이 좀 이국적인데 한국말을 잘하는 아이들이 있어요.
> 알고 보니 중국이나 제3국에서 온 다문화 가정 아이들이 꽤 많아요."

경제적인 이유나 부모님의 이혼으로 고향을 떠나 안산 공단 쪽으로 이사 오는 학생들이 있습니다. 고국을 떠나 한국에 온 다문화의 가정의 청소년들도 새로운 환경에 적응해야 합니다. 낯선 동네와 새로운 학교에 적응하는 일은 청소년에게 쉽지 않습니다. 안산시 청소년 상담복지센터는 맞벌이, 한부모 등의 돌봄 취약계층과 다문화 청소년 지원에 힘쓰고 있습니다.

매년 아동, 청소년의 인구는 줄지만 학교를 떠나는 청소년들은 늘고 있습니다. 안산시에서는 1년에 약 600여 명의 청소년이 학업을 중단합니다. 매년 학교를 떠나는 아이들의 수가 늘고 있으니, 학교를 떠난 누적 청소년 수는 훨씬 많을 것입니다. 이러한 상황 속에서 교육청은 학교를 떠나려는 학생들에게 '학업 중단 숙려 상담'을 제안합니다. 서은경 센터장의 설명에 따르면 센터는 교육청에서 학생들의 명단을 받아 다양한 도움의 손길이 있음을 알려줍니다.

> "안산시만 해도 1년에 600여 명의 청소년들이 학교를 자퇴해요.
> 교육청이 이런 학생들을 센터와 연결해줘요. 센터는 이런 학생들에게
> 상담이나 교육 프로그램 등 다양한 도움을 알려줍니다."

학교를 그만두고 학업을 중단한 아이들은 사회적 고립, 정서적 소외, 비행에 노출되기

쉽습니다. 학교를 자퇴하기 전 청소년상담센터와 연결됨으로써 학교 밖 청소년들에게 안전장치 하나가 마련되는 셈입니다.

▶ **개방적이고 자율적인 교육 공동체로**

학생들이 학교를 떠나는 이유는 다양하지만 아직은 도움이 필요한 청소년이라는 사실은 같습니다. 안산시청소년상담복지센터 안에는 학교를 떠난 학생들을 돕는 학교밖청소년센터가 있습니다. 학교를 그만두는 다양한 이유만큼 학교밖청소년센터에 찾아오는 이유도 다양합니다. 하지만 센터에 온 아이들의 바람은 '꿈을 찾고 개발하는 시간'으로 모아집니다.

그림 19 학교밖청소년지원센터는 학생들의 관심사에 따라 진로 교육을 진행

"제과제빵이라든지 바리스타 교육이라든지
애견 미용이나 네일아트에 관심이 많아요.
특히 연기, 음악 등 예체능계에도 관심이 많습니다."

서은경 센터장의 설명처럼 센터는 아이들의 진로를 찾기 위해 다양한 수업을 마련합니다. 센터에서는 아이들의 흥미를 적극적으로 반영해 프로그램을 진행합니다. 제과제빵, 바리스타, 애견미용, 악기 수업 등 다양한 교육 프로그램은 아이들의 진로 탐색으로 이어집니다. 청소년들이 한 공간에 모여 정기적으로 교육을 받는 모습은 대안학교와 비슷하지만, 센터는 훨씬 개방적이고 유연한 교육 방침을 갖고 있습니다.

> "대안학교가 하는 역할을 좀 많이 담고 있어요. 그런데 저희는 좀 더 개방적이고 자율적이에요. 학교 밖 청소년은 구속을 굉장히 싫어하거든요.
> 그래서 좀 자유롭게 아이의 특성을 고려해서
> 좀 더 다독이면서 하는 경우가 많아요."

대안학교는 입학 시기도 정해져 있고 학기 제도가 있지만 센터 아이들은 들어오는 시기가 제각기 다릅니다. 오후 1시부터 5시까지 이루어지는 데일리 프로그램이 있긴 하지만 센터는 학생들이 월요일에 왔다가 화요일에 안 올 수도 있고, 수요일에 또 다시 올 수도 있다는 상황을 염두해 두고 개방형으로 운영합니다. 학생들의 자율에 맡긴 운영 방식이 학습에 있어서는 약점으로 보일 수도 있습니다. 하지만 서은경 센터장은 강점으로 작용할 수도 있다는 사실을 경험했습니다.

> "저희가 아침 9시 출근인데 8시부터 와서 1시간 내내 기다렸다가
> 같이 출근하는 아이들도 있어요. 풀어놓고 제재를 안 하니까 스스로 하는
> 힘이 생기는 경우도 있더군요."

아직 관심사를 찾지 못했거나, 하고 싶은 게 없는 학생들도 센터에 찾아옵니다. 배가 고파서 밥을 먹으러 오는 아이들도 있습니다. 여성가족부와 시의 지원으로 제공되는 식사는 아이들이 센터에 오는 중요한 이유 중 하나입니다.

식사 시간은 단지 밥을 먹는 시간 만이 아니라 또래 친구와 선생님과 대화를 나누고, 공

동체 안의 안정감을 누리는 일상이기도 합니다. 또한, 센터에서는 동아리 활동을 독려해 또래 관계를 형성하고 소속감을 느끼게 해줍니다. 아이들은 이곳에서 친구들과 함께 수학여행, 졸업 여행을 경험하며 학교를 자퇴하고 갖지 못했던 학창 시절의 추억을 선물로 받습니다.

"다양한 경로와 다양한 이유로 센터에 들어오지만
또래 친구들이 생기면서 소속감을 갖게 돼요.
다함께 소풍도 가고 수학여행이나 졸업 여행도 가거든요."

그림 20 학교밖청소년지원센터의 식사 시간은 공동체의 즐거움을 나누는 시간

이러한 센터 선생님들의 수고와 센터의 일상이 쌓여 학교 밖 청소년들은 학교 안의 청소년들보다 큰 강점을 갖기도 합니다. 부모님이 대신해주는 선택이 아닌 스스로 선택하고 책임지는 자립심입니다. 일찍부터 아르바이트를 해서 돈을 버는 친구들은 독립적인 생활에 익숙하고 자립 의지도 강합니다. 센터에 대한 좋은 소문을 듣고 찾아오는 청소년들도 있습니다.

> "아이들 사이에서 저희 센터가 소문이 나서 오는 경우도 있어요.
> 사랑이 고픈 아이들이 자기 이름을 불러주는 곳으로 모이는 것 같아요."

센터장의 설명처럼, 아이들은 그렇게 자신의 이름을 자주 불러주고 사랑과 격려의 눈빛을 건네는 어른이 있는 센터에서 사랑받는 한 사람으로 성장합니다.

▶ 강물 재단, 예수님의 사랑이 흐르게

청소년 사역은 예상하지 못한 상황이 벌어질 수 있어 정신적, 영적으로 소진되기 쉬운 사역이기도 합니다. 따라서 청소년을 돌보는 센터 선생님들 또한 돌봄이 필요합니다. 안산제일교회의 사회복지법인 '강물'은 센터의 선생님들을 돌봐줍니다. 강물 재단 산하에는 안산시의 아동청소년, 노인, 지역복지, 장애인, 외국인(다문화)을 돌보는 여러 복지사업이 있습니다. 지역 사회를 돕는 복지 기관에 속한 사역자만도 350여 명이 넘습니다.

강물 재단은 교회의 목양하듯이 기관 직원들을 돌봅니다. 결혼, 장례 등 직원들의 대소사를 챙기고 연말에는 특별한 노력이 보이는 기관에 수상식을 하면서 사기를 올려줍니다. 강물 재단은 단순히 재정을 지원하는 것을 넘어, "네 이웃을 네 몸과 같이 사랑하라"는 고훈 원로목사님의 설립 이념이 계속 흘러가도록 기관 직원들의 교육과 예배의 시간을 마련합니다. 이러한 재단의 노력으로 300명이 넘는 직원들은 지역 사회에 예수님의 사랑을 전하는 일을 지속할 수 있습니다.

안산제일교회는 지역 사회를 섬기는 데 있어서 교회가 직접 진행하는 사역과 강물 재단을 통해 행정 기관과의 협력하는 사역을 병행합니다. 교회가 직접 섬기는 사역은 성도들의 자발적인 참여와 애정을 불러일으키지만, 재정적 한계와 사역을 지속하기 어려운 경우가 발생합니다.

그림 21 안산제일교회의 허요환 담임목사

반면, 시청, 구청 등 행정 기관과 협력하는 사역은 공신력을 갖고 사역이 지속적으로 유지된다는 장점이 있습니다. 허요환 담임목사는 교회가 행정 기관과 함께 할 때의 장점에 대해 이렇게 설명합니다.

"교회가 이웃의 어려움을 다 알 수가 없잖아요.
그런데 지역의 상황을 꿰뚫고 있는 행정 기관과 함께 하면 이웃을
세심하게 도울 수도 있습니다. 행정 기관의 전문적인 조언도 얻을 수 있고요.
교회의 시야가 더 넓어지는 것 같습니다."

실제로 안산제일교회 산하의 이주민 상담센터는 안산시의 위탁을 받아 13개국 언어로 상담 서비스를 제공하고 있습니다. 외국인들을 위한 '동사무소' 역할을 수행하고 있는 것입니다. 이곳에서 만나는 다양한 사례 중 교회가 단독으로 해결하기 어려운 문제는 지역 병원 등 다른 파트너들과 연계해 해결합니다. 강물 재단의 다양한 지역 섬김을 통해 교회에 대한 신뢰가 높아졌습니다.

▶ **교구와 복지 기관의 자매결연**

강물 재단의 기관 사역은 지역 사회를 섬기는 교회의 주요한 사역입니다. 안산제일교회는 성도들이 장애인, 청소년, 다문화 등 여러 기관의 사역에 관해 관심을 갖고 기도로 함께 할 수 있도록 교구와 기관을 자매결연하였습니다.

교회는 제2교육관을 브릿지센터로 이름을 바꾸고 지역 사회에 개방했습니다. 브릿지센터에는 별별작은도서관, 발달장애인 주간 활동을 돕는 제일꿈터, 그리고 학교 부적응 청소년들을 위한 브릿지상담센터 등이 있습니다. 브릿지센터는 주일에는 교회 학교 공간, 주중에는 이웃과 공유하는 공간으로 사용됩니다.

그림 22 안산제일교회 브릿지센터의 작은도서관

"성도는 예수님의 제자이면서 한 명의 시민이잖아요.
지역에서는 시민으로서 이웃을 돕는 것이
산상수훈에서 예수님이 말씀하신 빛과 소금의 역할을 감당하는 일이 아닐까요."

허요환 담임목사의 설명처럼 안산제일교회는 신앙 교육을 통해 예수님의 제자를 양성하는 동시에, 성도들이 지역에서 책임감 있는 시민으로 살아갈 수 있도록 돕습니다. 신앙인으로 세상과 구별됨이 필요하지만 동시에 지역 사회의 한 시민으로서 이웃과 함께함도 필요합니다. 허요환 목사는 초대교회의 부흥 요인 중 하나를 '환대'라고 말합니다. 안산제일교회는 찾아오는 이웃을 조건 없이 환대하고 어려운 이웃에 찾아가는 섬김의 지경을 넓혀가고 있습니다.

인터뷰 서은경 센터장 _ 안산시 청소년상담복지센터

1년에 300명 이상의 안산시 학생들이 학교를 떠난다고 들었습니다. 어떠한 이유로 학교를 나오는 걸까요?

센터장: 안산 같은 경우에는 공단이 있다 보니 일자리 때문에 이곳에 온 가정도 있고, 이혼해서 이사 온 분들도 있으세요. 외국에서 이주해 온 다문화 가정의 청소년들도 있고요. 이런 청소년 중에서 학교에 적응을 잘 못 하고 나오는 아이들이 있어요. 이외에도 친구 관계의 어려움, 학교폭력으로 인한 사례도 있지요.

요즘에는 우울증이나 무기력, 은둔형 외톨이 같은 정신적인 어려움으로 인해 학교를 계속 결석하면서 학업이 중단된 학생들도 있어요. 범죄에 노출되어 비행 문제로 학교를 그만두게 된 청소년도 있습니다. 조기 졸업이나 홈스쿨링을 선택해서 학교를 떠난 학생들도 있고, 다양한 이유로 학생들이 학교를 떠나고 있습니다.

학교밖청소년센터에서 청소년들의 반응이 좋았던 프로그램은 무엇인가요?

센터장: 사회 경험이 없다 보니까 카페에서 커피를 주문해서 마시는 것도 되게 조심스럽고 어려운 아이들이 있어요. 그런 아이들을 위해서도 그렇고, 센터 아이들에게 사회 경험을 시켜주기 위해서 창업 활동을 해요. 손재주 있는 아이들이 뜨개질로 수세미를 만든다든지 가죽 공예로 가죽 지갑을 만들어요. 제작한 물건을 상품화해서 센터 옆 시장에서 팔기도 하고, 음료도 팔면서 판매 경험을 해보고 있습니다. 아이들과 자치 회의를 해서 판매금을 다른 기관에 후원하기도 했어요. 이런 프로그램이 아이들의 활동을 좀 더 활성화시키는 것 같아요.

지역 청소년 돌봄을 원하는 교회는 어떤 준비를 하면 좋을까요?

센터장: 다음세대 사역을 하실 때는 지역의 특성을 잘 보시면 좋을 것 같아요. 청소년과 관련해서 교육청에서 하는 돌봄이 있고, 지자체에서 하는 돌봄이 있어요. 교육청 홈페이지를 보시면 청소년 돌봄에 관한 공고들을 찾으실 수 있을 거에요. 교회가 법인이나 사무국을 세우시고, 행정 기관하고 함께 일할 수 있으면 지역 아이들의 교육이나 돌봄 사역을 하는데 브릿지 역할을 할 수 있어요. 안산제일교회도 자체적으로 하는 브릿지상담센터가 있는데요. 경찰서에서 하는 사랑의 교실 선도 교육 같은 것들을 받아서 아이들을 돌보고 상담하는 프로그램을 하고 있어요.

※ **안산제일교회**는 경기도 안산시 단원구에 위치한 대한예수교장로회 통합 소속 교회로 허요환 담임목사가 섬기고 있습니다.
주소: (15261) 경기도 안산시 단원구 예술대학로2길 11 (고잔동, 안산제일교회)
전화번호: 031-485-0955

학폭의 실수를 성장의 기회로 이끄는 교회

#브릿지청소년센터 #교육청위탁 특별교육기관

성남동부교회 브릿지청소년센터의 지역 청소년 돌봄 Tip
- 학교폭력 가해자나 교권침해 학생들은 부모와 함께 대화법에 대한 교육
- 선도 대상인 학생들에게 자신의 감정, 생각, 가치관을 돌아보는 교육
- 실내 선도 교육은 교재와 영상을 사용해 참여형 교육
- 야외 체험 교육으로 다양한 경험 제공과 시야를 넓혀 주는 교육

보통의 중고등학교 학생들이라면 학교로 등교하는 이른 아침. 학교가 아닌 성남동부교회의 브릿지청소년센터로 오는 학생들이 있습니다. 학교에서 "소위 사고를 친" 학생들입니다. 학교폭력이나 선도조치, 교육 활동 침해 등의 선도 대상자가 된 초,중,고등학교 학생들입니다.

브릿지청소년센터는 경기도 교육청에서 위탁을 받아 "학교에서 문제를 일으킨 학생"으로 분류된 학생들에게 특별교육을 진행하는 위탁교육기관입니다. 학생들은 학교가 아닌 외부의 공인된 기관에서 학생들이 일정 기간 교육을 받고 다시 학교로 복귀합니다.

▶ '사고 친' 학생들이 찾아오는 교회

성남동부교회의 후임목사이자 브릿지청소년센터의 센터장 이창근 목사는 2023년부터

"사고 친" 학생들을 만나고 있습니다. 학생들은 특별 교육을 받기 위해 센터가 있는 성남동부교회에 찾아옵니다. 주중에는 조용했던 교회에 학생들이 오고 가니 교회가 북적이고 좋은 부분도 있습니다. 하지만, 간혹 난감한 상황이 벌어지기도 합니다.

> "센터에 오는 학생들 중에는 평범하지 않은 외모의 학생들도 옵니다.
> 문신을 한 친구, 인상이 험한 친구, 옷을 희한하게 입는 친구들이
> 교회로 들어오니 같은 건물에 계신 이웃이나
> 상가분들의 시선이 곱지 않을 때도 있지요."

특별한 외모로 인한 주변의 시선도 안타깝지만, 이창근 센터장은 아이들을 함부로 판단하는 어른들의 말이 더욱 안타깝다고 합니다. 교회 앞에서 담배를 피우고 들어오는 학생들을 비난하는 어른들에게 그는 좀 더 너그럽게 봐주시기를 부탁드립니다. 이러한 노력이 없었다면 교회가 사역을 지속하기는 어려웠을 것입니다.

> "학생들이 자신의 감정과 성격이 어떤지, 어떤 가치를 갖고 있는지,
> 자신이 예민하게 반응한 것들은 무엇인지
> 하나씩 알아가면서 자신의 마음을 살펴보는 시간을 갖습니다."

초,중,고등학교에서 위탁 교육을 보낸 학생들은 브릿지청소년센터에 하루 또는 3일, 5일 동안의 교육을 받습니다. 문제 행동에 따라 센터에 오는 기간과 교육 과정이 달라집니다. 학교 결석, 지각, 흡연 등의 벌점을 받아서 오는 학생의 경우는 하루 교육이지만 학교폭력과 교권 침해로 온 학생들은 다릅니다. 6시간씩 5일 동안 진행되는 30시간 교육 프로그램을 학생과 보호자가 함께 받습니다. 교육은 아침 9시부터 오후 4시까지 6교시에 걸쳐 진행됩니다. 이창근 센터장은 센터에 온 학생들이 가장 먼저 '나의 감정을 통한 가치 찾기' 교재를 통해 자신을 돌아보며 자신에 대해 알아간다고 설명합니다.

이러한 교육 과정은 교재와 영상을 통해 자신의 문제점을 스스로 발견하고 미래를 설계

하도록 돕는 참여형 수업입니다. '행복한 가정을 찾아 떠나는 여행'은 학생과 보호자가 함께 우리 가정이 어떤 가정인지에 대해 알아보는 프로그램입니다. 우리 가정이 중요하게 여기는 것들은 무엇인지 하나씩 찾고, 우리 가정이 어떤 방향으로 가야 할지를 나눕니다. 가정 안의 언어 생활도 점검해 보고, '이런 가정이 되었으면 좋겠다'는 방향성을 찾고, 구체적인 행동 또한 결심합니다.

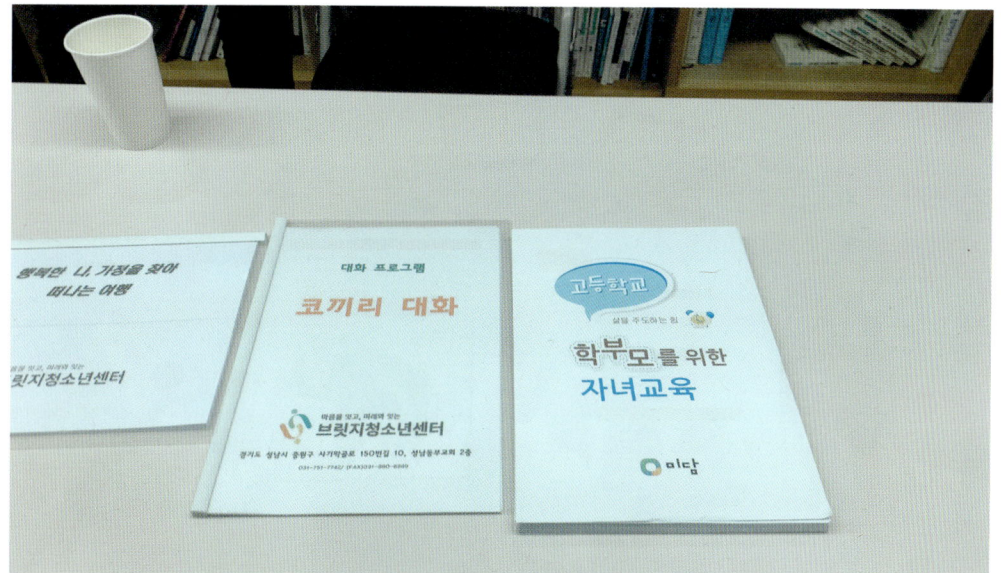

그림 23 건강한 자기 표현을 돕는 브릿지청소년센터의 교재

▶ **자아를 발견하고 성장을 돕는 교육**

코끼리를 모티브로한 '대화 프로그램'은 건강한 대화 습관을 익히도록 돕습니다. 코끼리의 신체적 특징을 통해 대화 습관을 알아보고, 어떤 대화의 방식으로 나아가야 될지를 배웁니다. 센터는 최근에 성폭력 관련 교육 교재도 개발하며, 학교에서 발생하는 문제에 맞춰서 교육을 제공하고 있습니다.

브릿지청소년센터에서는 야외 체험 활동도 병행합니다. 좋은 영화를 학생들과 함께 보고, 등산을 하며 이야기를 나누고 마음을 터놓습니다. 중독 관리 지원센터와 연계해 전문가의 강의를 듣는 등 다양한 외부 활동도 이루어집니다. 이창근 센터장은 이를 "주중에 하는 주일 학교다"라고 설명합니다.

> "학생들은 저를 센터장님이나 목사님이 아닌 '쌤'이라고 부릅니다.
> 학교에서 사고치고 센터에 온 일을 낙인이라고 생각하지 말고,
> 낙인이 아닌 경험이 되게 하자고 격려합니다."

그림 24 브릿지청소년센터는 교육 기간동안 야외 체험 활동

이창근 센터장은 학생들이 사고를 치고 왔다고 해서 '야! 너는 문제 있어'라고 단정하는 태도가 더 큰 문제라고 합니다. 센터에 오는 학생들 중에는 억울한 상황이거나 억울함을 크게 느끼는 경우도 많기에, 먼저 학생들의 이야기에 귀를 기울이고 공감하는 태도가 중요합니다. 그 후에 훈육이 필요한 부분은 따끔하게 혼을 내는 진심 어린 태도가 학생들의 마음을 열게 합니다. 처음에는 굳은 표정으로 센터에 온 학생들도 시간이 지나면서 표정이 완전히 달라집니다. "여기에 오길 잘했어요."라는 말을 남기고 학교로 복귀하는

학생들도 있습니다.

▶ 개척교회가 청소년을 만나는 방법

브릿지청소년센터는 성남동부교회만의 사역은 아닙니다. 여러 개척교회가 모여 교육 전문 경기도 비영리 민간단체인 미담을 설립했습니다. 이창근 센터장이 이사장으로 있는 미담은 6개의 지부로 시작해 현재 10개가 넘는 지부가 속해 있습니다. 지부가 되기 위해서는 사무실, 교육 공간, 상담실 등 기본적인 시설을 갖춰야 하며, 교육청의 현장 실사를 통과해야 합니다. 강사진 구성도 중요합니다. 각 지부마다 정교사 자격증을 가진 인력이 1인 이상 있어야 합니다. 브릿지청소년센터의 경우 9명의 강사진 중 7명이 지역 목사님들로, 봉사하는 마음으로 사역에 동참하고 있습니다. 미담은 1년에 한 번씩 정기 연수를 통해 강사들의 역량을 강화하고 있습니다. 또한, 성폭력 및 범죄 경력 조회 등 철저한 검증과 관리를 통해 센터의 공신력을 유지하고 있습니다.

미담에 속해 있는 브릿지청소년센터는 경기도 교육청의 지정을 받아야 운영할 수 있는 특별교육 기관입니다. 특별교육 기관은 2025년 현재 경기도 내 157개 기관 중 성남에 7개 기관만이 지정되어 있을 정도로 엄격한 검증과 절차를 거칩니다. 브릿지청소년센터가 속한 미담 지부에는 많은 개척교회 목사님들이 사역하고 있습니다. 사역의 한계를 느끼던 개척교회 목회자에게 브릿지청소년센터는 청소년 돌봄 사역을 펼칠 수 있는 경험과 동력이 되었습니다.

성남동부교회의 후임목사가 되기 전, 이창근 센터장 또한 개척교회의 목사였습니다. 개척교회의 현실은 다음세대를 위한 사역을 하는 데 여러 한계가 있었습니다. 코로나 팬데믹이 터지면서 개척교회의 어려움은 더욱 커졌습니다. 청소년을 위한 사역을 이어가려 했지만, 개척교회에서는 학생들을 만날 기회가 많지 않았습니다. 이창근 목사의 기도와 고민 가운데 '브릿지청소년센터'라는 새로운 길이 열렸습니다.

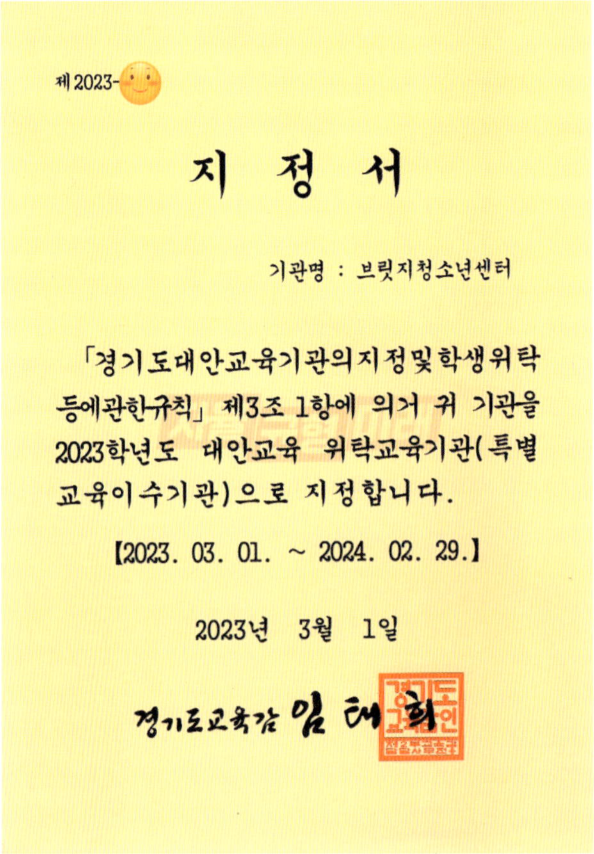

제 2023-

지 정 서

기관명 : 브릿지청소년센터

「경기도대안교육기관의지정및학생위탁등에관한규칙」 제3조 1항에 의거 귀 기관을 2023학년도 대안교육 위탁교육기관(특별교육이수기관)으로 지정합니다.

【2023. 03. 01. ~ 2024. 02. 29.】

2023년 3월 1일

경기도교육감 임 태 희

그림 25 브릿지청소년센터는 교육부에서 대안학교 위탁 교육 진행

"학생들을 교회에서 만날 수 있는 방법이 뭘까 고민하다
학생을 교회로 오게 하는 방법을 생각했지요.
뜻을 같이했던 목사님들과 우리가 특별교육 단체를 만들어보자
해서 시작한 게 브릿지청소년센터입니다."

물론 직접적으로 종교적인 교육을 할 수는 없습니다. 하지만 코로나 이후 교회를 배척하는 분위기 속에서 어려운 학생들을 돕는 교회의 도전이 긍정적인 변화를 가져올 것이라는 확신이 들었습니다.

이창근 목사는 개척교회 목사들이 이중직으로 인해 겪는 어려움을 잘 알고 있습니다. 이

중직을 하다 보면 육체적으로 지치고, 교회에 머무는 시간이 적다 보니 목회자로서 내적 갈등도 겪습니다. 그러나 선도 학생들을 대상으로 한 특별교육 사역을 통해 교회 공간을 주중에 교육 공간으로 사용하고, 교회에서 청소년들을 직접 만나 상담하고 교육하면서 목회자로서의 은사를 활용할 수 있게 됩니다. 이창근 센터장은 개척교회 목회자들이 '한 영혼'에 대한 사랑과 열정으로 학생들을 섬기는 태도로 인한 선한 영향력을 이렇게 설명합니다.

> "센터에 오는 학생들 중에는 교회를 처음 방문하는 경우가 많아요.
> '교회에 와 보니 어색하지 않은데요. 목사님도 재밌는데요.'라는 반응을 보여요.
> 학부모들 역시 처음에는 어색해하다가도, 목사와 가까워지면
> 이야기를 털어놓으며 상담 모드로 전환됩니다."

이창근 센터장은 브릿지청소년센터에서 학생들을 만난 목회자들이 요즘 청소년들을 경험하고 이해할 기회가 되었다고 합니다. 요즘 10대들이 어떤 고민을 하고, 어떤 부분에 문제가 있는지를 파악하는 기회가 되었다고 합니다.

브릿지청소년센터가 청소년 돌봄 사역을 하며 성남동부교회에도 좋은 변화가 일어나고 있습니다. 교육청과 같은 관공서의 엄격한 검증 단계를 거친 청소년센터로 인정받자 센터가 속한 교회 또한 공신력 있는 단체로 지역에서 신뢰를 얻게 되었습니다. 이는 교회를 출석하지 않는 이들에게도 교회에 대한 부정적 이미지를 해소하고, 복음 전파에 대한 거부감을 줄이는 중요한 요소입니다.

지역 학교들로부터 신뢰를 얻은 브릿지청소년센터에는 2024년에만 약 410명의 학생이 교육을 받았습니다. 그중 188명의 학생은 학교폭력과 교권 침해로 보호자와 함께 센터에서 교육을 받았습니다. 브릿지청소년센터는 앞으로는 고등학교 입시 학점 준비 세미나, 학교폭력법 강화 세미나 등 지역 주민과 학생들에게 실질적인 도움을 줄 수 있는 교육을 준비하고 있습니다. 브릿지청소년센터는 학교의 문제아들을 하나님 나라의 다음세

대로 키우고 있습니다. 지역과 학교의 금이 간 곳으로 스며들어 선한 영향력을 전하고 있습니다.

인터뷰 이창근 센터장 _ 브릿지청소년센터, 성남동부교회 후임목사

브릿지청소년센터에 대해서 소개 부탁드립니다.

센터장: 경기도 교육청의 위탁을 받은 특별교육 기관으로 학교에서 문제를 일으킨 학생들을 받아서 교육하고 선도하는 곳입니다.

학교에서 세 부류의 학생들을 위탁 교육을 위해 센터로 보내는데요. 첫째가 학교폭력 둘째가 교권 침해, 셋째가 선도생활교육이라고 결석, 지각, 흡연으로 벌점이 쌓여서 오는 학생들입니다. 학교폭력과 교권침해는 학생이 보호자와 같이 와서 교육을 받습니다.

개척교회 목사님들과 함께 브릿지청소년센터를 열게 된 계기는 무엇인가요?

센터장: 코로나 팬데믹 이후에 개척교회의 주일학교 학생들이 줄고, 청소년 사역을 하기가 너무 어려웠습니다. 아이들을 만날 기회도 적다 보니 교회로 아이들을 오게 하는 방법이 없을까 고민하다가 교육청의 특별교육을 알게 되었지요.

뜻이 맞는 개척교회 목사님들과 마음을 모아 브릿지청소년센터 사역을 하게 되었는데 청소년 사역을 안 해본 목사님들이 없으시잖아요. 목사님들께서 기본적으로 상담과 교육의 은사도 있고, 청소년들에 대한 애정이 있으셔서 열심히 하고 계십니다.

개척교회가 브릿지청소년센터처럼 교육청위탁 특별교육기관 사역을 하려면 어떤 조건이 필요할까요?

센터장: 먼저 교육 공간 확보가 되어야 하고 상담실이 있어야 합니다. 지역 교육청에서 실사를 와요. 현장 점검을 해서 특별교육이 충분히 가능하다는 것이 인정되었을 때에 특별교육 기관으로 지정이 됩니다.

그 다음에 강사진 구성이 어떻게 되는지도 중요합니다. 저희 브릿지청소년센터 같은 경우에는 미담이란 상위 기관을 통해서 지부들이 강사진을 공유해요. 총 9명의 강사진이 있는데, 정교사 자격증이 있는 분이 1인 이상이어야 합니다.

브릿지청소년센터 사역을 하기 전에 지역 주민들과 소통할 기회가 있으셨다고 들었습니다. 어떤 기회였나요?

센터장: 제가 주민자치위원회를 했었어요. 주민분들이 지역 사회를 위해 어떻게 일을 하는지 보고, 이들의 언어부터 배워보자는 마음으로 참여했습니다. 목사라고 하니까 처음에 다들 좀 놀라시더군요. 주민분들과 함께 열심히 지역 일을 하다 보니 주민자치위원으로서 모든 것을 결정할 수 있는 그런 분과장까지 맡게 주시더군요. 주민자치위원회를 하면서 '주민들이 이런 생각을 하는구나, 요즘 사회는 이런 생각을 하고 있구나, 교회를 이런 눈으로 바라보고 있구나' 하고 알게 되는 기회가 되었습니다. 브릿지청소년센터도 그런 경험이 있었기 때문에 시작할 수 있었습니다.

※ **성남동부교회**는 경기 성남시 중원구에 있는 대한예수교장로회 합동 소속 교회로 김형배 담임목사가 섬기고 있습니다.

주소: (13203) 경기 성남시 중원구 사기막골로 150번길10 산성아파트

전화번호: 031-745-7801

1등부터 꼴등까지 함께 성장하는 청소년센터

#청소년지역아동센터

> **광현교회의 지역 청소년 돌봄 Tip**
> - 청소년에게는 학교와 집 외에 편하게 쉬고 놀 수 있는 제3의 공간이 필요
> - 학생의 자율성과 주도성을 키우는 동아리 운영으로 진로 찾기
> - 동아리가 활성화되면 다른 학생들도 관심을 갖고 동아리에 참여
> - 학생들이 즐길 수 있는 게임, 노래방 등 놀거리 제공. 재미가 있어야 자주 방문

은평구 갈현2동에 자리한 광현교회는 초등학교부터 중학교 고등학교까지 10여 개의 학교로 둘러싸여 있습니다. 학교 수업이 마치는 시간이면 동네 골목길은 교복 입은 중고등학생들로 가득 찹니다. 교회가 위치한 갈현2동은 학교와 주택도 많지만 먹자골목과 유흥 시설도 많습니다. 광현교회는 이러한 동네 아이들의 상황을 외면하지 않았습니다. 교회의 문을 열고, 지역 청소년들이 건강하게 자랄 수 있도록 적극적으로 나섰습니다.

▶ 함께 쉬고, 노는 청소년들의 아지트

늦은 오후 시간, 학교를 마친 중고등학교 학생들이 하나둘 모여듭니다. 센터 선생님과 인사를 주고받고는 가방을 던져놓고, 소파에 반쯤 눕습니다. 스마트폰을 보는 아이들, 센터 내 게임기를 켜고 게임을 하거나 노래방에서 노래를 부르는 아이들도 있습니다. 각자의 방식으로 휴식을 취한 후 약속된 시간에 센터 중앙 테이블에 모입니다.

이 자리는 동아리 활동을 하는 한 학생의 발표를 듣기 위해 마련되었습니다. 환경에 관심이 많은 학생은 그동안 준비한 제로웨이스트에 대해 발표합니다. 제로웨이스트 실천 사례와 외국의 사례를 소개합니다. 이 시간은 학생 스스로 참여하고, 준비하는 동아리 활동입니다.

그림 26 광현교회의 청소년지역아동센터 동아리 활동 모습

지역아동센터를 운영하던 2006년 초기에는 아이들이 학교 공부에 뒤처지지 않도록 국영수 등의 학습에 집중했습니다. 가난의 대물림을 끊기 위해서는 공부와 실력이 중요하다고 생각했습니다. 밤12시까지 공부를 시켰지만 이러한 방식으로는 아이들의 전인적 성장이 어렵다는 사실을 깨닫게 되었습니다.

센터에서 밤 12시까지 공부를 한 학생들이 가족과 함께 보낼 시간이 없었습니다. 또한 학습 욕구나 학습 목표가 없는 아이들에게는 학습이 아닌 다른 무엇인가가 필요해 보였습니다.

"선생님들 눈에 들어온 게 뭐였냐면 어떤 친구가 존재감도 없었는데 그 친구가 공부를 빼고 보니 잘하는 게 많이 보이더군요."

의지도, 열정도 없어 보이며 존재감이 없이 지내던 학생이 공부가 아닌 자신이 좋아하는 부분에는 열심을 내며 존재감을 드러내는 모습에 센터는 교육의 방향을 전환했습니다. 센터에 오는 한 명, 한 명의 학생의 재능을 발견하고 그 재능을 키워주는 일에 초점을 맞추게 되었습니다.

▶ **학생의 관심에 따른 맞춤 교육**

물론 하고 싶은 것이 아직 없는 학생들도 있습니다. 그런 친구들에게는 그냥 센터에 와서 머물며 쉬게 합니다. 센터에 와서 다른 친구들이 하는 동아리 활동을 보고 듣기도 합니다. 다양한 분야의 전문가와 함께 하는 센터의 활동에 참여하면서 자신의 관심사를 찾아가기도 합니다.

그림 27 센터는 학생들을 위한 다양한 악기 수업 제공

센터는 아이들의 학습, 문화, 급식 그리고 모든 체험들을 할 수 있도록 돕습니다. 그리고

진로와 관련해서 아이들이 꿈을 펼칠 수 있도록 전문가와 연계하는 다리 역할을 합니다.

> "센터는 아이들의 아지트처럼 와서 쉬는 공간이에요. 쉬면서 멍 때리면서 자기가 하고 싶은 것을 찾아가는 공간이지요. 아이들이 편안하게 지내다가 하고 싶은 것들이 생겨요. 그럼 그걸 선생님에게 이야기했을 때 관련된 전문가로 연결시켜 주죠."

센터는 정해진 프로그램이 아닌 각자가 '하고 싶은 것'에 초점을 맞춰 학생들의 활동을 지원합니다. 학생들이 관심을 갖게 된 분야를 배울 수 있도록 교육비를 위한 장학금을 연계해 주기도 합니다. 대학생 멘토를 만날 기회도 제공합니다. 이렇게 센터는 청소년들이 하고 싶은 것을 찾고, 한 걸음씩 도전해 볼 수 있도록 돕고 있습니다. 광현교회에는 오케스트라 교육 프로그램을 운영하고 있습니다. 통기타, 베이스기타, 현악기, 관악기 등 다양한 악기들이 준비되어 있어, 센터 학생들은 원하는 악기도 배울 수 있습니다.

학교 수업을 마치고 센터에 온 아이들은 밤 10시까지 함께 지냅니다. 저녁 식사를 먹고 공부를 하고 놀면서 하루하루 일상을 공유합니다. 특히 저녁 식사 시간에 아이들은 선생님들과 이야기를 나누며 더욱 친해집니다. 센터는 중학교 1학년 때 들어온 아이들은 고등학교 3학년을 졸업할 때까지 6년을 함께 지냅니다. 전교 1등부터 꼴찌까지 다양한 아이들이 어우러져 가족 같은 분위기 안에서 아이들은 자라고 있었습니다.

> "센터에는 서울대에 진학한 학생부터, 대학에 가지 않고 취업하는 학생까지 다양한 아이들이 함께 어울려 지내요. 서로 차별하지 않는 따뜻하고 가족 같은 분위기가 센터의 가장 큰 장점이죠."

송 센터장은 청소년들에게 '재미'도 무척 중요하다고 조언합니다. 재미있어야 아이들이 모이고, 재미있어야 아이들에게 동기가 생기고, 재미있어야 아이들에게 하고 싶은 마음이 생깁니다. 센터는 먼저 아이들에게 이곳이 재미를 주는 공간이기를 바랍니다. 그리고 센터 선생님들은 재미 위에서 청소년들의 인성과 학습 교육이 가능함을 경험했습니다.

▶ 청소년이 건강한 성인이 될 때까지

광현교회가 지역 아이들을 돌보기 위해 시작한 것은 2005년 IMF 외환 위기 때였습니다. 경제적 파산을 겪은 가정들로 인해 지역 내 돌봄이 필요한 아이들이 급증하면서 시작되었습니다. 당시 광현교회 담임목사는 부모들이 일하러 간 초등학교 아이들을 모아 공부를 가르치고 먹였습니다. 그렇게 교회는 초등학생들을 대상으로 하는 지역아동센터를 열었습니다.

지역아동센터를 처음 열었던 그 시절, 송재화 센터장에게는 기억에 남는 한 학생이 있습니다. 태어나면서부터 할머님의 손에서 길러진 아이였습니다. 어머님과 아버님의 사랑을 많이 받지 못했고 할머님이 아이에게 교육적인 자극을 많이 주지 못해 지능이 경계선에 있는 학생이었습니다.

학교와 센터가 협력하여 학생을 돌보기 시작했고, 또래 친구들과도 관계를 맺을 수 있도록 도왔습니다. 중학교 3학년 때 만난 담임선생님과 센터의 지속적인 노력으로 아이는 변화하기 시작했습니다. 6년 동안 센터에서 돌봄을 받던 학생은 고등학생이 되어서는 장애가 있는 친구들을 돌보며 전국 여행을 다닐 만큼 성장했습니다.

> "6년 동안 센터에서 지내며 아이가 많이 변화되었어요. 현재는 건강한 25살의 청년이 되었지요. 감사 인사를 전하러 센터에 오기도 했어요"

또 다른 한 학생은 마트에서 음식을 훔치다 적발되어 경찰서에 가게 된 학생이었습니다. 당시 저희가 운영하던 초등학교 아이들을 위한 지역아동센터를 졸업한 학생이었어요. 일하느라 경찰서를 갈 수 없는 어머니를 대신해서 센터가 도움을 주었던 학생이었습니다.

센터를 졸업한 초등학생들이 길에서 다시 방황하는 모습을 보고 광현교회는 중고등학교 학생들을 위한 센터도 운영하게 되었습니다. 청소년지역아동센터의 시작점이 되었던 그 아이는 31살의 청년이 되어 소방공무원 시험에 만점으로 합격했다는 소식을 전해왔습니다.

센터 선생님들은 "아이들이 건강한 성인이 될 때까지 돌보는 것이 우리의 몫"이라는 생각으로 마음이 모아졌고, 담임목사님은 지역 청소년들을 위해 사택을 내어주셨습니다. 2011년 ,초등 지역아동센터에 이어 중고등학생을 위한 청소년지역아동센터가 열렸습니다.

> "운영 초기에는 재정적인 어려움이 있었어요. 개소 후 2년 동안은
> 보조금이 나오지 않았어요. 초기 운영에 약 2억 원 정도가 들었는데,
> 저희가 모은 후원금으로 1년을 버텼죠."

자금이 떨어져 센터가 폐쇄 위기에 처했을 때 은평구청에서 구립화를 제안했습니다. 2012년 광현구립 청소년지역아동센터로 전환되면서 비로소 안정적인 운영이 가능해졌습니다. 현재 은평구 내 유일한 청소년센터로서 그 역할을 잘 감당하고 있습니다.

그림 28 주중의 교회 식당은 학생들을 위한 식사 공간

▶ 교회 건물이 지역 돌봄 센터로

2017년, 광현교회는 새 성전을 건축하며 지역 아이들을 품을 수 있는 공간을 마련했습니다. 설계 단계부터 다음세대를 위한 공간으로 만들어졌습니다.

건물 밖은 십자가가 달린 교회 건물이지만 안으로 들어서면 지역 아동과 청소년을 위한 센터 같은 공간입니다. 지하 1층에는 지역 중고등학생들을 위한 광현구립 청소년센터가 있습니다. 1층에는 어린이집과 지역 주민들을 위한 카페가 마련되어 있습니다. 2층에는 130여 명을 수용하는 중강당과 초등학생들을 위한 지역아동센터가 있습니다. 주중인데도 초등학교 아이들로 인해 교회가 북적입니다. 3층에는 다목적 비전홀이 있어 각종 체육 활동과 음악회, 공연이 열립니다. 저녁 식사 시간이 되면 센터의 아이들이 교회 5층 식당에 모입니다.

그림 29 교회 건물이 지역 아동들을 위한 공간으로

"주일 예배 공간인 3층 다목적 홀은 주중에 전혀 다른 모습으로 변신합니다.
의자를 모두 접어 넣으면, 아이들이 뛰어노는 체육관이 되고,

지역 주민들을 위한 음악회가 열리는 공연장이 됩니다."

6층의 교회 옥상에서는 텃밭을 가꾸고, 고기 파티, 야외 음악회가 열리는 인기 장소입니다. 주중의 교회 건물은 지하 1층부터 6층까지 지역 초등학생과 청소년들이 놀고, 공부하며 일상을 누리는 공간이 됩니다. 빼곡하게 들어선 주택과 상가, 좁은 골목과 골목이 이어진 동네에서 교회는 지역 주민과 아이들에게 넓은 여유의 공간을 제공합니다.

송 센터장은 교회에서 만나는 주일 학교 아이들과 센터의 아이들의 가장 큰 차이점으로 '시간'을 말합니다. 교회에서 아이들을 만나는 시간은 일주일에 한 번, 짧은 시간입니다. 하지만 센터에서는 주중에도 함께 일상을 나누며 함께 지냅니다. 그렇게 쌓인 일상 덕분에 청소년들에게 센터 선생님들은 "어려울 때 생각나고, 말하고 싶을 때 두드릴 수 있는 어른"이 됩니다.

그림 30 주중에 예배당은 학생들과 지역 주민들을 위한 스포츠 활동 공간으로

"어떤 종교적인 목적 없이 내가 너와 함께하고 있고,
너를 도울 마음이 있다 라는 것이 전해졌을 때 아이들이 진심을 느껴요.

그럴 때 마음의 문이 열리는 것 같아요."

물론 아이들도 청소년지역아동센터가 교회에서 운영하는 시설이고, 선생님들이 교회에 다닌다는 사실을 잘 알고 있습니다. 송 센터장은 "교회에는 예수님의 피가 흐른다고 생각해요. 그래서 아이들이 이 교회라는 공간에 발을 디딜 때 예수님의 피가 아이들의 발에 묻어서 언젠가 예수님을 알게 되기"를 믿으며 기도합니다.

"예수님께서 우리에게 보여주신 모범은 이미테이션이 아니고
인카네이션(Incarnation) 즉 성육신입니다. 모방이 아니라
그 지역 사회에, 아이들이 있는 현장 속에
녹아 들어가야 합니다."

그림 31 광현교회의 서호석 담임목사

서호석 담임목사는 교회가 서 있는 현장에서 말씀이 육신이 된 예수님의 사랑이 이루어지는 것이 중요하다고 말합니다. 10여 개의 초,중,고등학교에 둘러싸인 광현교회는 지역 아이들의 필요에 귀를 기울이고, 마음의 문을 열었습니다. 지역 아이들을 돌보고 가르치

며 예수님의 사랑이 무엇인지를 경험하도록 섬기고 있습니다.

인터뷰 송재화 센터장 _ 구립 광현청소년지역아동센터

다른 청소년센터와 교육 방법이 좀 다르다고 들었습니다. 어떻게 다른가요?

센터장: 저희 센터는 반별로 프로그램을 운영하기보다는 각 아이들의 관심사에 맞춰 프로그램을 운영해요. 아이들이 하고 싶은 분야나 주제가 생겼을 때 그 요청에 맞는 동아리를 운영하고, 단 3명 또는 5명이어도 아이들이 하고 싶어하는 프로그램을 운영해요. 그러다 보니 강사비나 교육비가 많이 들어가죠. 이렇게 운영하기에는 국가 지원금이 부족해요. 그래서 자원봉사나 재능 기부를 해 주시는 분들의 도움을 받고 있어요.

센터 청소년들이 좋아했던 프로그램이나 행사는 무엇인가요?

센터장: 센터 아이들과 자치회의에서 여행가고 싶은 곳을 논의하는데 몇 년 전부터 해외에 가고 싶다는 친구들이 생겼어요. 한 3년 정도 꿈만 꾸다가 작년에 일본 여행 비용을 모으기 위해서 선생님과 아이들이 40일 동안 주민센터 앞에서 군고구마를 팔았어요. 그 모습을 보시고 한 후원자분께서 아이들 일본 가서 기죽지 않게 맛있는 거 사주라고 300만 원을 후원해 주시기도 했어요. 그렇게 돈을 모아서 작년 겨울캠프 때 일본을 다녀

와서 아이들과 즐거운 시간을 보냈죠. 아이들이 올해 또 나가고 싶어해서 바자회 물품을 모아서 해외로 캠프를 한번 더 다녀올 수 있도록 준비해 보려고요.

센터에서 오랫동안 청소년들과 함께 하셨는데요. 청소년들과 소통을 잘 하는 방법이 있을까요?

센터장: 청소년센터 선생님들이 오후 1시에 출근해서 밤 10시까지 학생들과 센터에 있어요. 방학 때는 오전 10시부터 저녁 7시까지 운영을 해요. 학기 중에도 아이들에게 저녁 식사를 제공해서 식사를 하면서 일상적인 대화를 나누고는 하죠. 이렇게 함께 하는 시간이 쌓여서 아이들과 소통할 수 있는 신뢰가 쌓인다고 생각해요.

그래서 청소년들과 소통을 잘 한다는 게 매번 어렵긴 하지만 한 가지 확실한 것은 "나는 늘 그곳에 있는 사람이라는 것을 알려주고, 네가 필요로 할 때 나는 언제든지 널 도울 준비가 되어 있다"는 것을 알려주는 거예요.

아이들이 어려울 때 센터가 '비빌 언덕'이 되어야 한다고 생각하거든요. 그럼 힘든 일이 있을 때 먼저 찾아와서 얘기해요. 제가 뭘 해결해주지 않아도, 아이들이 "샘에게 말해서 시원해요" 이렇게 말해요. 그저 들어주는 것만으로도 아이들에게는 큰 힘이 되더라고요.

※ **광현교회**는 서울 은평구 갈현동에 위치한 기독교대한감리회 소속 교회로 서호석 담임목사가 섬기고 있습니다.

주소: (03332) 서울시 은평구 연서로 27길 31-7

전화번호: 02-3157-0691

제4장
교회 공간공유 돌봄

#작은도서관   #방과후교실   #마을만들기
#복합문화공간   #아트홀   #키즈카페   #어린이축제
#복합문화예술공간   #실내체육시설   #스터디카페

작은도서관, 돌봄을 위한 플랫폼으로

#작은도서관 #방과후교실

이천은광교회의 지역 아동 돌봄 Tip
- 작은도서관을 지역 주민을 위한 문화예술 사역의 플랫폼으로
- 작은도서관으로 정부 인증을 받으면 지원 사업을 받는데 유용
- 작은도서관에서 다양한 방과 후 아동 돌봄 프로그램 운영 가능
- 작은도서관의 공신력을 갖고 지역 주민들 위한 문화예술 프로그램도 운영

교회와 지역 아이들이 만난 곳은 '은광문고 작은도서관'이었습니다. 11년 전, 이천 안흥동에 교회 작은도서관이 세워졌습니다. 시립도서관이 마을에서 멀리 떨어져 있다 보니 교회 작은도서관은 중고등학교 학생들이 책을 읽고, 쉬다 가는 아지트 공간이 되었습니다. 작은도서관 덕분에 교회 비전센터는 지역 주민 누구나 머물다 갈 수 있는 '열린 공간'이 되었습니다.

▶ 작은도서관의 운영 노하우

5년 전, 교회 작은도서관은 대대적인 리모델링을 했습니다. 아늑하고 쾌적한 공간을 넘어, 신간 도서 확충 등 보유 도서의 질과 양에도 심혈을 기울였습니다. 이후 은광문고 작은도서관에는 좋은 소식이 들려왔습니다. 도서관 이용자 수, 방문자, 도서 대여율, 시설, 재정 등의 평가 기준을 충족하며 A등급 국가 인증을 받은 '작은도서관'이 된 것입니다.

그림 1 이천은광교회의 은광문고 작은도서관

"교회 자체적으로 운영하던 도서관이었는데 국가 인증을 받은
'작은도서관'이 되면서 할 수 있는 교육과 활동이 많아졌어요.
국가 지원을 받아서 매 학기 30개에 달하는 문화센터 프로그램을
운영하고 있습니다. 초등 돌봄도 진행하고 있어요."

교회 문턱을 낮추고, 지역 사회를 섬기기 위해 작게 시작했던 작은도서관이 지역의 문화 예술 교육을 제공하는 중요한 공간이 되었습니다. 임혜미 관장의 설명처럼 작은도서관에서는 매년 봄, 가을 학기마다 문화강좌를 개설됩니다. 바이올린, 첼로, 성악, 수필 쓰기, 외국인을 위한 한국어 교실, 요한복음을 영어로 읽는 정철영어 수업까지 프로그램은 다양합니다. 동네 어르신들부터 젊은 부모와 아이들까지, 지역 주민들의 필요를 채우는 프로그램들은 큰 호응을 얻고 있습니다.

도서관을 구성하는 세 가지 요소로 자료(collection), 시설(facilities), 사서(librarian)가 있습니다. 교회의 도서관에 도서 자료와 시설은 있지만, 사서가 없는 경우가 있습니다. 사서는 단지 도서관을 지키는 사람이 아닌 도서관을 책임지고 운영하는 중요한 역할을 합니다. 특히

작은도서관에서는 사서의 역할이 중요합니다. 장서를 정리하고 관리하는 일 외에도 보조금 교부 신청서와 사업계획서 작성, 예산 지출 정산 등 회계 업무가 수반됩니다.

교회는 작은도서관을 플랫폼 삼아 다양한 문화프로그램을 운영할 수 있으며, 주민자치센터나, 지역 교육기관, 아동센터 등의 지역 유관 기관과도 협력이 가능합니다. 또한 작은도서관에는 많은 자원봉사자를 필요로 합니다. 교회와 지역 사회에서 도서관 봉사자를 원하는 이들을 모으고 구성해 운영하는 것 또한 사서의 중요한 업무입니다. 작은도서관의 살림을 맡고 있는 임혜미 관장의 지난 경험은 작은도서관에서 유용하게 사용되었습니다.

> "사회복지사로서 지역아동센터에서 일했어요.
> 행정기관에 프로그램을 신청하고 진행했던 경험이
> 작은도서관을 운영하는 데 도움이 되기도 해요."

임혜미 관장은 다양한 공모 사업에 신청해 사업비를 얻어 다양한 프로그램을 운영하고 있습니다. 지역 주민 중에는 프로그램에 참여하지 않거나 책을 읽지 않아도 작은도서관에 자주 찾아오는 이들이 있습니다. 더운 날씨에는 와서 시원한 공간에서 쉬었다 가기도 하고, 동아리 모임에 참여하기도 합니다. 한달에 회비 만원이면 수필, 고전, 시 읽기나 손뜨개 동아리에 참여할 수 있습니다.

주일이 되면 작은도서관은 성도들을 위한 쉼터이자 소모임의 공간이 됩니다. 젊은 부모들이 모임을 하는 동안 주일학교 예배가 끝난 아이들은 이곳에서 놀고 책을 읽습니다.

▶ **작은도서관에서 돌봄과 교육까지**

작은도서관은 최소의 시설 기준을 갖추면 개설이 가능합니다. 먼저 해당 지자체의 담당 부서 또는 지자체 공공도서관에 등록 신청서와 도서관 시설 명세서를 작성해 제출합니다. 등록 신청을 하면 담당자는 접수된 서류를 바탕으로 현장 실사를 통해 작은도서관으로서 시설과 자료 기준이 도서관법에 적합 여부를 판단합니다. 최소 기준을 만족한 경우 도서관 등록증을 발급받을 수 있습니다.

그림 2 작은도서관에서 열리는 다양한 문화강좌

> "작은도서관은 교회가 지역 사회를 위해 사역하는데 플랫폼 같은 곳입니다.
> 자신이 가진 자원을 나누고 싶어하는 지역 주민들과
> 배우고자 하는 지역 주민들이 모이는 곳입니다.
> 확장 가능성이 높은 곳이지요."

김상기 담임목사는 작은도서관이 가진 확장성을 경험했습니다. 작은도서관으로 지역 사회에 쌓인 신뢰감으로 교회에 새로운 기회가 열렸습니다. 경기도가 주관하는 새로운 사업으로, 인공지능(AI), 증강현실(AR) 등 디지털 융합 놀이돌봄 콘텐츠를 갖춘 놀이터를 교회 안에서 펼칠 수 있는 기회를 얻었습니다.

사립 시설로 여겨지는 교회가 이러한 정부 사업에 선정된 것은 이례적인 일이었습니다.

교회가 세운 작은도서관이 교회 소유가 아닌 지역 주민들을 위한 시설로서 공공성을 갖추었다는 인식이 쌓였기에 가능한 일이었습니다.

무엇보다 작은도서관으로 시작된 돌봄 사역의 가장 큰 선물은 신뢰입니다. 작은도서관에서 지역 주민들과 자주 만나고, 공간을 제공하고, 교육 프로그램을 진행하며 지역 주민들의 마음이 열리고, 신뢰가 쌓였습니다. 믿지 않는 이웃들에게도 이천은광교회는 편안하고 친근한 곳이 되었습니다.

▶ **지역 아동 돌봄이 복음 전도로**

물론 교회와 지역 주민들과의 신뢰를 쌓이는 데 시간이 필요했습니다. 이천이 논밭이던 1596년에 시작한 교회에 김상기 담임목사가 부임하고 지역사회에 문을 활짝 여는 교회가 되기까지 시간이 필요했습니다. 교회는 공간 나눔부터 시작해 점차 마을로 시선을 넓혀갔습니다. 대입 설명회, 고등학교 축제, 시립 오케스트라와 합창단 연습 등 다양한 지역 행사를 교회 공간에서 열었습니다.

그림 3 지역 주민들의 쉼터가 되어주는 작은도서관

지역 주민들에게 이웃이 되는 교회, 개방성과 공공성을 지닌 교회로 거듭나기 위해 노력했습니다. 일주일 내내 문을 닫아두고 예배 시간에만 개방하는 교회가 아닌 지역 주민 누구나 교회 시설을 이용할 수 있도록 문을 활짝 열었습니다.

이러한 노력은 실질적인 열매로 나타나기도 했습니다. 이천은광교회는 매년 지역 주민들을 초대해 복음을 전하는 '온All가족초청축제'를 개최합니다. 올해 5월에도 예배당 앞마당에는 설렁탕, 수육, 떡볶이, 순대, 커피 등 풍성한 먹거리마당이 펼쳐졌습니다. 작은도서관이 있는 비전센터 앞에는 20인승 바이킹과 초대형에어바운스, 바나나보트 등 다양한 놀이기구들은 지역 아이들에게 커다란 선물이 되었습니다.

교회는 지역 아동들을 섬기는 동시에 교회 품에서 자라는 아이들에게도 세심한 돌봄을 이어갑니다. 주일학교 아이들의 눈높이에 맞춰 공간을 꾸미기 위해 노력했습니다. 교육부서 인테리어를 할 때도 주중의 시간을 보내는 유치원이나 학교 공간과 교회가 동떨어지지 않도록 색감, 공간 배치 등을 고려했습니다. 아이들이 교회에서도 친근하고 편안함을 느낄 수 있기를 바라는 교회의 배려였습니다.

주일학교는 미취학, 초등, 청소년 부서를 세분화하여 총 8개 부서로 늘리고, 아이들의 연령대에 맞게 세분화된 신앙 교육 프로그램을 제공했습니다. 이러한 노력 덕분에 아이들에게 교회는 오고 싶고, 머물고 싶은 곳이 되었습니다. 중소도시의 한계에도 불구하고, 이천은광교회는 다음세대의 부흥을 맛보고 있습니다.

지역 주민들과 교회 공간을 나누고, 작은도서관에서 함께 배움을 경험하며 성도들의 마음에도 '교회는 지역 주민과 나누는 곳'이라는 생각이 자리잡았습니다. 그동안 이웃과 함께 하며 돌보는 마음을 훈련받은 교회는 지역 사회를 위해 큰 결정을 하게 되었습니다.

교회 옆에 마을로 들어오는 진입로가 굉장히 좁았습니다. 유치원이 두 곳이나 있고 학부모들이 오고 가는 길이다 보니 많은 차들이 서로 엉키는 상황이 종종 벌어졌습니다. 도로를 넓혀야 했고, 땅이 필요했습니다.

그림 4 이천은광교회의 김상기 담임목사

"교회는 공공재입니다. 예수님이 우리 모두를 위해
이 땅에 오신 것처럼 교회도 모두를 위해 존재해야 합니다."

김상기 목사의 목회 방향에 성도들도 마음을 모았습니다. 교회는 200평의 교회 땅을 이천시에 기부했고, 지역 주민들을 위한 도로가 만들어졌습니다. 교회의 결정은 지역사회에 커다란 감동을 일으켰습니다.

교회가 지역사회에 자리를 잡는 일은 쉽지 않습니다. 오랜 시간 한자리를 지켜온 교회라 하더라도 지역 주민들의 사랑과 신뢰를 얻지 못할 수도 있습니다. 지역 이웃에게 교회 공간을 나누는 일은, 불편함과 관리의 번거로움이 있을 수 있습니다. 그러나 "교회는 모두를 위한 공공재다."라는 김상기 목사의 비전을 실천하며, 이천은광교회 성도들은 이웃과 나누는 기쁨을 맛보았습니다.

인터뷰 임혜미 관장 _ 은광문고 작은도서관

작은도서관에서 방과 후 돌봄 교실은 어떻게 운영되고 있나요?

관장: 작은도서관의 방과 후 아동 돌봄 교실은 그냥 돌봄이 아니라 초등학생 학습을 위한 교육도 함께 진행해요. 주로 초등학교 저학년 학생들이 돌봄을 받고 있어요. 돌봄 교실의 일과는 학교 수업이 끝난 오후 1시에 시작해서 독서 또는 독후활동을 하고, 기초학습을 한 후에 간식을 먹어요. 요일마다 영어, 댄스, 체육, 요리, 코딩 등 다양한 프로그램에 참여하고, 감사 노트를 적고 6시에 귀가합니다.

다른 지역아동센터나 다함께돌봄 같은 돌봄 서비스는 운영을 위한 자격증도 따로 있어야 하고 공간에 대한 기준도 있는 걸로 알고 있어요. 저희는 작은도서관을 운영 하고 있어서 좀 더 수월하게 돌봄 사업을 신청해서 운영할 수 있었어요.

방과 후 교실 외에 작은도서관 지원 사업은 어떻게 신청하면 될까요?

관장: 작은도서관으로 등록이 되면 정부가 시행하는 여러 사업에 지원할 수가 있어요. 문화체육관광부에서 만든 작은도서관(www.smalllibrary.org) 홈페이지를 참고하시면 다양한 자료를 얻으실 수 있고요. 저희 도서관도 여러 국가 기관 홈페이지에서 사업들을 찾아서 신청해서 사업비를 받아 다양한 프로그램도 운영해요. 교육 프로그램 외에도 작은도

서관을 무더위 쉼터 아니면 혹한기 쉼터로 주역 주민들에게 오픈하는 사업에 신청해서 지원을 받아 운영하고 있어요.

시에서 지원받는 사업은 행정적인 부분이 좀 복잡하다고 들었습니다. 그럼에도 불구하고 지원 사업으로 운영하면 어떤 장점이 있을까요?

관장: 시에서 지원을 받아서 운영하려면 사업에 관한 서류를 신청하고, 사업비에 대한 지출 서류를 제출해야 해요. 시의 지원을 받는 사업들이 재정적으로도 도움을 받을 뿐 아니라 다양하고 좋은 프로그램을 운영할 수가 있어요. 아이들을 위한 악기 교육이나 독서 활동, 원데이 프로그램, 시니어분들을 위한 프로그램도 열 수 있어요.

사업은 아니지만, 작은도서관에서는 고등학생이나 성인이 자원봉사를 하고, 봉사 시간으로 시간 인증을 받을 수 있어요. 이런 다양한 일들이 작은도서관에서 이루어질 수 있어요.

※ **이천은광교회**는 경기도 이천시 안흥동에 위치한 대한예수교장로회 합동 소속 교회로 김상기 담임목사가 섬기고 있습니다.
주소: (17350) 경기도 이천시 구만리로 313 (안흥동)
전화번호: 031-635-9401

교회가 자녀를 키우는 마을이 되어

#마을만들기NGO #작은도서관 #그릇도서관

> **더불어숲동산교회 페어라이프센터의 지역 아동 돌봄 Tip**
> - 이웃이 서로 돌볼 수 있는 돌봄의 마을 공동체 만들기
> - 지역 아동 돌봄과 함께 부모 참여 모임과 공간 필요
> - 교회와 공간 공유하는 비영리 기관을 만들면 지역 기관들과 협력하는데 유용
> - 지역 주민들이 참여해 마을 돌봄에 대해 논의하는 모임 필요

화성 봉담읍 상가 건물 10층에 자리한 더불어숲동산교회는 여느 교회와 사뭇 다른 분위기를 자아냅니다. 교회에 들어서면 오후 햇살이 가득하고 책으로 빼곡한 카페 공간이 눈에 띕니다. 높은 층고를 따라 원목으로 짜인 책장을 둘러보다 보면, 신발을 벗고 올라서는 마루가 나옵니다. 이 마루에서는 봉담읍의 풍경이 한눈에 들어옵니다.

이곳은 더불어숲동산교회이자 페어라이프센터이기도 합니다. 페어라이프센터에는 아이들을 위한 책놀이터, 어른들을 위한 도서관 마을서재, 공정무역 카페, 공유 주방, 그리고 그릇도서관에 이르기까지 지역 주민과 함께 만들어가는 마을 공동체를 위한 공간입니다.

▶ 지역의 특성을 가진 로컬 처치로

더불어숲동산교회가 화성 봉담읍에 자리 잡기까지의 과정은 쉽지 않았습니다. 이도영 목사는 2010년 안산동산교회의 네 번째 형제교회로 분립 개척했습니다. 개척 당시 그는 봉담읍에 대해 전혀 몰랐다고 합니다. 하지만 이러한 지역에 꼭 필요한 교회가 되어야겠다는 소망을 품고 봉담읍에서 교회를 시작했습니다. "마을과 함께 공유와 나눔의 공동체를 만드는 교회"를 꿈꿨지만, 현실은 달랐습니다.

아파트 단지가 있어 도시라고 여겼지만, 봉담읍 동화리라는 지역 특성상 도시적인 사고방식과는 거리가 있었습니다. 새로운 모습의 교회를 꿈꾸며 5~6년 동안 작은 도전들이 쌓이자 변화가 찾아왔습니다.

그림 5 더불어숲동산교회의 예배당이 보이는 어린이도서관

"저희는 마을과 함께 공유하고 나누는 교회가
이 지역에 꼭 필요하다고 생각했어요. 하지만 정작 지역 주민들은
그러한 교회의 필요성을 느끼지 못하고 있었죠.

주민들이 그 필요성을 인식하게 만드는 과정이 어려웠어요."

시간이 흐르면서 주민들은 교회가 어떤 활동을 하는지 자연스럽게 알게 되었습니다. 작은 마을을 만들기 위해 설립한 NGO인 '페어라이프센터'에 마을 이웃들이 찾아오기 시작했습니다. 낡고 버려진 것을 새롭게 만드는 업사이클링 디자인 모임, 손뜨개질과 바느질 모임, 누구든지 교사가 되고 학생이 되는 배움의 공동체 '마을학교', 그리고 동네 아이들을 위한 '예술학교'에 이웃들이 모여들었습니다.

그림 6 더불어숲동산교회의 이도영 담임목사

토요일마다 '페어라이프센터'는 동네 아이들로 북적였습니다. '토요일만 예술학교'에서 뮤지컬을 배우기 위해 학생들이 모였습니다. 아이들이 직접 대사를 쓰고 작곡도 하며 노래와 연기를 배우는 수업은 이 지역에서는 찾아볼 수 없던 교육 과정이었습니다. 성격과 실력이 다른 아이들을 모아 뮤지컬 한 편을 완성하는 일은 쉽지 않았습니다. 담당 교사가 "능력 있는 아이들만 뽑아서 뮤지컬을 하면 안 될까요?"하고 이도영 목사에게 요청할 정도로 어려운 일이었습니다.

> "세상은 빌 게이츠처럼 만 명을 먹일 수 있는 잘난 한 사람을 키우라고 하지만, 기독교의 가치는 혼자 열 걸음 앞서가는 게 아니라
> 열 사람이 함께 한 걸음이라도 같이 움직이는 공동체잖아요."

이도영 목사는 "누구도 탈락시키지 말고 끝까지 함께하자"며 교사와 아이들을 격려했습니다. 연습 시간이 쌓일수록 아이들은 성장했고 새로운 도전을 즐거워했습니다. 수업 미션을 완수하고 과정은 마무리되었지만, 아이들은 아쉬워했습니다. 1년 뒤에는 몇몇 아이들이 교회 청소년부에 등록하는 결실을 맺었습니다.

경기도 교육청과 연계한 '화성으로 간 스쿨버스' 또한 동네 아이들에게 인기 있는 프로그램이었습니다. 경기도 화성에서는 유일하게 더불어숲동산교회가 이 수업을 진행했습니다. 덴마크 교육을 바탕으로 한 이 프로그램은 아이들이 자신의 인생을 돌아보고 스스로를 발견하는 데 중점을 두었습니다. 단순한 진로 교육이라기보다는, 삶에 대한 질문 속에서 자신을 찾아가는 시간이었습니다. 교회의 수업에 참여한 학생들의 높은 만족도 덕분에 경기도는 이 프로그램을 더 많은 기관으로 확대하게 되었습니다. 이도영 목사는 아이들의 변화에 대해 이렇게 말합니다.

> "아이들이 진짜 많이 달라졌어요. 나중에 중,고등학생들이 자신의 인생을
> 새롭게 설계하고 '나는 인생을 이렇게 살고 싶다'고 테드 형식으로 발표했는데
> 대학생이 나와서 발표하는 것처럼 너무 잘했어요."

이도영 목사는 "인생에 대해 질문하고, 인생에 대해 얘기하는 건 교회가 할 역할"이라며, "종교적인 색채 없이도 이런 프로그램을 통해 아이들의 삶에 긍정적인 영향을 줄 수 있음"을 강조했습니다.

코로나19 팬데믹 시기는 더불어숲동산교회에게 쉽지 않은 시간이었습니다. 교회만큼 어려움을 겪었던 이들은 동네 아이들이었습니다. 부모들은 직장에 가야 했지만, 아이들은

학교에 갈 수 없었던 시기에 집에서 홀로 지낼 수밖에 없었습니다.

교회는 아이들을 돌보는 마을 공동체가 되기로 했습니다. 방역 수칙을 지키며 안전한 공간에서 아이들을 모아 집밥을 먹이는, 일명 '집밥 프로그램'을 진행했습니다. 방역 수위가 높아질 때는 교인들이 자원하여 아이들을 자신의 집으로 초대해 '진짜 집밥'을 만들어 섬기기도 했습니다.

그림 7 더불어숲동산교회와 페어라이프센터가 공간을 공유

'집밥 프로젝트'는 봉담 지역을 넘어 다른 동네까지 이어졌습니다. 향남의 작은도서관과 연계하여 학교에 가지 않는 아이들을 모아 밥을 제공하고, 다양한 프로그램을 진행했습니다. 교회에 올 수 없는 아이들을 위해 교회가 직접 돌봄이 필요한 아이들에게 찾아갔던 경험은 교회에도 의미 있었던 경험으로 남았습니다.

많은 교회들이 영유아 돌봄에 집중했다면, 더불어숲동산교회는 젊은 부부들의 돌봄에 초점을 맞췄습니다. 이도영 목사는 교회에 찾아오는 젊은 부부들뿐만 아니라 교회를 찾아오는 노년층의 성도들을 만나면서 "돌봄이 특정 세대만이 아닌 모든 세대에게 필요하다."는 사실을 발견했습니다.

> "모든 세대가 돌봄의 대상이지요. 서로가 돌봄의 대상입니다.
> 서로 돌볼 수 있는 시스템을 만들려면 공동체가 살아나야 하고
> 마을이 살아나야 합니다."

교회가 서로를 돌보는 마을 공동체가 되기 위해서는 지역과 이웃의 특성을 파악하고 그 지역성을 품은 '로컬 처치'가 되어야합니다. 그러기 위해 교회는 "단순히 전도를 위한 독립된 구조가 아닌, 마을 생태계 자체를 고민하는 '로컬 처치'의 역할을 해야 한다."고 이도영 목사는 강조합니다.

▶ 상가 건물 10층에 만들어진 마을 공동체

상가 건물 3층에서 10층으로의 이전은 더불어숲동산교회에게 중요한 전환점이 되었습니다. 당시 청장년 출석 인원보다 주일학교 학생 수가 더 많을 정도로 젊은 부부와 아이들이 많은 교회였습니다. "주일학교 공간이 좁다"는 이야기들이 나왔고, 교회는 좀 더 넓은 공간을 고민하게 되었습니다. 페어라이프센터를 애용하는 지역 주민들에게도 넓은 공간이 유익하겠다는 생각을 했습니다. 더불어숲동산교회는 건물의 가장 높은 층인 10층으로 옮기게 되었고, "마을과 함께 공유하고 나누는 공간"이 완성되었습니다.

더불어숲동산교회는 10층 인테리어를 설계하면서 카페 공간과 예배당 공간을 분리했습니다. 카페는 지역의 이웃들이 편안하게 사용할 수 있는 공간이어야 한다고 보았고, 예배 공간은 하나님의 임재를 경험할 수 있는 공간이 되기를 바랐습니다. 예배당과 기도실은 "예배하고 싶고, 기도하고 싶은 공간"으로 만들어졌습니다.

어린이 도서관이자 주일에는 자모실로 사용되는 공간에 들어서면 유리 너머로 예배당이 보입니다. 평일에 어린이 도서관을 방문한 이들은 "아, 여기가 교회구나"라고 뒤늦게 알

게 되는 경우가 많습니다. 예배당은 이웃들의 행사 공간으로도 변신이 가능합니다. 누구나 와서 지역 행사를 열 수 있는 대관 장소로 만들어졌습니다.

그림 8 더불어숲동산교회의 기도실

교회이자 페어라이프센터의 중심에 있는 카페 공간은 주민들을 위한 다목적 커뮤니티 공간입니다. 공정무역 카페이자 작은 도서관으로 사용되며, 이웃들은 이곳에서 편안하게 책을 읽거나 책을 대여할 수 있습니다.

커뮤니티룸은 무상으로 모임 공간을 제공합니다. 카페 한편에 있는 공유 부엌에서는 요리 관련 강좌나 모임을 가질 수 있습니다. 이곳에서는 일회용 컵 대신 개인 컵 사용을 권장하기에, 한쪽 벽에 '텀블러 도서관'을 마련해 텀블러 대여도 가능합니다.

▶ 공유 문화의 모델, 그릇 도서관

2021년에 만들어진 '그릇 도서관'은 공유 문화의 좋은 모델이 되기를 바라는 교회의 마음이 담겨있습니다. '그릇 도서관'은 소형 가전을 비롯해 냄비, 홈파티 용품 외에도 티파티

및 피크닉용 그릇과 찻잔을 빌려주는 곳입니다.

> "혼수로 샀지만 잘 사용하지 않는 그릇이나 찻잔 세트들이 있잖아요.
> 그런 그릇을 공유하면 어떨까 하는 주민들의 의견에서 시작되었어요."

동네 식당이 문을 닫으며 식기를 기증하거나, 주민들이 혼수 때 받았던 티팟 등 안 쓰는 그릇을 기증하면서 이웃들의 자발적인 참여로 그릇 도서관이 채워졌습니다. 그릇도서관은 연회비 1만 원이면 5회 대여가 가능합니다. 페어라이프센터는 화성시의 지원을 받아 그릇장을 짜고 웹 카탈로그를 만들어 대여 시스템을 구축했습니다. 그릇도서관은 향남이나 수원의 이웃들도 그릇을 빌리러 올 정도로 소문이 났습니다.

그림 9 페어라이프센터의 그릇도서관

최근에는 근처 요양원에서 일회용품을 쓰지 않고 행사를 진행하기 위해 그릇을 빌려 가기도 했습니다. 이렇게 더불어숲동산교회는 이웃과 공유하고 나누며 함께 마을 공동체를 만드는 중심축이 되었습니다.

더불어숲동산교회는 지역 사회를 섬길 때, 교회가 일방적으로 결정하고 지역 주민에게 도움을 주는 방식을 취하지 않습니다. 대신 지역 주민들과 상의하고, 지역 네트워크를 적극적으로 활용합니다.

> "교회가 공정무역 마을위원회를 만들었어요.
> 화성, 향남, 동탄에서 온 이웃들이 페어라이프센터에 모여
> 마을 활동에 대해 논의를 해요.
> '마을을 위해 어떤 활동을 할까?' 의견을 나누며
> 이웃들과 함께 마을을 만들어 가요."

이도영 목사는 페어라이프센터 대표이자 사회적 협동조합 이사장, 그리고 더불어숲동산교회의 담임목사를 맡고 있습니다. 여러 직함을 갖고 선교적 교회의 목회자로 살아가다 보니 "신학자, 인문학자, 그리고 마을 활동가로서의 역할"이 필요합니다. 그가 여러 역할을 감당할 수 있었던 것은 평화활동가이자 공정무역가인 아내 도움이 컸습니다. 기윤실, 참여연대, 아름다운재단에서 일했던 아내의 전문성은 마을 공동체를 만드는 데 큰 힘이 되었습니다.

더불어숲동산교회는 아동 돌봄을 넘어 마을과 교회가 함께 나누고 공유하는 마을 공동체가 필요함을 보여줍니다. 마을 공동체라는 교회의 넓은 품이 있다면 많은 지역의 아이들과 부모가 교회와 함께 성장할 수 있을 것입니다.

인터뷰 임영신 _ 페어라이프센터 대표

더불어숲 페어라이프센터에 대해 소개 부탁드립니다.

대표: 보통 살고 싶은 동네가 어디인가? 좋은 동네가 어디인가? 생각해 보면 집 밖을 나갔을 때 가고 싶은 곳이 있고, 만나고 싶은 사람이 있고, 가면 반겨주는 사람이 있고, 가서 마음 편하게 있을 수 있는 공간이 있으면 그런 곳을 살기 좋은 동네라고 하잖아요. 교회가 그런 살고 싶은 동네, 좋은 동네를 만들어줄 수 있다고 생각해요. 페어라이프센터는 주민들과 그런 좋은 동네, 살고 싶은 동네를 함께 만드는 곳이에요. 작은 마을 만들기 NGO로 경기도에 등록이 되어 있고, 책놀이터, 공정무역 카페, 마을학교, 그릇도서관 등을 지역 주민들과 공유하고 있어요.

교회가 NGO를 만들어서 운영하면 어떤 장점이 있을까요?

대표: NGO라는 건 100인 이상의 사람들이 회원으로 가입하고 투명하게 운영이 되고 민주적으로 의사결정을 해야 해요. 이런 NGO의 기본적인 구성 여건이 있어요.
페어라이프센터가 NGO이기에 지역 주민들이 참여할 수 있고, 이웃들이 조금 더 들어올 수 있는 다른 문을 만들었다는 면에서 장점이 있어요. 또한 NGO를 만들어서 작은도서관과 공정무역 카페를 하면서 지역 시민 단체들과 협업할 수 있는 법적인 여건이 마련된 거죠.

카페와 작은도서관을 잘 운영하는 방법이 있다면 무엇일까요?

대표: 처음에 카페에서 음료를 무료로 이용할 수 있도록 했어요. 그런데 이웃분들이 불편하시다는 거예요. 한 번은 무료로 마시겠지만, 또 와서 마시는 건 신세 지는 느낌이 든다는 거예요. 2~3천 원, 3~4천 원 내면 당당하게 와서 마실 수 있는데. 그래서 적정 가격을 만들고 대신에 좋은 재료로 또 공정한 세상을 만들어가는 연결점을 가지고 협동조합이라는 형태로 카페를 운영하고 있어요.

도서관도 처음에는 마을서재로 했다가 나중에는 화성시와 같이 작은도서관으로 운영 하면서 도서 대여가 가능하게 되었어요. 이웃분들이 저희 작은도서관을 좋아하는 이유는 공공도서관보다 신간 서적을 빨리 구매해요. 교회 청년이 독립서점을 운영하는데 큐레이션을 해서 책을 보내주면 구매해요. 그래서 양질의 신간 서적이 있어서 책을 좋아하는 분들이 자주 오세요.

※ **더불어숲동산교회**는 경기 화성시 봉담읍에 위치한 대한예수교장로회 합동 소속 교회로 이도영 담임목사가 섬기고 있습니다.
주소: (18302) 경기도 화성시 봉담읍 동화길 85 (동화리) 10층 (이원타워빌딩)
– 국민은행, 고용복지플러스센터 건물
전화번호: 031-227-1771

이웃의 요청에 귀를 기울이고, 응답하는 교회

#작은도서관 #방과후교실

성암교회의 지역 아동 돌봄 Tip

- 지역의 필요가 무엇인지 알기 위해 지역 주민들을 만나는 정기적 모임 필요
- 작은도서관이나 카페는 교회 본관과 다른 건물에 있을 때 이웃이 편하게 사용
- 카페와 작은도서관이 함께 있으면 부모와 아이들이 함께 머무는 공간으로 유용
- 방과 후 교실은 어느 행정기관의 사업인지에 따라 예산 지원이 다름

은평구 녹번동은 이른바 '베드(Bed) 타운'입니다. 거주하는 주민들 대부분 잠만 자고 일터로 나가는 주택가로, 산업시설은 거의 찾아볼 수 없습니다. 부모가 직장에 있는 동안, 학교 수업을 끝낸 초등학생들은 갈 곳이 마땅하지 않습니다. 아이들이 안전하게 뛰어놀고, 쉴 만한 공간이 동네에 부족하니, 아이들은 학원을 전전하거나 집에 홀로 머물러야 하는 상황이 빈번히 발생했습니다.

▶ **이웃의 필요에 귀를 기울이는 시간**

성암교회도 처음부터 동네의 특성과 지역의 필요한 부분을 잘 알았던 것은 아닙니다. 이웃의 필요를 안다고 해도 교회가 과연 이러한 필요를 채워줄 수 있는 준비가 되었는지도 살펴봐야 했습니다. 2002년 조주희 목사가 부임하면서 변화의 씨앗이 심어졌습니다. 조주희 목사는 변화의 꿈을 품고 있었지만, 부임한 첫해에는 지역보다 먼저 성도를 돌봤습

니다.

> "담임목사가 새로 왔는데 아무것도 안 하고 있느냐 그러시더군요.
> 그래서 '제가 교인분들에 대해 아직 잘 모릅니다. 여러분을 먼저 살피고, 공부한 다음에
> 하겠습니다.' 했어요. 이러한 모습이 교인분들에게 신뢰를 주었다고 해요.
> 그 신뢰가 지역을 위한 사역을 펼치는 데 큰 힘이 되었지요."

조주희 목사는 성도들이 무엇을 고민하고, 무엇을 원하는지, 그들의 필요와 요청을 먼저 듣기 위해 말보다는 귀를 여는 데 집중했습니다. 훗날 들려온 이야기에 따르면, 성도들은 그러한 목회자의 모습에 '우리 목사님은 자기 마음대로 하려는 분이 아니구나.' 하는 깊은 신뢰감을 느꼈다고 합니다.

그림 10 지역 주민들과 공유하는 성암교회의 바오밥 카페

'상대의 요청을 먼저 듣고 응답하는 마음'은 목회자와 성도의 관계만이 아니라 교회와 지역 사회가 소통하는데도 중요한 태도가 되었습니다. 조주희 목사는 교회 본관 옆에 비전센터 건물을 건축하던 2009년, 전문 컨설팅 기관을 찾았습니다. 지역 사회가 무엇을 필

요로 하는지 파악하고, 성암교회가 지역 사회를 위해 어떤 일들을 할 수 있는지 모색하기 위한 노력이었습니다.

성암교회가 지역 사회를 위한 사역을 시작하기 전, 전문 컨설팅 전문 기관과 함께 동네에 대해 공부하고 연구하는 약 1년의 시간을 보냈습니다. 처음 6개월 동안은 교회 주변 지역의 특징과 필요를 심층적으로 조사했습니다. 동시에 교회의 현재 상황과 역량을 면밀히 돌아보는 시간이기도 했습니다.

그리고 지역 사회를 효과적으로 돕기 위해 교회를 어떻게 조직화하고, 지역 기관들과 어떻게 협력할지를 구체적으로 논의했습니다. 이후 6개월 동안은 교회 성도들과 교역자가 함께 교회 주변의 지역과 문화, 사회에 대해 배우는 시간을 가졌습니다. 이러한 과정에서 컨설팅 기관은 교회에게 지역 주민의 목소리를 직접 들을 수 있는 모임을 제안했습니다. 조주희 목사는 모임에서 있었던 일을 들려주었습니다.

> "지역의 동장, 부녀회장 등 여덟 분 정도 모시고 회의비와 교통비를 드리면서 정기 모임을 가졌습니다. 우리 교회가 지역을 위해 무엇을 하면 좋을까 논의를 하는데 동장님이 깜짝 놀라셨다고 해요."

교회가 주최한 모임에 참여했던 동장은 교회가 이런 일을 계획하는 것을 보고 재정적 여유가 있다고 생각했다고 합니다. 그런데 정기 모임이 진행될수록 동장은 교회의 재정 상황을 알게 되었고, 재정이 넉넉하지 않음에도 불구하고 교회가 지역 주민들을 위한 일에 적극적으로 나서는 모습에 감동을 받았다고 합니다. 훗날 동장은 신앙생활을 시작했으며, 성암교회가 지역 사회를 위한 사역을 펼칠 때 많은 지원을 아끼지 않았습니다.

성암교회는 초등학생들을 위한 돌봄이 필요하다는 사실을 알고 방과후교실을 확대했습니다. 기존에 있던 주중 방과후교실에 교회 예산을 추가하고, 토요일에는 아이들이 교회에서 독서, 체육, 과학, 보드게임 등 놀고, 배울 수 있는 토요마을 돌봄을 마련했습니다.

어린이들이 빈 시간마다 달려와 쉬고 책을 읽을 수 있는 다섯콩 어린이 도서관도 열었습니다.

동네에 주민들의 모여 담소를 나눌 수 있는 공간이 부족하다는 요청을 듣고, 바오밥 카페가 만들어졌습니다. 이외에도 지역에 홀로 사시는 어르신들이 많다는 상황을 파악하고 안부 사역, 반찬 나눔 사역이 시작되었습니다.

▶ **전도 보다 이웃을 위한 공간으로**

시작부터 마을 주민을 위해 만들어진 바오밥카페와 다섯콩도서관에는 중요한 운영 원칙이 있습니다. 조주희 목사는 운영 원칙에 대해 이렇게 설명합니다.

그림 11 바오밥카페의 원칙은 카페에 교회 전도지나 주보를 두지 않음

"바오밥카페나 다섯콩도서관에 전도지나 주보를 두지 않아요.
복음성가를 틀거나 십자가를 걸어 놓지 않습니다. 이곳은 그냥 마을의 것이라고 생각해요. 우리 교회와 마을이 함께 사용하는 곳입니다."

지역 사회를 위해 마련한 공간이기에 이곳이 교회의 공간이라는 느낌을 주지 않기 위해 노력합니다. 특히 카페와 도서관을 교회 본당 건물과 분리하여, 지역 주민들이 더욱 편안하게 이용할 수 있도록 했습니다. 만약 종교 색채가 보이는 교회 본관에 카페와 도서관이 있었다면, 마을 주민들이 방문하는 데 부담을 느끼지 않을까 하는 교회의 배려였습니다. 이러한 성암교회의 노력 덕분에 바오밥카페와 다섯콩도서관은 동네 아이부터 어르신까지 모두 즐겨 찾는 동네 사랑방이 되었습니다.

그림 12 성암교회가 운영하는 다섯콩도서관

다섯콩도서관은 바오밥카페와 연결되어 있어, 부모가 카페에서 차를 마시는 동안 아이들은 잠시 들러 시간을 보낼 수 있습니다. 다섯콩도서관의 지향점은 독서 공간을 넘어, 책을 통해 가족과 이웃이 소통하는 즐거움을 나누는 공간입니다. 도서관은 지역 주민들의 독서동아리를 발굴하고 지원하기도 합니다. 월1회 이상 독서 관련 활동을 하는 지역 주민들에게 50만 원 상당의 활동 도서가 제공됩니다. 이렇게 만들어진 독서동아리는 다섯콩도서관이나 성암비전센터 내의 공간에서 자유롭게 모임을 갖습니다.

주중이나 주말에도 동네 어머니들이 어린 자녀의 손을 잡고 가깝게 방문할 수 있기에,

다섯콩도서관은 지역 국립도서관과는 다른 지역 친화적인 도서관으로서의 장점을 가집니다. 다섯콩도서관은 지역 주민들에게 자랑하고 싶은 동네 도서관으로 알려졌습니다.

> "교회에서 이런 도서관을 운영하다니 좀 놀랐어요. 구립도서관처럼 큰 규모는
> 아니지만 어린이나 청소년을 위한 다양한 책이 있어서
> 자녀를 데리고 오기 좋아요."

다섯콩도서관에서는 어린이들을 위한 그림책, 동화구연, 책놀이 등 상시 프로그램이 운영됩니다. 청소년들을 위해서는 과학동아, 위즈키즈와 같은 잡지와 웹툰 책도 비치되어 있습니다. 기차를 좋아하는 어린이들을 위한 기차 관련 서적 컬렉션 등 지속적인 변화를 통해 동네 아이들이 호기심을 갖고 도서관을 찾도록 유도합니다.

▶ 관계 그 다음은 신뢰

성암교회는 오래전부터 지역 사회에 깊은 관심을 기울여 왔습니다. 지역 아이들의 교육과 돌봄이 열악했던 2004년에 문을 연 방과 후 교실이 올해로 20년째를 맞습니다. 27여 명의 아이들이 4명의 교사와 월요일부터 금요일까지 함께 합니다. 아이들이 학교를 마치는 12시 반경부터 오후 5시까지 방과 후 교실은 아이들의 '제2의 집'이 됩니다.

교회가 이웃의 필요에 대해 적극적인 관심을 갖고, 사역을 하게 되면서 방과 후 교실에도 좋은 변화들이 일어났습니다. 교회 본관이 50년 넘은 건물임에도 방과 후 교실이 있는 본관 4층은 산뜻하고 쾌적합니다. 지역 아이들을 위한 교회의 대대적인 리모델링 덕분입니다.

조주희 목사는 "사랑은 대가를 바라며 하지 않는다"는 마음으로 지역 주민들과 함께 합니다. 지역 주민들이 성암교회가 여는 다양한 프로그램에 대해 편안하게 다가갈 수 있는 이유도 여기에 있습니다. 친절 안에 교회 출석을 바라는 마음을 발견한다면 이웃들도 사

랑보다는 부담을 느끼기 쉽습니다.

그림 13 지역 초등학생 돌봄을 위한 성암교회의 방과후교실

조 목사는 "섬김의 진정성을 느끼면 교회에 오라고 하지 않아도 찾아오는 분들이 많다."고 강조합니다. 실제로 교회에서 도시락을 배달을 받던 한 할머니는 교회의 섬김에 감동해 교회에 헌금을 내며 사랑을 표현했습니다. 다섯콩도서관 프로그램에 참여했던 엄마와 아이들이 자연스럽게 교회로 발걸음을 옮겨 신앙생활을 시작하는 모습도 볼 수 있었습니다.

성암교회는 지역 사회와 아이들을 돌보는 사역이 교회의 성장을 위한 것이 아님을 명확히 합니다. 교회가 동네의 이웃이기에 마땅히 해야 할 몫이라고 생각합니다. 조주희 목사는 "어떤 일을 하고 사역하는 것은 두 번째이고, 먼저 교제하고 관계 맺고 사귀는 시간이 바탕이 되어야 한다"고 거듭 강조합니다.

> "지역 사회와 만남을 교회의 부수적인 사역으로 보면
> 안 된다고 생각합니다.

> 예수님도 마을을 두루 다니시며 목회하셨잖아요.
> 먼저 교회가 지역의 이웃이 되면 좋겠어요."

조주희 목사는 또한 교회 안의 프로그램이 잘 안 되면 접을 수 있지만, 지역 사회와 함께 하는 프로그램을 중간에 접는 일은, 신뢰성을 깰 수 있기에 좀 더 신중해야 한다고 조언합니다.

성암교회는 지역의 이웃을 돕는 일에 모든 성도가 다 참여할 수 있는 일은 아님을 알고 있습니다. 하지만 교회가 지역과 이웃에 대한 관심을 지속적으로 가질 수 있도록 사역의 의미와 방향성을 공유하기 위해 노력합니다. 덕분에 지역 사회를 위한 프로그램 운영에 자원봉사로 참여하는 성도들의 비율이 높습니다. 프로그램에 참여한 지역 주민들의 긍정적인 반응과 감사의 표현이 교인들에게도 보람과 성취감을 안겨주기 때문입니다. 이러한 보람은 교회가 이웃을 위한 사역을 지속하는 원동력이 되기도 합니다.

조주희 목사는 15년 동안 이웃으로 지역 사회를 도우면서 깨달은 사실이 있다고 합니다. "자원이 교회 안에만 있지 않으며, 이웃과 서로의 자원을 나누고 협력할 때 관계가 만들어지고 진짜 이웃이 될 수 있다."는 사실입니다. 성암교회가 이웃과 관계를 맺고 신뢰를 지키며 쌓은 시간을 통해 복음이 동네에 곳곳으로 흘러가고 있습니다.

인터뷰 조주희 목사 _ 성암교회 담임목사

교회가 법인을 만들어 사역하면 어떠한 장점이 있을까요?

목사: 지역에는 여러 전문 기관, 행정 기관들이 있습니다. 그런데 교회가 지역의 여러 기관들과 직접적으로 만나면 종교 기관과 다른 기관의 만남이 됩니다. 다른 기관들이 보기에 "종교 기관은 포교하는 게 목적이다"라고 여겨서 관계 맺는 게 쉽지 않습니다. 만약에 은평구청이 교회에게 돈을 줘서 이런 교육 프로그램을 실행하면 종교 편향 시비에 걸릴 수도 있어요. 하지만 교육 전문 법인을 만들고, 법인이 교회에서 교육을 하는 것은 상관없습니다.

그래서 교회가 전문성을 가진 법인 같은 기관을 만들면 지역의 다른 기관들과 협력하는 데 여러 이점이 있어요. 교회는 법인 기관을 후원하고요. 교회의 선교적 전략이라는 측면에서 이런 구조가 매우 중요하다는 생각이 듭니다.

성암교회는 법인을 세워서 어떠한 사역을 하고 계신가요?

목사: '더불어배움'이라고 하는 서울시 교육청 소속 법인인데 이 지역의 13개 교회들이 모여서 만든 법인입니다. 더불어배움을 통해 토요마을 돌봄이라고 해서 주말에 아이들을 돌보는 프로그램이 있습니다. 은평구청 정책 제안 공모를 통해서 시작하게 된 프로그램인데

교회 비전센터에서 초등학생이 음악줄넘기, 과학놀이터, 보드게임에 참여하고 있지요. 어른을 대상으로 하는 인문학 아카데미도 열립니다. 1년에 한 번씩 지역 주민들이 접근하기 쉬운 클래식 이야기 등 인문학과 예술을 접목한 프로그램을 하고 있습니다. 문체부에서 지원을 받아서 지역 사회에 제공하는 음악회를 열기도 합니다. 50회 정도 했고, 1년에 세 차례 도시별로 대형 프로젝트 음악회도 개최합니다.

지역의 여러 교회가 모여 하나의 법인을 만들면 어떤 장점이 있을까요?

목사: 여러 교회가 모인 법인이다 보니 지역의 대변인 역할을 할 수 있습니다. 우리 교회가 법인을 만들어서 진행하면 그것은 그냥 우리 교회가 하는 것이되지요. 대표성을 가질 수가 없어요. 하지만 지역의 여러 교회가 모인 법인이다 보니 대표성을 갖고 주민을 위한 행사를 할 수도 있고, 지역에 대표성을 가진 목소리도 낼 수 있습니다.

교회가 지역 주민들과 소통하고, 주민들의 필요한 부분을 알 수 있는 방법이 있을까요?

목사: 교회가 '주민 참여 예산제'에 참여하는 것도 좋은 방법입니다. 주민 참여 예산제는 주민들이 자신들의 삶과 직결된 문제를 해결하는 데 직접 참여하는 제도에요. 이러한 제도를 통해 교회는 지역 주민들의 필요를 파악하고 지방 행정 관청과 협력할 수 있지요. 예를 들어, 교회가 어두운 골목길 조명 문제처럼 주민의 실제 생활과 관련된 어려움에 대해 함께 제안서를 제출할 수도 있습니다.

※ **성암교회**는 서울시 은평구 녹번동에 위치한 대한예수교장로회 통합 소속 교회로 조주희 담임목사가 섬기고 있습니다.

주소: (03380) 서울특별시 은평구 서오릉로4길 6 (녹번동, 성암교회)

전화번호: 02-352-1184

100년이 넘은 시골 교회의 다음세대 사역
#아트홀 #키즈랜드 #어린이축제

> **송전교회의 지역 아동 돌봄 Tip**
> - 문화, 교육 시설이 부족한 지역일수록 교회가 문화, 교육을 주도할 수 있음
> - 다음세대 사역에 동참할 수 있는 성도들을 훈련
> - 청소년들이 친구들과 모여 쉬고, 노는 쉼터(코인노래방, PC방 등) 제공
> - 영유아, 초등, 중고등학생에게 나이에 맞는 놀이 공간과 시설 제공

용인 처인구 이동면, 한적했던 동네가 들썩입니다. 송전교회에서 어린이날 축제가 열렸습니다. '연두 어린이 꿈 축제'에는 놀이마당과 미술마당, 먹거리마당, 가족마당 등 수십 개의 프로그램 부스와 에어바운스가 동네 아이들로 가득합니다. 700여 평 되는 교회 주차장이 아이들과 지역 주민들로 북적이는 동네 축제가 되었습니다.

송전교회가 위치한 처인구 이동면은 용인 중에서도 개발이 더딘 지역입니다. 장수촌으로 알려진 이곳에는 젊은 부부나 아이들보다는 어르신들이 많았습니다. 교회 주변 아파트 단지 옆 초등학교가 있긴 하지만 전교생이 200명 조금 넘는 학교입니다. 동네 아이들이 쉬고 놀 수 있는 시설은 부족해 차를 타고 멀리 가야 했습니다. 100년이 넘은 송전교회에 30대의 젊은 담임목사가 부임하면서 변화는 시작되었습니다. 교회의 변화는 작은 동네에도 변화를 가져왔습니다.

그림 14 비오는 날에도 열린 송전교회의 어린이날 축제

▶ **마을 축제가 된 어린이 축제**

동네 축제로 자리 잡게 되면서 5월 5일이 되면 동부경찰서 또한 출동해 축제의 안전을 위해 함께 합니다. 올해는 비가 내리는 어린이날이었지만 꿈축제는 야외에서 열렸습니다. 꼬마기차, 에어바운스, 어린이 싸이카 체험 등 다채로운 프로그램을 기대하는 동네 아이들에게 교회는 매년 약속을 지켰습니다. 빗방울이 떨어져서 운영할 수 있을까 염려했던 에어바운스는 아이들에게 워터파크 같은 즐거움을 선사했습니다.

어린이 꿈축제에는 교회의 많은 예산 또한 필요합니다. 교회가 어린이날 축제를 시작하며 담임목사가 앞장서서 헌금을 냈습니다. "하나님이 부자"라며 나눌수록 채워지는 신비한 경험을 간증하는 목사의 모습은 성도들에게 큰 동기 부여가 되었습니다. 다음세대에 대한 담임목사의 열정은 성도들의 마음을 깨웠습니다. 목회 철학에 공감하며, 교회 예산이 초과될 정도로 지역과 아이들을 섬기는 일에 성도들이 동참하게 되었습니다.

송전교회는 100년이 넘는 역사가 있다 보니 변화보다는 전통을 지키는 것이 익숙한 교회였습니다. 34세의 젊은 담임목사가 부임한 후 영혼 구원과 다음세대를 외치며 시작된 제자훈련은 20년이 지난 지금, 송전교회의 체질을 바꿔놓았습니다. 제자훈련으로 성장한 성도들은 교회와 지역의 다음세대를 세우는 데 앞장서는 일꾼이 되었습니다.

올해로 8회째가 되는 '연두 어린이 꿈 축제'를 섬기는 교회 성도만 100명이 넘습니다. 권준호 담임목사는 훈련된 성도들이 있기에 지금까지 축제가 이어질 수 있었다고 설명합니다.

"어린이날 축제에 30~40개의 부스가 운영될 수 있었던 것은
훈련된 셀 리더들 덕분입니다."

권준호 목사가 1995년도에 담임목사로 부임하면서부터 강조했던 비전이 있었습니다. 영혼 구원과 다음세대입니다. 이러한 비전을 위해 교회는 제자훈련이 필요했습니다. 다음세대 시역을 위해서는 성도가 먼저 준비되어야 했습니다. 권 목사는 주일 예배 시간에는 다음세대와 주일학교 교사에 대한 기도를 빠지지 않고 넣었습니다.

"세계 경영의 인재가 나오게 해달라고 기도했습니다. 성도들이 이 시골에서
세계 경영의 인재가 나오겠냐고 할 수 있겠지만 20년을 외치면 비전이 됩니다.
어느새 성도들이 입에서 그와 같은 기도가 나오더군요."

송전교회는 '다음세대가 세계 경영 인재가 되게 해달라'는 기도만 하지 않았습니다. 아이들의 시야를 넓혀주기 위한 노력을 아끼지 않습니다. 유초등부, 중고등부, 청년부가 3년 주기로 일본, 싱가포르, 미국 등 해외 비전트립을 떠납니다. 국내에서도 토요 학교를 통해 지역 명소나 가고 싶은 대학을 방문하는 등 다양한 야외 활동을 지원합니다. "아이들이 본 만큼 비전이 커지기 때문"이라는 박 목사의 설명처럼, 교회는 아이들에게 경험을 선물하며 다음세대의 꿈을 키워주고 있습니다.

▶ 지역에 필요한 청소년 놀이 시설을

송전교회는 교회 공간을 적극적으로 활용해 지역 사회에 부족한 쉴 수 있는 공간, 아동 돌봄을 위한 공간을 마련했습니다. 과거 농협 창고였던 건물을 리모델링 해 비전센터를 만들고 1층에는 카페를 마련했습니다.

주민들이 모여 차를 마시며 담소를 나누는 교회 카페는 여름에 더욱 인기입니다. 더운 여름, 학교 수업이 끝난 아이들은 카페로 달려와 무료 아이스크림을 먹습니다. 성도들의 헌물로 채워지는 아이스크림입니다.

그림 15 지역 영유아를 위한 송전교회의 키즈랜드

6년 전 문을 연 교회의 키즈랜드는 동네에 유일한 영유아 놀이 시설이었습니다. 정글짐, 블록놀이, 영유아 화장실을 완비해 놓으니 지역의 영유아 부모들에게 인기입니다. 주일에는 젊은 부모들이 식당의 통유리창을 통해 키즈랜드에서 아이들이 노는 모습을 지켜볼 수 있습니다. 교회의 지하 공간은 유초등부 예배실이자 실내 놀이터입니다. 인조 잔디의 바닥, 그물망, 공중그네, 닌텐도 Wii, 축구골대, 탁구대 등 다양한 놀이 시설이 갖

춰져 있어 주중과 주일에는 아이들로 북적입니다.

다음세대를 위한 교회의 노력에도 저출산과 이사로 지역의 어린이들이 줄었습니다. 교회가 운영하던 어린이집이 폐원하자 교회는 이곳을 청소년을 위한 공간을 만드는 기회로 활용했습니다. 중고등부 예배실이자 청소년 쉼터인 '블레싱센터'가 만들어졌습니다.

> "성도들이 나서서 페인트칠을 하고, 블라인드를 설치하고 조명을 교체하며 리모델링을 해주셨습니다. 청소년들이 좋아하는 코인노래방과 인형뽑기, 플레이스테이션, PC방, 조명거울도 두었지요. 청소년들이 방과 후에 자유롭게 와서 놀 수 있는 아지트가 되었습니다."

그림 16 지역 청소년들의 쉼터에 설치된 코인노래방

동네 청소년들이 갈 수 있는 코인 노래방과 PC방이 없다 보니 교회의 청소년쉼터는 더욱 인기입니다. 안전을 위해 공간마다 CCTV를 설치해 두고, 사용 일지를 기록하는 등 학생들은 교회 담당자의 허락을 받아 이용하는 사용 규칙을 세웠습니다.

▶ 이웃에게 즐거움을 전하는 공연

송전교회는 지역 아이들 뿐 아니라 주민들을 위한 다양한 문화 행사 또한 기획했습니다. 교회의 아트홀은 건축 당시부터 지역 사회에 문화공연의 혜택을 주고자 만들었습니다. 아트홀의 무대에서는 매주 목요일 노인 대학이 열리고, 1년에 한두 차례 지역 어린이들을 위한 뮤지컬이나 음악회가 무료로 개최됩니다.

> "이 지역에 공연장이나 문화 시설이 없습니다.
> 교회 아트홀에서 어린이 뮤지컬이나 버블쇼, 음악회나 콘서트가 열리면
> 180석 규모가 주민들로 가득찹니다."

그림 17 지역 주민들을 위한 공연이 열리는 송전아트홀

송전아트홀은 지역 사회의 문화 공간으로 자리를 잡았습니다. 교회가 문화 사역을 하는 데 있어서 지키는 원칙이 있습니다. 뮤지컬이나 연극에 복음을 담으려 하지 않고, 노인 대학을 위한 행사에서도 유행가를 부릅니다. 박 목사는 "복음을 전할 때가 따로 있다"고 강조합니다. 송전교회는 이러한 문화 사역으로 교회와 가까워진 주민이 교회 새신자로

등록하면 양육 프로그램에 참여시킵니다. 실제로 한 성도는 교회 아트홀에서 뮤지컬을 보고 교회에 대한 마음이 열리고 교회에 등록해 제자훈련까지 받게 되었습니다.

송전교회는 노인 대학을 통해 지역의 어르신들을 섬기고, 아이들을 위한 뮤지컬과 어린이 축제를 무료로 제공하며, 키즈랜드와 실내 놀이터, 청소년 쉼터 등 공간 나눔을 위해 노력했습니다. 이 모든 사역은 당장 눈에 보이는 성과나 지역의 변화를 기대하고 시작한 것이 아니었습니다. 그저 하루하루 하나님이 교회에 맡기신 만큼의 양을 쌓았습니다.

"양이 쌓이면 어느 순간 질적인 변화가 일어난다"고 말합니다.
지역에 다음세대가 많든 적든, 아파트 단지가 있든 없든,
제자 훈련할 사람이 있든 없든, 그저 하나님 앞에서 꾸준히 사역을 이어갔습니다."

"준비되어서 하는 게 아니라 교회가 다음세대에 대한 마인드를 갖고 시작하면 아이들이 태어나고 나타나고 그러더군요."라는 박 목사의 고백처럼, 송전교회는 믿음으로 준비하고 나아가면 하나님께서 길을 열어주신다는 진리를 경험하는 중입니다.

2년 전, 송전교회에 놀라운 소식이 전해졌습니다. 앞으로 개발되지 않고, 변화되지 않을 것 같던 교회 주변에 대규모 반도체 공장이 들어서고, 고속도로와 지하철, 신도시가 건설될 예정이라는 발표가 난 것입니다. 교회가 다음세대를 위한 사역을 쌓아가고, 지역사회를 섬기는 일에 헌신하는 동안 상상하지 못했던 일이 준비되고 있었습니다.

인터뷰 권준호 목사 _ 송전교회 담임목사

송전교회가 있는 지역은 어떤 곳인가요?

목사: 용인 중에서도 제일 개발이 안 된 처인구 이동면 송전리에 교회가 있습니다. 지역에 문화나 복지 시설이 없고, 환경이 안 좋다고 말할 수 있겠지요. 그런데 다르게 생각해보면 지역에 없는 게 많아서 교회가 선도할 수 있는 지역이라고도 볼 수 있습니다. 왜냐하면, 교회가 아주 발전된 지역에 있다면 지역의 문화를 교회가 끌어가기 어려울 텐데 그렇지 않은 지역에 있다보니 우리 교회가 지역의 문화를 선도해볼 수 있지 않을까 하는 생각을 했습니다.

교회에서 지역 주민들을 위해 공연도 하신다고 들었습니다.

목사: 교회가 100년이 넘었고, 교회가 있는 지역도 장수촌이에요. 교회가 21년 넘게 노인대학을 하고 있다보니 오시는 분들도 대부분 불신자입니다. 노인분들을 위한 사역 외에도 지역 아이들을 위해서도 활동을 해보자 해서, 교회 옆 농협 창고를 사서 비전센터를 세웠어요.

그 안에 극장식으로 무대를 만들어서 아이들에게 양질의 뮤지컬이나 인형극을 보여주면 좋겠다 해서 아트홀을 열게 되었지요. 아트홀에서 무료로 공연을 하니까 아이들만이 아니라 지역 주민들도 너무 좋아하시더군요. 가까운 곳에 공연장도 없고, 볼만한 공연도 없습니다. 그래서 교회 아트홀이 더욱 인기입니다. 아트홀에서 정기적으로 어린이 뮤지컬이나 인형극, 음악회, 콘서트를 열고 있어요. 180석이 주민들로 꽉 찹니다.

문화 행사나 공연 사역을 하면서 어떤 변화가 있었나요?

목사: 예전에는 지역에서 교회 이미지가 좋지 않았어요. 어린이 축제를 하려고 현수막 하나를 달려고 해도 간섭이 많았어요. 바로바로 떼어 버리고. 어린이 꿈축제가 매년 계속되고, 지역 주민들의 반응도 좋으니까 지금은 안 그럽니다. 송전교회가 지역에 좋은 일을 한다고 소문이 나니까 도의원, 시의원이 되면 교회에 인사를 하러옵니다. 지역 사회에서 교회에 대한 인식이 바뀌었습니다.

※ **송전교회**는 경기도 용인 송전리에 위치한 대한예수교장로회 합동 교단에 소속된 교회로 권준호 담임목사가 섬기고 있습니다.

주소: (17136) 경기도 용인시 처인구 이동읍 경기동로687번길 17-3 (송전리, 송전교회)

전화번호: 031-336-7444

아이들이 전도하는 놀이터 교회

#키즈카페 #복합문화공간

> **더행복한교회의 지역 아동 돌봄 Tip**
> - 다음세대 나이에 맞는 놀이 시설 필요(키즈카페, 풋볼장 등)
> - 교회가 아동 놀이시설을 만들면, 부모는 교회가 우리 자녀에게 관심 있다고 인식
> - 어린 자녀가 교회에서 놀며 오래 머물면, 부모도 교회에 오래 머물러 있게 됨
> - 한 공간을 종교 시설이자, 복합문화공간 두 기관으로 법적 등록

안산 원포공원 근처 상가 단지, 메가쇼핑 건물 안에 자리한 더행복한교회는 겉으로는 평범한 '상가 교회'처럼 보입니다. 하지만 교회 문을 열고 들어서면 복합문화공간 '더행복한스테이지'를 만날 수 있습니다.

교회를 개척했던 2016년, 손병세 목사는 교회보다 상가의 키즈카페를 먼저 인수하게 되었습니다. 교회 개척에 함께 했던 이들 중에는 젊은 부모들이 많았습니다. 이들의 자녀들이 교회에서 마음껏 뛰어놀 수 있는 공간을 찾던 중에 키즈카페를 인수하게 되었습니다.

▶ 개척을 준비하다 만난 키즈카페

키즈카페를 계약하자마자 담당 매니저가 갑자기 그만두면서 손 목사와 사모는 교회 개척보다 키즈카페를 먼저 오픈하게 되었습니다. 주일에는 목사로, 주중에는 키즈카페 사

장으로 사는 날들이 이어졌습니다. 상가 주변에 아이들을 위한 놀이 시설을 없던 터라 키즈카페 손님들이 점점 더 많아졌습니다. 키즈카페의 단골손님이었던 젊은 부부들이 교회에 등록하기도 했습니다. 주일에는 키즈카페가 교회 아이들을 위한 신나는 놀이터가 되었습니다. 교회에 키즈카페가 있다는 사실이 새롭던 시절이었기에 언론사들이 앞다투어 취재를 오는 교회가 되었습니다.

그림 18 더행복한교회와 더행복한스테이지가 공간 공유

하지만 주일 사역을 다 마친 후 월요일 영업을 위해 키즈카페를 청소하고 관리하는 일은 목사와 사모에게 쉽지 않았습니다. 주일에 많은 아이들이 사용하고 나면 시설에 문제가 생기기도 하니 관리하고 보수하는 일도 쉽지 않았습니다. 키즈카페를 운영하며 2년 동안 사모가 과로로 세 번이나 쓰러지는 등 여러 어려움이 있었습니다.

그렇게 2년의 시간이 흐른 후, 키즈카페는 문을 닫고, 지금은 교회 아이들을 위한 공간으로만 오픈하고 있습니다. 지역 이웃을 위한 키즈카페는 문을 닫았지만, 의미 있는 만남이 이어졌습니다. 손 목사는 키즈카페를 하던 당시 "전도가 몇명 되었느냐?"는 질문을 받을 때마다 가슴이 아팠다고 말합니다.

> "키즈카페는 전도보다 로컬처치로서 지역 아이들이
> 놀 수 있는 공간을 제공하려고 시작한 일이었어요. 그런데 10여 년이 지난
> 지금도 키즈카페를 기억하며 저희 교회를 찾아오시는 분들이 계세요."

삶에 어려움이 있다거나, 문득 교회가 생각났다면서 손 목사를 찾아오는 이웃들이 있었습니다. 지역 주민에게 좋은 공간을 제공하는 좋은 이웃이 되겠다는 마음이 전도의 열매가 되었습니다.

손 목사는 자신의 어린 시절을 교회에서 놀고 먹으며 많은 시간을 보냈던 행복한 추억으로 떠올립니다. 그의 추억 속의 교회는 놀이터이자 쉼터였습니다. 밥도 먹고 숙제도 하고 마음껏 뛰어놀던 곳이었습니다. 손 목사는 상가 건물 안에 있는 교회지만 아이들이 마음껏 뛰어놀 수 있는 놀이 공간을 만드는데 교회 예산과 인력을 총동원했습니다.

그림 19 상가 건물 옥상에 마련한 더행복한교회 풋볼장

아이들을 위해 풋살장을 만드는 일은 교회의 재정에도 부담이 되었지만 손 목사는 성도들을 설득했습니다. 축구를 하고 싶어 하는 교회 아이들이 마음껏 공을 찰만한 공간이

교회에 없다는 사실이 손 목사는 안타까웠습니다. 회의를 열고, 성도들의 찬성을 받아 바로 청소부터 시작했습니다. 쓰레기장 같던 상가 옥상을 말끔히 치우고 성도들과 페인트칠을 하고 잔디를 깔아 놓으니 멋진 풋살장이 만들어졌습니다.

> "풋살장은 사실 상가들의 공용 공간이에요. 제가 상가 사장님들의 동의를 다 받고, 성도들과 쓸고 닦아서 셋팅하고 밤에도 뛸 수 있게 라이트를 만들었어요"

▶ 아이들에게는 놀이터 교회

교회 아이들은 더행복한교회를 '놀이터 교회'라고 부릅니다. 아이들이 주일만이라도 교회에서 즐겁게, 신나게 머물렀으면 하는 마음에 교회는 풋살장, 키즈카페, 바비큐 파티가 가능한 오픈 테라스 등을 만들었습니다. 상가 건물의 교회인데도 손병세 목사의 아이디어로 교회 공간은 아이들이 하루 종일 놀다 갈 수 있는 재미난 공간이 되었습니다.

그림 20 더행복한교회의 영유아를 위한 키즈카페

주일이 되면, 어린아이들은 키즈카페에서, 좀 더 큰 아이들은 테라스에서, 청소년들은

풋살장에서 뛰어놉니다. 아이들이 교회에서 안전하게 노는 동안 부모들은 편한 마음으로 셀 모임에 참여해 성경공부를 하거나 교제를 나눌 수 있습니다.

더행복한교회는 주일학교 아이들을 다음세대라고 부르지 않습니다. '자녀세대'라고 부릅니다. 모든 아이들을 바로 우리의 자녀처럼 여기며 키우는 마음을 담기 위해서입니다. 우리 자녀를 위한다는 마음으로 교회는 상가 건물이라는 한계에도 불구하고, 아이들에게 즐거움을 주는 공간으로 하나씩 리모델링을 했습니다. 그러한 진심이 열매로 나타났습니다. 교회 아이들이 친구들을 전도하는 교회가 되었습니다. 더행복한교회의 특징 중 하나는 어른 성도 수와 주일학교 아이들의 수가 거의 비슷하다는 점입니다.

교회는 주일학교의 아이들이 늘자 어른들을 위한 대예배실을 아이들에게 넘겨주었습니다. 대예배실은 예배드리는 장소이면서 동시에 언제든 놀이의 장소로 바뀔 수 있습니다. 고정 의자가 아닌 이동 가능한 의자를 사용한 덕분입니다. 아이들이 라면을 먹거나 간식을 먹을 수 있도록 싱크대를 만들어 둔 세심한 배려도 엿보입니다. 유치부실은 폴딩도어 덕분에 야외 테라스로 자유롭게 오갈 수 있어 아이들이 애용하는 공간이 되어있습니다. 손 목사는 아이들을 위한 교회의 노력이 젊은 부모들에게도 긍정적인 영향을 주었음을 보았습니다.

> "아이들이 놀 수 있는 공간을 많이 만들면 부모님들의 시각이 달라져요.
> 부모님들이 '이 교회가 우리 자녀에게 관심을 갖고 있구나.'라고 생각하세요."

하지만 단순히 교회에 놀이터만 있다고 되는 것은 아닙니다. '놀이터 교회'라는 이미지로 아이들의 진입 장벽을 낮추었다면, 교회에 들어온 아이들에게는 주일학교에서 탄탄하게 신앙 교육을 시키는 것 또한 중요함을 강조합니다. 동시에 아이들이 교회에서 노는 동안 부모들도 신앙의 부모로 자라기 위한 셀모임 시간이 필요합니다.

그림 21 더행복한교회의 예배 공간이자 어와나 활동 공간

▶ 목사가 아닌 '대표'로 만나는 건물 사장님들

손병세 목사는 개척 당시부터 조금 남다른 방식으로 지역 사회에 스며들었습니다. 더 행복한교회는 2016년부터 지역 주민들을 대상으로 레고 강습 등 다양한 문화예술 강좌를 열었습니다. 이러한 이력은 안산시 마을 만들기 거점 사업에 당선되는 데 결정적인 역할을 했습니다. 교회는 '더행복한스테이지'를 만드는 데 안산시의 지원금을 받을 수 있었습니다.

더행복한스테이지에서는 지역 영유아를 위한 유아성품학교가 열리고, 초지동의 마을 활동가들도 이곳에서 모임을 가졌습니다. 지역 주민들과 플리마켓도 열고, 수익금은 지역 청소년들을 위한 후원금으로 사용했습니다.

교회는 행정기관의 지원금을 받아 마을 만들기 활동을 이어갔습니다. 사업을 진행하는 구청이 더행복한교회에 놀란 사건도 있었습니다. 매년 신청 금액을 2천만 원에서 점점 줄여나가자 구청은 의아해했습니다. 손병세 목사가 지원금에서 남은 금액까지 반납하자 이런 경우가 없었다며 구청은 당황했습니다. 이는 행정기관으로부터 교회에 대한 신뢰를 얻는 계기가 되었습니다.

손 목사는 개척 전 키즈카페 사장이었던 덕분에 상가 건물 사장님들과 편하게 알고 지내는 사이가 되었습니다. 손 목사는 현재 '더행복한스테이지' 문화예술공간 대표로서 상가 사장님들과 가깝게 지내고 있습니다.

> "상가 건물에 있는 사장님들은 처음에 제가 목사인 줄 몰랐어요.
> 지금도 사장님들하고 다 친하게 지낼 수 있는 이유가 처음에 목사로 만난 게 아니라 키즈카페 사장으로 만났고 스테이지 대표로 만난 덕분이지요."

손 목사는 목사이기 전에 지역 주민이라는 마음으로 상가 번영회에 들어가 묵묵히 일을 했습니다. 상가 주민들과 함께 8년의 세월이 쌓이자 신뢰감도 쌓였습니다. 그는 다른 상가 사장님들의 권유로 번영회 회장직까지 맡아 섬기고 있습니다. 손병세 목사는 더행복한교회 목사이자, 더행복한 스테이지 대표, 두 개의 직함으로 살아가고 있습니다.

그림 22 지역 주민들과 공유하는 더행복한스테이지

주일학교에 아이들이 많아지면서 하나씩 층을 늘리며 매입하다 보니 교회는 어느새 상가 건물 3층, 4층, 6층을 다 사용하게 되었습니다. 더행복한스테이지가 있다 보니 교회 공간을 종교 시설이 아닌 복합문화 공간으로도 이웃과 나누고 있습니다.

> "코로나 팬데믹이 터지고 모임 공간을 찾던 단체들이 교회에 찾아왔어요. 장애인 단체와 기독실업인 CBMC가 더행복한스테이지를 정기적으로 사용하고 있습니다. 이곳이 복합문화 공간으로 등록되어 있기에 가능했어요."

로컬처치는 지역 사회로 들어가야 합니다. 지역 사회의 여러 단체와 교회 공간을 공유할 수 있었던 것은 더행복한스테이지란 법인이 있었기 때문입니다. 공간이 필요한 기관 중에는 종교 시설로 등록되지 않은 곳을 선호하기 때문입니다.

코로나 팬데믹 이후, 더행복한교회는 행정기관의 지원금을 받는 활동들을 잠시 멈췄습니다. 행정 서류 처리 과정을 한 사람이 맡다 보니 많은 에너지가 소모되었기 때문입니다. 대신, 교회에 모인 아이들과 성도를 든든하게 세우는 데 초점을 맞추었습니다. 그러나 더행복한스테이지는 원하는 지역 주민 누구에게나 공간을 공유하는 방식으로 늘 열려있습니다.

복음을 담는 그릇은 시대에 따라 달라졌습니다. 교회 건물이 복음을 담는 그릇이라고 한다면 교회 공간 또한 시대에 따라 달라지고 있습니다. 상가 건물에서 아이들이 뛰어놀 수 있는 놀이터 교회, 문턱이 아예 없는 교회를 만들며 더행복한교회는 자녀세대를 위한 교회로 성장하고 있습니다.

인터뷰 손병세 대표 _ 복합문화공간 더행복한스테이지, 더행복한교회 담임목사

복합문화공간 더행복한스테이지는 처음에 어떻게 만들게 되셨나요?

대표: 더행복한스테이지를 만들게 된 계기는 2016년 안산시 마을 만들기 공모 사업 덕분이었어요. 교회로 공모 사업에 지원하면 안 되는 거예요. 그런 부분이 좀 가슴이 아파요. 교회가 그런 일은 제일 잘하는데 교회 이름으로는 그런 사업에 신청해서는 되질 않아요. 주변분들이 더행복한스테이지로 사업에 지원하라고 가르쳐 주셨습니다. 저희가 공모에 선정이 되고 처음에 2천만 원 지원받았습니다. 매년 지원금을 받으면서 더행복한스테이지를 통해서 지역 주민들에게 문화예술 교육 프로그램을 운영할 수 있었지요.

어떠한 방법으로 같은 공간을 교회이자 복합문화공간으로 사용할 수 있으셨나요?

대표: 상가 건물의 한 층을 사용하다가 지금은 3층, 4층 6층을 다 사용하고 있어요. 이 공간은 더행복한교회이자 더행복한스테이지입니다. 한 공간을 같이 쓰고 있는데 소유주는 교회이고 더행복한스테이지가 무상으로 임대하는 개념입니다. 더행복한교회는 종교 법인이고, 더행복한스테이지는 수익 사업을 하지 않는 일반 법인입니다.

교회를 담임하면서도 스테이지 대표로 상가 번영회에서도 일하신다고 들었습니다. 어떻게 그곳에서 활동하게 되셨나요?

대표: 건물에 있는 사장님들이 처음에는 제가 목사인 줄 모르셨어요. 지금도 건물 사장님들하고 다 친하게 지낼 수 있는 이유가 처음에 목사로 만난 게 아니라 키즈카페 사장으로 만났고, 지금은 스테이지 대표로 만나고 있기 때문이죠. 상가 번영회에서 한 8년을 섬겼는데 건물 사장님들이 밀어주셔서 상가 번영회 회장도 섬기고 있습니다.

※ **더행복한교회**는 경기도 안산시 단원구에 위치한 대한예수교장로회 합동 소속 교회로 손병세 담임목사가 섬기고 있습니다.
주소: (15455) 경기도 안산시 단원구 원포공원2로 35 (초지동, 메가쇼핑타운1) 401호
전화번호: 031-411-2366

건강한 즐거움을 발견하고 나누는 교회

#복합문화예술공간 #실내체육시설 #스터디카페

용인제일교회 글로리센터의 지역 영유아·초등·청소년 돌봄 Tip
- 관리자 편의가 아닌 사용자 편의를 위해 운영, 사용 규칙은 최소한으로
- PC방 운영 시, 시간 제한. PC방 외의 시간에 놀 수 있는 공간 필요
- 중고등학생 시험 기간 동안 간식 제공하는 스터디카페 운영
- 학생들이 자유롭게 사용하는 공간은 밖에서 안이 들여다 보이도록 설치

광장처럼 넓게 펼쳐진 교회 로비, 주중 오후인데도 젊은 부모들과 어린 자녀들, 청소년과 청년들까지 가득합니다. 용인제일교회의 변화는 건축 설계에서부터 시작되었습니다. 천막 교회와 상가 교회였던 시절을 거쳐 50년이 흘렀습니다. 이전 교회는 화장실이 건물 밖에 있는 등 여러모로 불편한 점이 많았습니다. 화장실도 세 칸뿐이니 주일에는 화장실이 많은 성도들로 북적였고, 겨울에는 추위로 사용하기를 꺼릴 정도였습니다. 교회는 차근차근 건축을 준비했습니다. 임병선 목사가 부임하고, 교회는 건축의 첫발을 내디뎠고, 용감한 도전을 시작했습니다.

▶ **교회 설계부터 '이웃'을 위한 공간으로**

교회는 건축을 위해 별도의 건축위원회를 만들지 않았습니다. 교회 건축위원회가 성도로만 구성될 경우 성도의 목소리만 반영이 될 수 있다고 판단했기 때문입니다. 교회 건

축의 목표를 '지역 사회와 다음세대를 위한 공간'으로 명확히 정했기에, 시작부터 다른 접근 방식이 필요했습니다.

설계 단계에서 필요한 고민들을 교회 성도가 아닌 지역 주민과 청년들에게 물었습니다. "교회는 어떤 모습이었으면 좋겠습니까?"라는 질문의 답을 찾기 위해 다양한 분야, 다양한 세대의 목소리를 경청했습니다. 성신여대 건축학과 학생들을 대상으로 공모전도 열었습니다. 교회는 창의적인 아이디어를 제안한 대학생들에게 장학금을 지급했고, 그보다 훨씬 더 큰 가치를 얻었습니다.

> "저희는 교회 안에 있기 때문에 '교회가 이렇게 변해야 된다'라는 걸 잘 모르잖아요. 교회 건축을 준비하며 청년들의 이야기를 듣고 나서 '이런 교회를 원하고 있구나, 그들은 이런 생각까지 하는구나'하고 알게 된 게 큰 소득이었습니다."

그림 24 용인제일교회의 개방형 이음도서관

용인제일교회는 건축 설계부터 '잠재적 성도'인 지역 주민과 청소년들이 편안하게 올 수 있는 공간을 만드는 데 집중했습니다. 그렇게 탄생한 공간이 글로리센터입니다. 야외 주차 후 교회 문을 열면 제일 먼저 만나는 곳은 층고가 높아 시원하게 트인 교회 로비와 계단으로 이루어진 '이음도서관'입니다.

이음도서관은 일반 도서관처럼 닫힌 공간이 아닌 활짝 열려 있는 공간에 마련되어 있습니다. 평일 오후, 학생들이 계단에 앉아 책을 읽거나, 교과서를 펼쳐놓고 숙제를 하기도 합니다. 이음도서관은 '세대와 세대를 이어주는 공간'이라는 철학을 담고 있습니다. 주중에도 많은 청소년과 지역 주민이 방문하는 곳이어서, 책 정리 등 필요한 부분은 성도들이 함께 치우는 방식으로 운영됩니다.

▶ 3040세대, 돌봄이 필요한 젊은 부모

글로리 채플(본당)이라 불리는 대공연장에서 가장 가까운 곳에 특별한 공간이 마련되어 있습니다. 어린 자녀를 둔 3040대 부모들을 위한 '글로리 베베'입니다. 교회는 주일 예배시간, 자모실에서 아이를 돌보느라 예배에 집중하기 어려워하는 엄마들의 마음을 깊이 공감했습니다. 이에 교회 권사님들이 나섰습니다. 돌 이전 아기들을 권사님들이 맡아 돌봐주는 '아이 돌봄 서비스'덕분에 젊은 부모들은 감사한 마음으로 영적인 충전을 누립니다.

다른 한쪽에는 젊은 엄마들이 앉아서 담소를 나누는 카페가 있습니다. 카페 옆 통유리너머로는 아이들이 트램펄린 위에서 신나게 뛰어노는 모습이 보입니다. 이곳은 글로리센터의 인기 장소 중 하나인 '라라랜드'입니다. 주중에는 어린이집을 다녀온 지역 아이들에게, 주일에는 교육부서 예배를 마친 영유아와 유치부 아이들에게 즐거운 놀이 공간이 되어줍니다.

> "영유아 교육부서들이 글로리채플에서 멀지 않은 곳에 있어요.
> 그래서 주일예배 끝내고 부모님들이 어린 자녀를 찾으러 가는데 편하시죠."

김성산 부목사의 설명처럼, 교회는 3040대 젊은 부모들을 우선적으로 배려해 주일학교 또한 배치했습니다. 영유아 자녀들이 안전하게 놀 수 있는 라라랜드, 축구공을 차며 놀고 싶어하는 남자아이들을 위한 실내 풋볼장, 모두 젊은 부모들을 위해 글로리 채플과 같은 층에 마련해두었습니다.

그림 25 평일에는 지역 주민을 위한 스포츠 공간, 주일에는 영유아 예배실

임병선 담임목사는 30대의 젊은 부모였던 시절, 어려움이 많았습니다. 미국 유학 시절, 미국의 한 교회가 운영한 아기 돌봄 서비스 덕분에 아내와 처음으로 아기를 맡기고 예배를 드렸다고 합니다. 공부와 사역, 육아로 지쳤던 시절, 예배의 감격이 부어지며 경험한 영적 회복은 그에게 특별했습니다.

그 시절의 경험은 어린 자녀를 둔 30, 40세대를 돌보고 회복시키는 목회에 대한 소망이 되었습니다. 임병선 목사는 오늘도 30대 새가족 성도를 심방하고 왔다면서, 3040대에 대한 교회의 관심이 절실함을 강조했다.

"지금의 30,40대를 신앙 암흑기를 걸어가는 세대라고 생각해요.
제가 청년 사역을 오래 했는데, 그때 정말 신실했던 청년들이 결혼하고 나면
영적인 침체가 오고, 교회를 떠나기도 합니다. 그런 30,40대를 교회가 품어야 합니다."

그림 26 용인제일교회의 임병선 담임목사

한국 교회에 젊은 세대가 빠져나가면서 50,60대를 중심으로 중요한 결정들이 이루어진 경향을 보였습니다. 30,40대는 이러한 교회의 모습에 더욱 거리감을 느끼게 되었고, 젊은 부모들이 교회에서 멀어지니, 어린 자녀들도 교회에서 멀어지는 사례들이 늘기 시작했습니다. 용인제일교회는 다음세대의 부모인 30,40대 젊은 부모들을 돌보았고, 이들의 자녀인 다음세대가 교회에 가득 차는 현장을 눈으로 확인했습니다.

▶ 청소년의 필요를 채워주는 공간

글로리센터 2층에는 교회에 대한 우리의 상식을 깨뜨리는 공간이 있습니다. 바로 청소년들을 위한 PC방입니다. 요즘이야 그리 놀랄 일도 아니지만, 6년 전, 교회 안에 '글로리 PC방'을 만든다는 결정에 우려와 반대가 많았습니다. 성도들은 물론 지역 주민들까지

염려했습니다. "안 그래도 아이들이 컴퓨터 게임을 너무 많이 해서 문제인데 어떻게 교회 안에 PC방을 만들 수 있느냐"하는 의견도 있었습니다. 김성산 부목사는 PC방의 긍정적인 효과에 대해 이렇게 설명합니다.

그림 27 지역 청소년을 위한 교회 안의 PC방

> "PC방에는 특별한 규칙이 있어요. 1시간 반에서 2시간 정도 이용하면 한 타임이 끝나요. 그러면 30분 정도는 반드시 밖에 나갔다 와야 해요. 그렇게 하면 아이들은 자연스럽게 교회 안의 풋살장이나 농구장, 탁구장에서 뛰어놀게 됩니다."

교회 밖 PC방에는 담배피는 어른들이 있고, 게임하며 욕하는 이들도 만나게 되지만, 교회의 글로리 PC방은 청소년에게 안전한 놀이 장소가 되었습니다. 교회 안 PC방에 대해 우려하고 반대했던 부모님들도 교회 PC방에 간다고 하면, 안심하며 허락하는 분위기로 바뀌었습니다.

글로리 PC방 옆에는 스티브 잡스의 창고에서 아이디어를 얻은 '청춘 개러지(Garage)'가 있습니다. 이곳은 의도적으로 특별한 용도가 없이 그저 자유롭게 놀고 쉴 수 있도록 만든 공간입니다. 평일인데도 넓고 푹신한 소파에 앉아 담소를 나누는 청소년들이 유리 벽 너머로 보입니다.

교회의 북카페 '청'과 연결된 글로리센터 2층은 학교 시험 기간이 되면 가장 북적이는 공간입니다. 교회 근처 중고등학교의 시험 기간에 맞춰 북카페 청은 '슬기로운 시험생활' 청소년 프로그램을 위한 스터디카페로 변신합니다. 북카페가 스타벅스 카페를 모티브로 인테리어한 공간이다 보니 세련되고 개방감과 있는 분위기는 학생들에게 인기입니다. 특히 '슬기로운 시험생활' 프로그램 기간에는 학생들에게 무제한 간식과 밤 12시까지 이용 가능하도록 카페를 오픈합니다. 늦은 시간, 부목사들은 집으로 가는 차량까지 운행하는 서비스까지 제공합니다. 교회의 이러한 사역이 지역 중고등학생들에게 소문이 났고, 시험 기간 동안 교회의 청소년의 유입이 크게 늘었습니다.

그림 28 용인제일교회의 북카페, 시험 기간에는 스터디카페로 운영

▶ **교회가 공간을 빌려 쓴다는 마음으로**

용인제일교회는 2019년 교회를 건축하고 실내 풋살 경기장과 농구, 배드민턴 코트, 공연장과 세미나실, 댄스 스튜디오 등의 체육, 문화시설로 지역 사회에 소문이 났습니다. 클로리센터 이용자들은 교회 등록으로 이어졌습니다. 5개월 만에 천명의 성도가 늘었습니다. 그러나 곧 코로나 팬데믹이 터졌습니다. 이 기간은 교회가 멋진 공간을 만드는 것만큼 그 안에 무엇을 담아야 할지 고민하며 기도하는 시간이 되었습니다.

그림 29 평일에는 농구장, 주일에는 어와나 클럽 활동 공간

그러던 중 교회는 어려운 경제 상황과 고립감으로 목숨을 끊은 이웃에 대한 소식을 듣게 되었습니다. 임병선 목사는 우리 교회 주변에서 이런 일이 또 다시 벌어지지 않기를 소망하며 '십리 프로젝트'를 시작했습니다.

교회 주변의 십리 안에 고독사하거나 굶주리는 이웃이 없도록 돕자는 마음에 성도들도 나섰습니다. 코로나 팬데믹은 끝났지만, 십리프로젝트는 아직도 진행 중입니다.

공유 냉장고에는 성도들이 직접 만든 반찬이 가득합니다. 반찬이 필요한 이웃이라면 언제나 냉장고 문을 열고 편하게 가져갈 수 있도록 했습니다. 거동이 어려운 이웃에게는 성도들이 직접 찾아가 전달하기도 합니다. 공과금을 내기 어려운 이웃을 위해서도 교회가 나섰습니다.

> "십리프로젝트에 30, 40대 성도들의 참여가 높아요.
> 젊은 성도들에게 '이런 좋은 일을 하는 교회에 다닌다'는 자부심을 주더군요."

임병선 목사의 설명처럼 지역의 어려운 이웃을 돕기 위해 시작한 일이 성도들에게는 교회에 대한 자부심을 안겨주었습니다. 특히 주변에서 한국 교회에 대해 안 좋은 이야기를 많이 들었던 3040대 성도들에게는 교회에 대한 자부심과 사랑을 안겨주었습니다.

그림 30 지역의 어려운 이웃을 위한 용인제일교회의 십리프로젝트

용인제일교회가 이처럼 지역 주민들을 돕고, 교회 공간을 나눌 수 있었던 것은 성도들의 헌신이 있었기 때문입니다. 교회 공간을 사용하는 이웃들이 많다 보니 성도들이 나서서 청소하고 정리해야 할 것도 많습니다.

교회 기물이 파손되기도 하고, 시설을 관리하고 유지하는데 비용과 수고도 많이 필요합니다. 그렇지만 용일제일교회는 늦은 시간까지 교회 문을 닫지 않고 이웃에게 개방합니다. 이웃을 위해서라면 불편과 손해를 감당하는 것, 그것이 교회의 일이며 사랑이라고 믿기 때문입니다.

인터뷰 김성산 목사 _ 용인제일교회 주일학교 디렉터

주중에는 지역 주민들이 사용하던 공간이 주일에는 주일학교 예배 공간이 된다고 들었습니다. 어떤 공간이 예배 장소로 사용되나요?

목사: 저희 교회는 '똑같이 생긴 예배실'이 없습니다. 주중에는 미니 공연장으로 사용했던 장소가 주일에는 초등학교 3,4학년 학생들이 예배를 드리는 공간이 됩니다. 주중에는 풋볼장이나 농구장, 소극장으로 사용되던 공간도 유년부, 청소년, 청년들의 예배 공간으로 사용됩니다.

교회의 공간을 지역 주민과 주일학교 학생들이 함께 사용하려면 어떤 부분을 고려해야 할까요?

목사: 주일학교가 예배드리는 공간을 주중에 지역 주민에게 '빌려준다'고 생각하기 쉬운데 저희 교회는 그것과 반대로 생각합니다. 주일학교가 예배를 드리기 위해 지역 주민이 사용하는 농구장이나 소극장을 '빌려 쓴다'고 생각해요. 담임목사님도 이러한 생각의 전환을 늘 강조하세요.

교회 공간을 지역 주민과 공유하다 보면 주일학교 교사들의 수고가 필요할 것 같습니다. 어떤 부분의 수고가 필요한가요?

목사: 주일학교가 끝나면 선생님들이 예배를 위해 사용했던 의자며 물품들을 다 창고에 넣어 정리하세요. 주중에 주민들이 왔을 때 이곳이 교회 공간이었다는 게 의식되면 그분들이 위축될 수 있거든요. 이곳이 어느 부서의 공간이었다는 티가 나지 않도록 주일학교 선생님들이 신경 써 주고 계십니다.

주일학교 예배를 풋살장이나 농구장, 소극장에서 드리면 학생들의 반응은 어떤가요?

목사: 주중에는 공연장이었던 곳이 주일에는 초등학교 3,4학년 학생들이 예배를 드리는 공간이 되거든요. 홍대 공연장 컨셉으로 만들어진 이곳에서 예배를 드린다는 게 어른들은 어색할 수 있는데 아이들은 이곳에서 더 자유롭고 활동적으로 예배에 참여해요. 농구장에서는 5,6학년 아이들이 예배를 드리는데 소리의 울림이 있고 집중이 분산될 수도 있어요. 이런 어려움은 있지만 교사들도 학생들이 예배의 형식보다 내용에 더 집중하도록 돕고 있습니다. 좋은 점은 아이들이 다양한 곳에서 예배를 드리다보니 '예배는 이런 곳에서만 드려야 해'라는 생각보다 '예배는 어디서든 드릴 수 있다'는 마음을 배우게 되는 것 같습니다.

※ **용인제일교회**는 경기도 용인시 처인구에 위치한 대한예수교장로회 합동 소속 교회로 임병선 담임목사가 섬기고 있습니다.

주소: (17053) 경기도 용인시 처인구 중부대로1262번길 68 (역북동)

전화번호: 031-321-6001~4

한국 교회 돌봄 사역에 관심을 가지시고 함께 해주시는

동아피제이피 안난회 대표님께 감사를 드립니다.